CHENGZHANG ZAI XIDIAN

成长在西电

100 位西电学子的成长故事

林 波 主编

西安电子科技大学出版社

图书在版编目（CIP）数据

成长在西电：100位西电学子的成长故事／林波主编. -- 西安：西安电子科技大学出版社，2025.4（2025.11 重印）. --ISBN 978-7-5606-7633-3

Ⅰ. G649.284.11

中国国家版本馆 CIP 数据核字第 202539K0K0 号

成长在西电　100位西电学子的成长故事

林　波　主编

策　　划	邵汉平　陈一琛	
责任编辑	陈一琛　黄　华	
出版发行	西安电子科技大学出版社（西安市太白南路 2 号）	
电　　话	（029）88202421 88201467	邮　编　710071
网　　址	www.xduph.com	电子邮箱　xdupfxb001@163.com
经　　销	新华书店	
印刷单位	陕西金和印务有限公司	
版　　次	2025 年 4 月第 1 版	2025 年 11 月第 2 次印刷
开　　本	787 毫米×1092 毫米　　1/16	印　张　19.5
字　　数	267 千字	
定　　价	49.00 元	

ISBN　978-7-5606-7633-3

XDUP　7934001-2

***** 如有印装问题可调换 *****

序言

在青春的征途上，我们是勇敢的追梦人，用汗水浇灌着心中的理想。大学四年的时光，我们在知识的海洋里遨游，在挑战的浪潮中成长，书写属于自己的精彩篇章。与此同时，成长路上，谁的青春不迷茫？谁的青春没有焦虑，没有困惑？

大学四年，总会经历很多困惑，面临很多选择：怎么过得充实且有意义？如何找到自己的兴趣与前进方向？该怎么用好大学丰富的资源？除"卷"绩点外，还有哪些发展的可能？到底该读研还是就业？为什么总是平衡不了学业和其他活动，参加这么多竞赛是不是值得……

《成长在西电——100位西电学子的成长故事》这本书，收录了西安电子科技大学已经毕业的或还在校的学生们倾情讲述的成长奋斗故事，它犹如一把神奇的钥匙，解锁了大学校园里那一段段热血激昂、充满蜕变与突破的青春密码。

本书是一部真实的青春奋斗图鉴。翻开书页，你会发现这里没有那些遥不可及的传奇叙事，只有100位西电学子质朴又鲜活的日常。有初入大学，面对专业门槛懵懂局促、茫然无措，却凭借一股不服输的劲儿熬夜学习、请教老师，最终在成绩单上书写逆袭篇章的倔强少年；有痴迷科研，在实验室里熬过无数个日夜，从调试仪器的"小白"成长为能发表高水平论文、手握多项专利的科研先锋；有活跃于社团舞台，从羞涩内向、不敢大声发言蜕变成能组织活动、策划项目的校园社交达人……这些带着生活气息的真实故事，让我们真切地感受到青春奋斗不再是抽象概念，而是可触可感的生动历程。

本书是实用的成长智慧锦囊，也是激励人心的精神传承火炬。穿梭在这一个个故事间，我们可以看到：西电学子面对科研"卡脖子"难题，扎根基础研究、投身关键技术攻关，展现科技报国赤子心；参与志愿服务，助力乡村振兴，诠释责任担当；在国际舞台上与全球精英竞技，尽显开放自信的风貌与深厚的专业素养……这些故事无不展现了"艰苦奋斗、自强不息，求真务实、爱国为民"的西电精神。这份精神力量，跨越书页，像火种般点燃你我内心的斗志，激励青年学子在自己的"战场"上披荆斩棘、斗志昂扬，让青春的光彩不止于个人蜕变，更要融入时代洪流，在接续奋斗中绽放，在时代发展中闪耀！

此外，这本书还可以作为"大学生职业发展"课程的教材。书中的故事涵盖了众多不同的发展路径和选择，从学术科研到社会实践，从校园活动到职业规划，提供了多元丰富的案例参考，给予大学生切实的启示和引导。

无论你是大学校园里正编织梦想的学子，还是在青春路上探寻方向的年轻追梦者，抑或是关注高校人才培养和青年成长发展的教育工作者，本书都是不容错过的枕边书、案头卷。它用文字汇聚成长的力量，以故事搭建进步的阶梯，伴你我在成长征途上笃定前行，迈向熠熠生辉的未来。

编　者

2024 年 12 月

目 录

01　追梦 | 启航与笃志

魏邦友　从入学高数刚及格，到毕业"问天"探苍穹 / 2

曾祥建　入心、用心、凝心，用行动践行青年担当 / 5

刘　勇　即使不停成长，也要不忘初心 / 8

葛瀚元　试试，然后再试试 / 10

朱孝羽　忠于使命，踏实学习，积极实践
　　　　——连续三年专业第一的女生并不特别的奋斗故事 / 13

裴家乐　奋楫扬帆"芯"征程，两岸重担吾辈挑
　　　　——历练中不断前行的"芯"青年 / 16

陈培林　本科生"小白"如何叩开科研之门 / 19

朱雨恒　好好学习、好好比赛、好好生活，是我抵御迷茫焦虑的"三件法宝" / 21

孙博文　从舞台到讲台，我在热爱里传递"梦想电波" / 26

金国澳　找准节奏，稳扎稳打——启航、磨砺、绽放 / 30

赵良樾　启航于困惑，笃定于梦想 / 33

郝芮眷　以青春之声燃烧信仰之火 / 36

秦苏瑾婷　缘于镜头、始于宣讲，从胆怯到自信的蜕变 / 39

蒋梦轩　人生是旷野而非轨道 / 42

马全龙　赛艇队舵手，也能掌好人生之舵 / 45

高依然　篮途逐梦，未来可期 / 48

仇浩宇　青春的多面发展增强担当意识，未来可期！/ 51

韩柳叶　我的选择，就是最好的选择 / 55

张子晗　不知方向的时候，要走好眼前路，做好当下事 / 58

02　学习丨进取与求知

韩　磊　学会打开"世界"和"视界"，才是"小镇做题家"大学里的钥匙 / 62

左　谊　从电子商务的广阔天地，跨越到人工智能的深邃领域 / 66

刘运浩　三次转专业受挫，在体验中找到自己的热爱和方向 / 69

张云轲　从探索拓展"做加法"到调整取舍"做减法" / 72

刘　奇　"马戏团团长"如何在大学找到前进的方向 / 75

董　琛　从他律到自律，我如何走出学业预警 / 78

罗　华　"过山车式"的大学四年，只有自己能拯救堕落中的自己 / 81

韩旭东　从校园竞赛到科研前沿的探索旅程 / 84

梁艺群　一名打退堂鼓的大学生如何练就自信内核？/ 86

郭德玉　从交流生到研究生，走出舒适区才有收获 / 89

金思雨　主动转变习惯，人生需要规划与自我突破 / 93

吕佳敏　努力成为一个会解决问题的人 / 96

张效瑀　迷茫时先跑起来，跑起来就有风！/ 98

赵青源　我成长道路上的"三合力" / 102

杨超博　朋辈互助，学长领航，在榜样中汲取奋斗力量 / 105

师宇昊　自信、自强、自觉，走好人生长征路 / 108

金荣杏　在不断地自我怀疑和不确定中前行 / 111

何昆岭　明确选择，付诸行动，保持松弛 / 114

程　果　变化是进步的开始，规划是焦虑的解药，热爱是人生的明灯 / 117

濮宗成　大学期间应征入伍，是我一生最无悔的选择 / 120

王颖哲　舞动青春，科研并行——我的多彩学术之旅 / 123

03　成长 | 勇气与蜕变

宋秉桦　一路碰撞，一路成长 / 128

陈志强　从西电文科生到一名教书人，人生的路没有标准，只需自洽 / 131

嘎玛次仁罗布　我的故事没有辉煌的开场，但它充满坚持与努力 / 136

敖志东　从高中第一到专业倒数，跌倒了就再站起来！ / 139

李智博　从挂科到直博，斜杠青年的逆袭之路 / 143

黄理翔　从挂科降级到驰骋职场，在摸爬滚打中实现蜕变 / 145

刘辰昊　打破信息壁垒，选一条热爱且擅长的路 / 147

张俸玺　克服胆怯与恐惧，走上不同的人生"舞台" / 149

李天舒　从"混日子"到保研，舍友给了我回归正轨的力量 / 152

贾昊燏　从"拖延症患者"到"时间管理达人" / 154

张　亮　我倔强的努力，正在改写我的人生 / 157

王欣夷　在困境中追求本心，我们终会从荒芜走向繁花似锦 / 160

李子欣　勇于尝试，收获未来 / 163

贾宇彬　铢积寸累，日就月将，积健为雄 / 166

巩宏飞　从不适应开始，以赤子之心找寻人生方向 / 169

王申奥　成长就是一场感受自己的"愚人之旅" / 172

张晓艳　终南山下，见世界，又见自我 / 176

张文泰　拨云见日——成长不止一种色彩 / 179

王屹晨　别怕犯错，好好生活 / 181

贺　坤　选择应征入伍，给自己一个暂停和重来的机会 / 183

陈子涵　打破藩篱，相信自我——谁说我是"小镇做题家"？ / 185

朱润泽　在探索中享受，在挑战中成长 / 187

唐颜骏　心态好，事事好；心放宽，事事安 / 189

杜　萌　今日方知我是我，自负、自卑与自我和解 / 192

王怡丹　勇敢尝试，在探索中蜕变成长 / 195

甘文姬　跨越千里，拼搏成长的四年 / 198

胡　源　云破月来，是以倔强装裱的绝景 / 201

袁家骏　从迷茫到奋进——我的大学"变形记" / 203

夏　威　按部就班往前走，此路平凡亦灿烂 / 205

04　求职 | 探索与抉择

龚　颖　从三秦大地重返边陲家乡，考取选调生是我最正确的选择 / 210

余星星　放弃互联网高薪岗位，做选调生驻村干部 / 213

赵仁玺　从边陲小镇来，再回到家乡去 / 216

张慧宇　从迷茫"小白"到扎根基层，我的选择质朴而壮阔 / 218

赵如茜　相比自诩平庸，我更想用平凡心态找到"最优解" / 220

李育聪　从备战考研到秋招上岸，方向选择与执行力都很重要 / 223

张　港　在求职路上，带着伙伴们一起"逆风翻盘" / 226

杨　超　考研失败后投100份简历，是一种什么体验？/ 229

林嘉佳　如何做到不盲从，坚定就业方向 / 232

李　治　大三结束就拿到多个offer，我做了哪些准备？/ 235

代晓辉　内向的农村小伙，成了大城市外向的销售总监 / 238

李　想　在一次次抉择中探索成长之路 / 242

李能卓　考研失利后的选择 / 245

史晨阳　我的求职路从兴趣入手，用信息破题 / 248

周鑑清　我的大学是一场奇幻冒险 / 250

05　实践 | 奉献与提升

孙柏川　当好"小记者"，和新闻共成长 / 256

张丛笑　第一桶金的自我满足之后，学会看"短期获利"与"长期发展" / 259

朱　源　学生工作岗位锻炼，让我面对未来的挑战更加从容 / 263

王伟旭　听我说，越说越精彩 / 266

韩相宇　实践青春，未来可期 / 269

刘斯琪　"遥不可及"会在尝试和努力中"触手可及" / 271

何丽君　稳住基本盘，然后不断试错 / 274

曹竣皓　勤学苦读、社会历练，在智能科学与技术学习中内外兼修 / 276

杨义文　从学习者到助人者，我的青春因奉献而璀璨 / 279

李　耀　参与学生组织和社团，不在"多"而在"专" / 281

项虹桥　苔花如米小，也学牡丹开 / 284

梁厚权　在实践中打破学校与社会的壁垒，坚定前进方向 / 286

桑子林　青春在奉献中闪光——我的管理服务之路 / 288

逯恒睿　善用排除法做选择——从打地铺找工作到选择读博 / 292

窦佳玥　在助人中助己，于奉献中成长 / 294

徐潜宇　热心管理工作，成就自我价值 / 297

01

追梦 | 启航与笃志

魏邦友

从入学高数刚及格，到毕业"问天"探苍穹

　　魏邦友，西安电子科技大学机电工程学院电子机械系2005级校友，本科毕业后留校攻读硕士学位，毕业后投身祖国的航空航天事业。

　　2022年7月24日下午2点22分，在海南文昌航天发射场，长征五号B遥三运载火箭搭载问天实验舱升空，将中国空间站建造阶段的首个实验舱送向太空。我作为中国航天科技集团五院空间站系统的主管调度，参与了此次发射任务。

面对挫折：四省己身、求知问学、严于治学、勤于实践

　　刚入大学时，我便遭遇了心理落差。在家乡成绩优异的我来到西电后，面对全国优秀学子，感到自己变得平凡。高中时自信满满的我，在大学期中考试中却遭遇挫折，数学只考了60多分。我开始怀疑自己，感到压力巨大，担心给父母丢脸。

　　好在面对困境，我主动向辅导员老师和同学求助，并逐渐静下心来，分析自己的不足，找到问题所在。这个过程虽然遇到了不少挫折，但我最终克服了心理障碍。在大学生活中，辅导员的四句话对我影响深远：

　　第一句是"不知道自己不知道"。我曾信心满满，但大学第一学期期中考试的失利让我意识到自己的不足，于是开始积极地制订学业目标，并在课堂学习中投入更多精力，力求将知识点理解得更加深入。第二句是"知道自

己不知道"。我开始认识到自己的局限，于是主动在课后阅读更多的书籍，查漏补缺。第三句是"不知道自己知道"。在努力中，我逐渐进步而不自知，知识和技能的积累为我之后的学习工作积攒了潜力。最后一句是"知道自己知道"。我掌握了知识，重拾了自信，对自己的学习生活也有了更加清晰的规划。

这四句话让我明白，大学生应以乐观态度面对挫折，将困难视为提升自己的契机。

将艰苦奋斗的西电精神贯穿人生始终

我自 2011 年加入航天事业，至今已有 13 年。最初几年，我主要参与神舟飞船的科研任务，从事技术工作，并有幸完整参与了神舟十号和神舟十一号的项目。2019 年，我由技术岗位转至管理岗位，成为空间站系统的主管调度，这对我来说是一个巨大的挑战。调度工作不仅技术性强，而且管理责任重大，需要同时处理多项任务，具备出色的应变能力。

起初，面对复杂的工作，我感到无从下手，只能在不断摸索中从头学习，通过观察、提问、学习和实践，逐渐掌握了调度的技巧与流程。我想，这是因为在西电的学习经历提高了我解决复杂工程实践问题的能力，让我终身受用。

2021 年和 2022 年是我最有成就感的时期。我坚持"当日事当日毕"的原则，鼓励团队成员完成任务才能结束当天的工作。这段时期虽然充满挑战，但也让我收获了宝贵的经验和成就。

由于是首次发射核心舱，大家压力都很大，一天只能睡一到两个小时，但我知道，每个人心里都憋着一股劲儿，我在他们身上看到了为航天事业奉献的情怀。发射成功的那一刻，所有人都泪流满面，那种情感的宣泄是无法抑制的，因为我们日夜期待的事情终于变成了现实。

这些是我这几年工作的一个缩影，尽管有时很苦很累很难，但我感到十分充实。同时，我的内心也充满了荣誉感和成就感，很庆幸自己为国家和人民做出了贡献。

路漫漫其修远兮，吾将上下而求索。西电的学风非常优秀，得到了全国各地企业的认可。我印象深刻的是，当时各大企业对西电的学生都是直接签约的，工作单位对同学们的能力和水平都很信任。我想，正是学校一直以来的优良学风锻造了大家吃苦耐劳、刻苦钻研的品性，让很多单位对西电学生充满信赖。

学校给我最初的印象是低调、务实。学生们不多言，但交给任务就能认真完成，并总能做出令人满意的成果。

作为西电学生，我们要传承和发扬西电前辈们留下的文化与精神，同时也要为国家和人民不断奉献。愿学弟学妹们在四年的大学生活中，能够秉持传承西电人优良作风的信念，将西电文化与精神播撒到各行各业。

曾祥建

入心、用心、凝心，用行动践行青年担当

曾祥建，西安电子科技大学光电工程学院电子科学与技术专业2020级本科生，获第五届本科生校长奖，保研至清华大学。

入心——传承红色基因，坚定理想信念

谈到在西电四年给我带来的最大变化，我认为是学校对我的价值塑造。习近平总书记曾谈及教育的本质问题——"培养什么样的人、如何培养人以及为谁培养人"，青涩稚嫩的我们难以回答这个问题。很幸运，在2020年的秋天，18岁的我通过努力迈入了理想的大学——西安电子科技大学，并在这里进一步追寻关于教育本质问题的答案。

初入大学的我便遇到了一个棘手的问题：我该如何完成我的学业？我的家乡坐落于西南武陵山区的少数民族村镇，家中多子，父亲在我小时候遭遇变故，丧失了部分劳动能力。两个姐姐也是靠国家的贷款与资助才平稳完成了大学学业，那么我呢？记得那时我常常为这事发愁。幸运的是，我在学生社区遇到了敬爱的辅导员，从他那里我了解到，在西电我们不用担心上学的经济问题，因为学校有国家助学贷款、丰富的奖（助）学金等各类政策。因此，我对未来的大学生活少了一份焦虑，多了一份憧憬。

西电的生活很丰富，让我印象最深刻的是"又红又专"的特色：话剧《永不消逝的电波》、"大师总师进校园"、"启航新征程"等品牌活动，既是西电人传承红色基因的实践写照，也是西电学子在实践中厚植爱党爱国情怀的生动课堂。虽然生活一路坎坷，但在西电的学习充实而忙碌，让我收获了

成长与快乐。通过在西电的红色浸润，我越来越清楚地认识到，究竟是什么力量造就了如今的我。国家好，民族好，大家才会好。也正因此，一颗"家国"的种子在我心中生根发芽。

用心——勇于创新创造，矢志艰苦奋斗

成长在西电，我见识到了无数西电人的生动故事。他们听党话、跟党走，秉持为国奉献的信念，以披荆斩棘、接续奋斗的优良作风时时激励着我。又红又专的"西电烙印"给予我勇往直前的力量，"矢志科技报国"成为我新的人生追求。我认为，"作为一名西电人，要与党同心、与人民同向、与共和国同行"，唯有在校阶段自觉加强学习，不断增强本领，把基础打深、打牢，未来才能更好地报效祖国。自此，日月为友，星辰为伴，我在自习室埋头苦学，每日伏案笔耕不辍。无数个在实验室送走皓月、迎来朝阳的日子，成为我人生中最宝贵的财富。这样的日复一日，看似单调重复，实则每一刻都充满了成长的痕迹。那些在自习室与实验室度过的日夜，不仅仅是时间的累积，更是自我挑战与突破的见证。

作为一名来自西部的少数民族青年学生，在西电求学的时光不仅坚定了我科技报国的信念，同时也为我提供了实现这一信念的方法论。在西电，我努力学习，屡次斩获全院第一，并选择在国防军工领域继续深造。我很清楚，要实现科技报国的理想，不能满足于现状，必须不断努力增强自身本领。过去的二十余载，我生于西部，长于东部，现在又于西部求学，我深知西部的现状及西部真正需要什么。我想，未来我最终还是会归于西部，建设西部。我不会犹豫与后悔，到祖国最需要的地方去，这是我的使命羁绊、青春誓言，也是我对"为谁培养人"这一教育本质问题答案的追寻。

凝心——小我融入大我，青春奉献成长

在人生中非常重要的时期，我深知是西电塑造和培养了我，我有责任和义务将这份星火传承下去。正因如此，我选择成为一名学生干部。作为

班长，我不仅将班务做好，还充分发挥自己的优势，给有需要的同学进行学业辅导，先后带领班级获得"五四红旗团支部""十佳标兵示范班"等荣誉称号。同时，作为一名学生党员，我无畏艰苦，不惧困难，始终将"冲在第一线"当作自己的座右铭。2021年年末西安突发严峻疫情时，我积极协助核酸检测，日常搬送饮用水，及时分拣水果，凡是能做的，我都一马当先。在此过程中，我真正明白了奉献与担当的内涵。各类志愿服务活动现场总能看到我的身影，校园迎新、无偿献血、家电维修、科普宣讲、经验分享、头雁领航、大型赛事……我的相关事迹被西部网、澎湃新闻等多家媒体报道，个人也获得了"优秀共青团干部标兵""优秀学生干部"等称号。这不仅仅是一份荣誉，更是一份责任担当。

正如学校东门巍然屹立的那块石碑上的刻字——"全心全意为人民服务"，曾经那个柔弱的小男孩也在做着他所能做的一切，回馈呵护他成长的这个社会与国家。

人生天地间，如白驹过隙。四年的时光转瞬即逝，我即将踏上一段新的旅程，纵然有万般不舍，但不得不向身边亲爱的老师和同学、向学生社区、向母校说再见了。"前村无路凭君踏，路也迢迢夜也长"，前路充满未知，但我已无惧任何困难与挑战。在西电的成长已然让我找到了心中的那个答案：我是一名西电人，我要在电子信息领域勇攀高峰，我要到祖国和人民最需要的地方去，我要拼命学习、增强本领，我会用自己的行动践行西电精神、奉献西电力量、展现西电担当！

刘 勇

即使不停成长，也要不忘初心

刘勇，西安电子科技大学空间科学与技术学院 2020 级钱学森空间科学实验班学生，后被推免至国防科技大学深造。

军旅梦在革命土壤中发芽

我的成长故事与梦想和选择有关。我出生在湖北省大悟县，一个具有深厚革命历史的地方，这里不仅是革命老区，也是许多解放军将领的诞生地。每当春日来到，县城的烈士陵园和徐海东大将军故里便行人如织。老人们讲述革命故事，小孩们听得津津有味，眼里闪烁着敬佩的光芒，心里种下成为将军的梦。我的家乡，以其豪迈的革命传统，激发了我从小立志为国防事业奉献的决心。

报国志在大学生活中清晰

我的大学生活如同一段五彩斑斓的旅程。在"食光小厨"活动中，我手捏月饼，体味传统与创新的融合；在"竹三杯"马拉松赛中，我挥洒汗水，享受挑战的快乐；在冥想手工活动中，我学会了自我调节和保持内心平静；我还尝试了国画，把宿舍变成了我个人的小型"卢浮宫"。在这些经历中，我不断地找寻自我。同时，我积极参与书院学业小导师工作，加入班级答疑群，在帮助他人的同时不断巩固自己的知识，提升自己的能力。

在听了航天领域院士和总师的讲座后，我从小就有的参军报国志向慢慢地有了具体的轮廓。跟着学院暑期实践队前往革命老区，重走当年的红军之路，让我的参军志向愈发坚定。

我从图书馆孜孜不倦的学习者成长为成绩优秀的佼佼者，从活动室夜以继日苦学的学生蜕变为数学建模赛场的得奖者，从实验室默默记录数据的观察者成长为"挑战杯""互联网+"大赛以及国家级创新项目的核心驱动者，从空间学院的一名普通学子成长为得到包为民院士亲自颁奖的杰出学生代表。经过三年的不懈奋斗，我荣获了保研的资格。

抛去顾虑毅然参军报国

北京大学等顶尖学府的邀请让我心动不已，但当我审视自己的初心和理想时，我明白了自己的选择。我的家乡三面环山，曾掩护过无数革命将士。如今，这个曾经的贫困县已经通了高铁，县城的老乡们都说是沾了刘华清先生的光。他是现代海军之父、中国航母之父，也是大悟人。那些为国捐躯的英雄以及像刘华清和徐海东这样的将领，他们的故事像火种一样在我心中燃烧。我意识到，成为一名军籍研究生，走上军旅道路，不仅是我个人的梦想，也是对家乡的最好回馈。

"成为军属挺好的。"爸妈充满自豪的答复让我抛去了一切顾虑，带着我的军旅梦，放弃了北京大学，毅然选择了国防科技大学，成为一名军籍研究生。

大学四年，我想说："即使不断成长，也要不忘初心，记得向外探索，向内生长。"

葛瀚元

试试，然后再试试

葛瀚元，西安电子科技大学数学与统计学院2020级本科生，先后担任竹园书院特设第八党支部书记、团工委组织部部长，现被推免至西电人工智能学院直博。

人生，就是不断认识自己、调整自己、优化自己的过程。我的大学生活就是在一次次尝试中认识自我、明确方向的。

一段自我探索的旅程

大一入学后，纷繁复杂的新信息如潮流般涌入我的世界。与高中相比，大学没有统一的目标、具体的引导，我们的自由度大幅提升。然而，诸多自由的选择，并不能驱散内心的疑问，每个人都如脱线的风筝，难免会陷入迷茫。我也不例外，只好对一切都抱着试一试的态度，走一步看一步。听说数统院开设了拔尖班，虽然我的数学并不好，但去试一试总没有什么损失；听说竹园书院成立了团工委，虽然我并不知道这个组织具体是做什么的，但可以先去报名，试一试再说；听舍友说最近大学生创新创业大赛开始报名了，虽然我们没有提前做过准备，但先组个队报名试一下吧；导师说今年的数模比赛开始报名了，虽然我从来没有接触过数学模型，也不懂什么是算法，但先报个名吧，去看看传说中的美赛到底是什么……

然而，正是这些看起来没有经过深思熟虑的尝试，让我不断地开阔眼界，认识自己，发掘自己的潜力，帮助我度过了迷茫的时光。进入拔尖班，让我结交了更多优秀的同学；加入团工委，让我有机会直接参与到书院的组织管理中；参加大学生创新创业大赛，不仅帮助我提升了专业技能，还让我收获了团队间相互配合的情谊。

当然，并不是所有的尝试都能收获令人满意的结果。比如，在未进行任何调研的前提下，我和两位舍友草草组队报名了数模比赛。没想到报名后，三人集体摆烂，既没有去参加学校的数模培训，也没有上网课自学基础模型，最后东拼西凑出一份参赛作品，只拿到了参与奖。

如今，我以一名毕业生的身份，可以轻描淡写地谈论这些过往经历，但实际上，当时大一刚入学的我，并不是很适应大学生活。课堂上严密的数学定理证明在我看来宛如天书，C 语言中的程序代码也更显枯燥乏味。甚至在很长的一段时间里，我完全不会做老师布置的课后习题，这让我一度质疑自己的专业选择。

此外，在本不多的课余时间，我还需要参与很多学生工作和活动，以及参加各种专业比赛，这使我最初的大学生活异常忙碌。尽管我尽力平衡好各项任务的时间，但最终的结果并不尽如人意。一直到大二结束，我的学习成绩都没有起色，始终在班级中下游徘徊。当时的我面对忙乱的学习、工作和生活，并不知道如何更好地平衡时间，目标也不明确，对未来发展毫无头绪。

一场雪中送炭的讲座

在一次次尝试中，我仿佛陷入无物之阵，那种指引我不断向外探索的力量好像突然消失了，我又陷入了新的迷茫状态。事情的转机出现于一次偶然的讲座——天问一号总设计师张荣桥院士返校作报告。在提问环节，我鼓起勇气向总师问出了困惑已久的问题：我所学的基础学科，在工程实践中到底能发挥什么作用，作为本科生，我们应向什么方向努力？张院士向我介绍道："一切的工程问题都离不开数学背景，基础学科的进步会给前沿科技带来根本性的改变。"他还鼓励我："我们团队中就有很多具有数学背景的同事，除了基础数学，还有广阔的与数学交叉的领域等待你们去探索。"

听完张院士的讲座，迷茫状态中的我找到了一点方向。在后续的学习过程中，特别是在一些数学与其他学科的交叉课程上，我学得格外认真。在学习现代密码学这门课程的时候，我发现密码学的设计大量使用了抽象代数中的基础理论，这让我对张院士的话有了更直观的体会。在我不断尝试学习这些交叉学科的过程中，我的状态逐渐好转，时间安排也更加合理。同时，我也积极参加各类竞赛，以赛促学，在准备比赛的过程中提高自己的综合能力。最终，通过不断努力，我如愿获得了保研资格。

一场指引方向的团圆饭

在决定继续攻读硕博学位后，摆在我面前的第一个难题便是研究生专业的选择：是继续在数学方面深造，还是尝试其他交叉学科？这次的选择，我更多地受到了家中从事军工相关工作的长辈的影响。

每当逢年过节家人团聚时，我总能在饭桌上听到很多关于长辈参与国家重大科研项目的故事。他们侃侃而谈的样子好像闪着光，坐在旁边的我，经常在想，我是否也可以去做国防重大项目，为国防建设贡献力量，也像他们一样闪闪发光。考虑到数学基础对程序算法设计可能有所帮助，我决定在西电人工智能学院继续攻读博士学位，并响应国家对于新一代人工智能关键技术的需求，致力于解决现实世界人工智能发展中的关键性问题，以科研成果向祖国报到。

物有甘苦，尝之者识；道有夷险，履之者知。倏忽间，我的本科生活已经结束，从大一"萌新"到如今的研零"小白"，"尝试"似乎成为我这四年的关键词。每一次尝试，都是一次对未知的探索，一次对自我能力的挑战。只有尝试，才能打开新的世界，才能发现自我潜在的无限可能。

朱孝羽

忠于使命，踏实学习，积极实践
——连续三年专业第一的女生并不特别的奋斗故事

朱孝羽，西安电子科技大学网络与信息安全学院信息安全专业
2018级本科生，后于上海交通大学网络空间安全专业攻读研究生。

2018年的8月31日，这一天是我的18岁生日，也是我与西电相识的日子。在我成年这一天就与西电相遇，对我而言是人生中一次全新的开始与挑战。时光匆匆，岁月如梭，转眼我已毕业。从一个懵懂青涩的大一学子，一路摸索走来，给学弟学妹们讲讲我在西电的成长故事。

女生学不懂工科？差点儿我就信了！

本以为学习能力并不差的我只要保持高中的学习劲头就一定能成功，但现实却是残酷的。在大一刚刚面对晦涩难懂的高数时，我感到了迷茫和焦虑——难道女生真的不适合学工科吗？

我不是一个非常聪明的人，但我相信一句话："人一能之，己百之；人十能之，己千之。"因此，我总会在课前主动预习新知识，课后试着去将每一块的知识点逐个拆分，再查阅资料并请教老师、学长、同学，在这个过程中将问题一一解决；同时，针对上课老师PPT中讲述的知识点，做一遍归纳总结，形成知识体系，从而加强记忆。渐渐地，我找到了大学学习的方法和诀窍。

在上大学之前，我常听中学老师说："大学老师下课不会帮你答疑解惑，全靠自己。"但在西电并不是这样，老师们总是耐心地解答我的一切

困惑。有时，我会去旁听其他学院老师的专业课程，从不同老师的讲课重点中做到对知识点的融会贯通，加深理解。虽然我不是他们班上的学生，但老师们总是乐于解答我的各种疑问。学生和老师之间似乎更像是一种学术伙伴的关系，自由的讨论与沟通使得知识的学习变得更加高效。

正是凭借着这种勤奋好学、锲而不舍的学习态度，我认真踏实地完成每一项学习任务。最终，我取得了大学连续三年必修课加权平均分专业第一名的好成绩。我一直认为，"九层之台，起于累土"，脚踏实地学知识，不空谈、不急躁才是做学问的最好状态，学习没有捷径可走。

始于渴望，源于星火——竞赛点燃我的科创梦

在渐渐找到了学习方法之后，课程学习对我来说变得得心应手。大一时，正逢第30届"星火杯"，作为校科协的一员，看着周围学长们的优秀作品，我不由得心生羡慕，也想试着参加一些学科竞赛以丰富自己的实践动手能力。

正是西电校科协带我走向了科创之路。恰巧在大一寒假，科协的学长们正在招募 Musese 人工智能作曲系统项目的成员。怀着好奇和憧憬，我加入了学长的创新创业队伍，正式开始了我的科研与竞赛之路。因此，从大一下学期开始，在课内学习之余，我便在学长的帮助下参加"互联网+"和"挑战杯"等创新创业竞赛，一遍遍地修改计划书，一次次地打磨参赛作品，不断与指导老师沟通交流。参赛作品最终取得了省级金奖、全国银奖的好成绩。

大二上学期，在聆听了学长的数学建模讲座后，我不由得萌生了参加数模的想法。虽然没有选修数模课程，但我在全校课表上找到了这门课的上课时间，成为一名蹭课者。我又通过西电小喇叭平台找到了两名志同道合的队友。在这一过程中，我深刻地感受到了西电优越的竞赛环境。在准备数模竞赛期间，学校专门提供了竞赛基地，分配指导老师，进行竞赛培训。我们还得到了学长的多次帮助。在多方力量的共同协助下，我们在第一次正式参加数学建模比赛时，就取得了美国大学生数学建模竞赛国际一等奖的成绩。

此后，我便开始广泛参加各类学科竞赛。从发现问题到解决问题的道路必定荆棘丛生，但只要走下去，到达终点的那一刻，便会有柳暗花明的豁然开朗之感。

崇高的理想，神圣的使命

受家庭环境的影响，我在大一便早早递交了入党申请书，如今已经是一名中共党员。从发展对象到预备党员，通过一次次党日活动的教育，以及西电独有的红色基因的熏陶，我更加牢记校门口那块石碑上的"全心全意为人民服务"九个大字，西电校歌《与共和国同行》的旋律和歌词已深深刻在我的脑海中。

有才有德，方为人才。在校期间，我担任了学习委员以及网信院第三支部的支委，还获得了"优秀班干部"和"优秀共产党员"等称号。我一直明白，今天的全心全意为同学服务，就是日后全心全意为人民服务的演练，这也是我义不容辞的责任。

随着专业课程学习的深入，我愈发意识到了网络安全的重要性，深刻明白没有网络安全就没有国家安全。作为一名信息安全专业的大学生，致力于解决各类网络安全问题便是我义不容辞的责任。于是，我毅然选择了继续攻读网络空间安全专业的研究生，为守护新时代国家网络安全贡献力量。

无论我们走得多远，都不能忘记来时的路。我将牢记西电人身份，领会西电精神的底蕴与内涵；牢记党员身份，不忘初心，砥砺前行，做党的坚定拥护者；牢记网信人身份，做祖国网信事业的建设者、宣传队、播种机。这就是四年来西电教会我的担当与使命。

裴家乐

奋楫扬帆"芯"征程，两岸重担吾辈挑
——历练中不断前行的"芯"青年

裴家乐，西安电子科技大学集成电路学部2021级本科生。

怀揣"芯"梦想，选择西电，选择微院

中美的芯片之争，让我有幸接触到克里斯·米勒的《芯片战争》一书。芯片技术的竞赛，不仅是技术创新的比拼，更是国际力量对比的表现。半导体公司之间的竞争让我对相关领域产生了浓厚兴趣，激发了我对微电子学的热情和深入学习的渴望。

微电子作为现代电子科技的重要分支，涉及芯片设计、集成电路等领域，是当前科技发展的前沿和热点之一。我深知微电子领域的重要性及广阔前景，因此希望深入探索这一领域的知识与技术。

怀揣这个"芯"梦想，我选择了西安电子科技大学，西电在电子科技领域享有卓越声誉，尤其在微电子学方面更是领先一步。微电子学院拥有专业的师资队伍和丰富的教学经验，能够为学生提供系统全面的微电子学习与研究环境。在这样优越的学习氛围中，我能够接触到先进的微电子技术和理论，不断提升自己的专业知识储备与创新思维能力，为科技创新和行业发展贡献自己的力量。

学习之路并非坦途，学会接受，在历练中成长

在学习过程中，我遇到了一些困难。首先便是教学上的差异——作为一

名来自中国台湾的学生，我发现台湾与大陆的课程难度存在很大差别。在大学一年级学习高等数学时，我意识到自己的数学基础尤其薄弱，无法跟上课程进度，导致大一上学期期中考试未能及格的尴尬局面。

在重点专业课的学习上，我也遇到了瓶颈——在大二下学期接触半导体基础课程时，我发现半导体物理非常晦涩难懂，其中涉及大量的公式、符号和概念。然而，作为微电子学的核心基础课程，半导体物理课程对我的专业发展至关重要。这让我意识到必须更加努力学习、深入理解，才能克服这一困难。

那段努力却未见成效的日子，我称之为"扎根"期，我相信时间会给出答案。李小龙曾说过："我不怕练过一万种招式的对手，我只怕练过一万遍一种招式的对手。"面对困难，我学会了冷静分析问题、寻找解决办法，并逐渐培养了自己的韧性和毅力。在接受自己平凡的同时，我在质疑和怀疑中迎来了转机。

逐渐地，我稳定了专业课的成绩，并逐一通过了补考的科目。虽然教学的差异让我付出了更多的努力，但我相信，在困难重重的历练下成长更具价值。

一段难忘的社团经历，我在红色历史中汲取力量

在我的大学生活中，有一段难忘的经历——我加入了学校的大学生党史校史宣讲团。这一决定源于我对红色历史的热爱和对党史校史教育的重视。在党史校史宣讲团中，我遇到了一群志同道合的朋友，大家共同探讨学习，深刻体会到成为优秀党史校史宣讲员的使命和责任。

在红色背景的熏陶下，我在党史校史宣讲团中感受到了前沿科技与红色底蕴相结合的教育氛围。这种结合让我踏上了一场充满创新的历史回溯之旅，深刻领悟到前人如何仅靠半部电台取得辉煌成就，以及在峥嵘岁月中西电如何响应国家号召举校西迁。这也不断激励我要像前辈一样，在学业和人生规划的道路上"边走边学，边打边学"，在时代机遇中不断砥砺前行。

加入党史校史宣讲团后，我更加深刻地理解和珍视红色历史的重要性，更加坚定地投身于学习和成长的征途中，为国家的发展贡献自己的力量，为实现个人价值奋勇前行。

在党史校史宣讲团中，我不仅学到了历史知识，更重要的是培养了自己的表达能力、团队合作精神和责任意识。每次宣讲活动都是一次锻炼和成长的机会，让我学会了如何将复杂的历史故事生动地呈现给听众，激发他们对红色历史的兴趣。同时，与志同道合的团队成员合作，共同策划和执行活动，让我体会到了团结的力量，也让我更加珍惜团队中每一个成员的贡献。

党史校史宣讲团的经历对我来说意义重大，不仅让我在学业上得到了提升，更让我在思想境界和人格修养方面得到了锻炼。我深信，在红色历史的熏陶下，我将继续努力前行，积极投身到学习和实践中，实现个人成长。

陈培林

本科生"小白"如何叩开科研之门

陈培林，西安电子科技大学集成电路设计与集成系统专业
2020 级本科生，获得过"优秀共青团干部"称号，综合成绩专业
排名第四，毕业后前往美国弗吉尼亚大学读博。

对我而言，大学四年中最璀璨夺目的篇章，莫过于在科研领域的探索与
挑战。在此，简单和大家分享我如何在本科期间从一名科研"小白"，一步
步成长为能够独立解决问题，并取得一些科研成果的"科研人"的故事。

走进科研第一步：主动寻找锻炼机会

西电有着深厚的科研沃土和浓厚的科研氛围，我在这里见证了一位位师
长在国家重点项目中大展身手，这不仅激起了我对科研的无限向往，更点燃
了我内心深处想要在学术领域有所作为的火种。主动出击，成为我开启科研
大门的第一把钥匙。

从大一开始，我就不断关注学校的科研实验室、学术讲座和研究生导师
的招生信息，以获取更多的科研机会。在深入了解了学校的科研项目后，我
主动向导师表达了我的兴趣和愿望，寻求参与科研的机会。当"基于 LeNet-5
网络的手写数字识别硬件加速器"项目的机会摆在面前时，我毫不犹豫地抓
住了它，深知这是提升自我、实现梦想的宝贵契机。

走进科研第二步：稳住心态，跨过从零开始的第一关

初入科研项目的我，很快意识到这是一条充满未知与挑战的道路。面对深奥的深度学习概念和技术壁垒，我曾感到迷茫与压力。深度学习中的卷积层、激活层、池化层和全连接层，我之前都没有学习过，更何况现在要把这些内容综合起来实现一个项目，这令我感到了很大的压力。

但我不想轻易放弃一个我热爱的目标，更何况这还是我未来坚定想走的道路。为了克服这些困难，我找到了我的指导老师寻求帮助。他首先帮助我缓解了焦虑的心情，希望我更加积极乐观地面对科研中遇到的问题。他告诉我，科研的路途上经常会遇到一些困难，这是很正常的，科研的过程正是一个发现问题、解决问题的过程。当我描述自己遇到的问题时，他告诉我要先致力于相关知识的学习，然后把项目里的每一部分拆分开来分别进行实现和验证，这样一方面可以有明确的目标，另一方面也加快了项目进度。老师的建议让我豁然开朗，之前压抑的心情也一扫而空。我继续投身于项目的研究之中，遵循老师的建议，完成了每一个模块的搭建，并经过整合和调试，成功进行了上板测试，取得了很好的效果。

走进科研第三步：信心是科研探索最重要的动力

科研之旅的初步成功，为我注入了前所未有的信心与动力。我开始积极参与各类学科竞赛和更多高难度的科研项目，每一次尝试都磨砺着我的科研能力。美国大学生数学建模竞赛国际一等奖等荣誉的获得，不仅是对我努力的认可，更是我在科研之路上自信与坚持的证明。这段经历不仅培养了我的创新思维、团队协作能力和实际操作技能，更坚定了我投身科研事业的决心，让我相信，只要勇于探索，不懈追求，本科生也能在科研天地中绽放光芒。

对本科生而言，能够接触到科研项目是非常宝贵的经历。通过在本科期间初步尝试参与科研，我明白了科研的不易，也学会了科研的方法和技巧，并更加坚定地选择了科研这条道路。

朱雨恒

好好学习、好好比赛、好好生活，
是我抵御迷茫焦虑的"三件法宝"

朱雨恒，西安电子科技大学网络与信息安全学院网络工程（卓越方向）专业 2017 级本科生。

转眼间，本科毕业已几年了，但我还是很怀念大学四年在西电的日子。当时高考结束后，我的长辈对"西军电"十分赞誉，加之自己也了解到西电在相关行业和社会上的认可度颇高，所以报考了西电。现在想来，我十分庆幸自己的选择，因为在西电，有我关于梦想、迷茫和奋斗的故事。回顾大学四年，痛苦和喜悦、挫折和胜利交织交融。在我摸索前进的四年里，有"三件法宝"一直常伴身边：好好学习、好好比赛、好好生活。

我认为我是对自己有要求的人，对未来充满了想象，我知道要想让想象变成现实，就需要点滴积累。我至今都清楚地记得，高考完的暑假，我在网上搜索了很多关于如何度过大学生活的经验和建议的视频，因此我在初入大学时就给自己设定了两个大目标：一是获得推免资格，二是把大学生活过得和高中不一样。我深知要兼得这两个目标绝非易事，斗志昂扬和情绪内耗会相伴相随，但我能做的便是久久为功。

好好学习，有"箭靶"更有"弓箭"

追求学业发展，夯实专业基础，永远是一名大学生在大学里追求的主要目标。学业优秀是完成一切的前提，而学习本身没有捷径，只有稳扎稳打。为了实现自己的第一个目标，我一直在夯实基础上下功夫。在大学期间，除了有特殊的事情，我基本做到了上课满勤。如果因为有事耽误了课程，我会在下次上课前把PPT和书本内容看一遍，保证自己不耽误进度。当然，我也是吃了苦头才深知跟上节奏的重要性，每个人或多或少会有拖延的习惯。在大一第二学期，我有一门课的学习进度因为学生工作事务拖延了，期中考试前还没有学完课程的知识，导致期中成绩下滑得很厉害，这一下给自己敲响了"警钟"。而后，即使学生工作和准备比赛再忙碌，我也不会耽误课程学习，因为我知道要想实现目标，一定要把基础知识学好。

工欲善其事，必先利其器。除了目标清晰，我认为找到属于自己的方法论是一件更重要的事情。我在网上浏览了很多别人的学习经验，同时根据自己的学习习惯，逐渐归纳出了自己的学习、复习方法。首先，利用好多种手段学习课程知识，线下线上相结合。我从来不拘泥于线下听课这一种方式来获取知识，观看西电录课视频、使用众多线上平台资源都是进行二次学习的绝佳手段。其次，学习时务必"沉潜"，少一些浮躁的心绪。我会计划好每天的学习时间段，其间，减少看手机的频率和避免受其他干扰因素影响，全身心地投入学习。另外，学习环境也决定了学习的专注度，要远离可能会让自己怠惰的场所。本科期间，我几乎都是在图书馆里学习，那里的氛围会使我更加专注。最后，把握期末考试复习周的"黄金时间"。期末考试前我会给自己留下充分的复习时间，在这两周里，我会暂停除复习以外的所有事情。对于考试科目，我会复习三轮，第一轮注重基础知识复习，通过手动整理加深记忆，将课程内容全部总结成一份提纲；第二轮做题演练，我会通过课后习题、历年真题或者在网上找的学科题目来练习，并把第一轮没有复习到的知识点添加到提纲里，在刷题的过程中强化记忆并逐步闭卷练习；第三轮对照着提纲背诵。因为是自己整理的提纲，并且有很多标注，所以大大加强了记忆效果。

总而言之，基础知识的学习是重中之重，学会平静情绪，沉潜而高效地学习，往往能事半功倍。

好好比赛，想要"井喷"，先要"蓄力"

唯有在基础学科上"蓄力"，才能迎来在竞赛和项目中的"井喷"。我想和大家强调的是，很多人经常会陷入一个误区：看见别人参加竞赛，自己也一定要参与。我认为大家首先要明白：竞赛和项目是锦上添花，不是雪中送炭。当我们很好地完成了学业，并且学有余力或自身有很强的实践能力时，再参与竞赛和项目会更好，以免出现"捡了芝麻，丢了西瓜"的窘境。从我目前的研究生经历和周围人的情况来看，只要基础够牢固，本科阶段缺少竞赛和项目经历并不会影响研究生甚至更高阶段的成长与收获。

如果选择参加竞赛，我们可以根据自己的经验、兴趣以及学长的建议，在低年级时广泛试错，以确定自己想要参加的竞赛类型。一个人的精力有限，大学期间能专注并做好一到两个竞赛就足够了。我在大一的时候尝试过很多竞赛和项目，如学科竞赛类、创新创业类，但这些尝试并不是"贪多"，而是为了让我有机会去选择更适合自己的竞赛项目。通过尝试，我发现数学建模比赛可以很好地与课程学习结合起来，于是便将主要的精力放在了数学建模比赛上。另外，西电有很多的创业及线上招募队友的平台，我抓住机会广泛了解，在这期间认识了很多一起做数学建模的朋友，并在多场小型比赛中与不同的人搭配磨合，最终选定了队友。非比赛日时，大家每周会在固定时间见面，交流学习，也会定期参加小型比赛或者做模拟题进行实战练习。这个过程无疑是漫长且难熬的，但是打铁还需自身硬，团队里的每一位成员都不断打磨自己的技术能力，互相鼓励，一起坚持。我们组队一共两年时间，为了取得心仪的成绩，其间，所有大型数学建模比赛场场不落，每一次比赛时我和队友都同吃同住，全力以赴，最终才在竞赛上有所收获。

总之，要想获得好的比赛成绩，就要有"不破楼兰终不还"的毅力，做好"艰难困苦，玉汝于成"的准备。只要努力过，即使最终没有获得自己想要的成绩，也会收获"生枝发芽"的养分。

好好生活，保持对青春的"想象"和"贪婪"

在高中的时候，我就一直憧憬着自己的大学生活。我渴望在大学里实现梦想，也渴望在大学里全面发展自我，追逐热爱的一切。因此，在完成学业的情况下，我选择参加学生组织、担任学生干部和加入感兴趣的社团，来提高综合能力和发展兴趣爱好。

首先，在大学里和志同道合的人一起发挥专长做事是非常幸福的，所以我在选择社团和学生组织时，充分地考虑了自己的长处和想要提高的能力，精简了自己的选择。

其次，很多同学都会因参加组织或社团而感到浪费了时间、耽误了学习。我也曾有过这样的情绪，导致我不仅不能专注于热爱的事，还在焦虑和内耗中浪费了更多的时间。后来，我终于明白：不要让学习之外的事成为思想的负担。我制订了每天的时间安排，即使遇到再多的突发状况，也要尽量完成当天的计划进度。在学习的过程中提高效率，那么在学习之余坚持自己的选择而不被他人影响就是有意义的，也能创造自己的价值。

最后，要管理好自己的时间，懂得取舍，分清主次。我明确了自己在大学每个阶段要做什么事情，要把握的重点是什么。大学初期，我将一部分时间和精力放在了学生工作和志愿服务上，尤其是利用节假日和寒暑假的机会去尝试、去体验；大学中期，我将重点放在学习和竞赛上，努力冲刺奖项，达到目标；大学后期，我获得了保研资格，有更多的时间去做自己热爱的事情，给予自己更多情绪上的正反馈。

总之，我想对学弟学妹们说："伴随着时代和机遇，每个人都有属于自己的大学生活，都有属于自己的人生体验。没有完全相同的个体，也没有完全能复刻的成功，任何一条前进的道路都有不同的努力方式，都能走向不同的成功。但无论最终是成绩优异、科研成果丰硕，还是走进社会、进入强企，都要在大学期间学会早做计划，学会自我评估，要对自己有要求、不放弃。多做是永远不会错的，因为唯有愿意花时间经营自己的人生，才会有更多成功的可能。四年的时间不长，但足够让你武装头脑、深化思想、追寻热爱。"

　　我自认是一个很幸运的人，虽然也经历过很多失败，也常感到焦虑、迷茫，但是"好好学习、好好比赛、好好生活"的理念我一直铭记心底，听取身边人的建议，及时地自我调整，从而一次次走出落寞。要相信天无绝人之路，要敢做梦、肯追梦！希望各位学弟学妹能通过自己的努力找到适合的成长道路，在四年的时间里熠熠生辉，闪耀滚烫！

孙博文

从舞台到讲台，我在热爱里传递"梦想电波"

孙博文，西安电子科技大学人工智能学院智能科学与技术专业2018级本科生，2022年参与西部计划，作为研究生支教团成员在陕西省渭南市蒲城县孙镇初级中学进行为期一年的支教志愿服务，后于西安电子科技大学人工智能学院攻读研究生。

如果要用一个词语来概括我的大学生活，我会选择"热爱"。没有太多的瞻前顾后，也没有太多的随波逐流，就是从做自己热爱的事情出发，在这个过程里提高认识、扩展视野，然后找到新的热爱、新的目标，孕育出新的梦想。

从热爱出发，用舞蹈展现"西电模样"

2018年秋天，我进入西电人工智能学院，开始了我的大学生活。我并不像身边的很多同学那样很早就对计算机方向感兴趣，想在大学期间选择计算机相关的专业并有所成就。因此，在入学前我并没有提前学习编程或者了解人工智能的最新动态。当我进入新生群看到大家侃侃而谈，分享高中时期在机器人、编程竞赛中所获得的奖项，甚至开始组队准备竞赛的时候，我很迷茫——我的目标是什么呢？

初入大学，我对一切都很好奇，同时也一无所知。尽管学校已经把各种新生指南做得很完善，辅导员每天也在群里发布各类关于新生的公告，但我每天依然忙得像"打仗"一样。"快！选课了！""集合了！""走！该点名了！""啥是'百团大战'，去看看不？"……直到机缘巧合下，我加入了大学生艺术团的舞蹈团，迷茫的生活才有了一点光亮。

我一直喜欢跳舞，在大学生艺术团的招新现场，当我看到舞团里的学长因同样的爱好汇聚在一起，为追求更完美的表现而挥洒汗水时，我心里萌生出一个念头：在大学里，先做与自己爱好有关的事。那时的我并未想到，这份"热爱的烈火"会燃烧整整四年。

回想在舞团时，为了将每次表演都完成得尽善尽美，我们穿着被汗水浸透的红色训练服，穿着破损到露出脚趾的舞鞋，身上带着久久不能消散的淤青，拖着极度疲惫的身躯……这些瞬间都是我和舞团伙伴们共同的记忆。从舞蹈专场到五四晚会，从毕业典礼节目到校庆展演，在一次次的排演中，我逐渐认识到舞蹈节目并不是动作的堆积，而是精神的传递。一次次的排练宛如长征，大家凭着坚韧不拔的毅力在坚持，这样的经历也正是艰苦奋斗的西电精神的另一种体现。当我们做好充足准备，充满自信地站在舞台上时，我们展现出的精神面貌就是新时代西电的风采。

认识研究生支教团，让我的世界充满无限可能

本科毕业后，我选择投身支教、服务贫困地区教育工作的想法正是在大学生艺术团舞蹈团期间形成的。我一直将舞团里的一位学姐作为学习榜样。学姐做事雷厉风行、干脆利落，每次活动都组织得井然有序、思虑周全。在一次排练间隙，她和我们分享了她在大学生艺术团的学生工作经历，以及如何通过选拔进入研究生支教团。这是我首次接触到研究生支教团。学姐毕业后，我经常听闻她的支教事迹。原来支教不仅仅是走入山区贫困学校教书，还需要为周边即将脱贫的地区提供教育支持。西电的学长们在志愿服务地建立了"红色筑梦"科创小屋，为学生量身定制 STEAM 实践类科技创新教育课程，在机器人比赛中屡次获奖；还建立了"筑梦合唱团"，让零基础的乡村孩子能站上更宽广的舞台……学长们身体力行，为乡村教育教学贡献了西电力量。

从那之后，成为一名研究生支教团成员的想法便根植在我心中。大学有了奋斗目标，我不再迷茫，所有的努力都朝着同一个方向。大二那年，在不影响学业的前提下，我选择在大学生艺术团舞蹈团做学生工作，以培养自己的工作能力和沟通技巧，将特长和工作能力结合起来发展。大三时，在完成繁多课程与实验的同期，我参加了高中数学学科教师资格证和普通话等级考试。大三暑假，我参加了学校的暑期实践活动，从校园走向社会实践，感悟西电精神。终于，在大四初期，我被选拔进入第24届研究生支教团。但我知道，想要走上讲台教好书是远远不够的，于是我继续坚持做学生工作，并在周末为一名高三学生辅导数学，在实操中锻炼自己的授课能力。

我想，如果我没有因为热爱而加入舞团，没有认识支教团的学长，我很难走上前往孙镇中学支教的道路。在大学里，我们需要扩大自己的接触面，掌握更多的信息，从而探索无限的可能性。很多时候，不是我们不知道要做什么，而是我们不知道有什么可以做。通过参加活动、加入社团和参与项目，我们能够结识不同背景的人，在了解更多、认识更多的前提下明确自己的发展方向，突破固有的思维模式，再为新的目标积蓄力量，从而实现个人成长与价值的最大化。我想，这是我在大学里最大的感悟。

在助力乡村教育的路上，从未停止"播种梦想"

成为乡村支教老师后，除了进行基础的教学任务，我也想了很多办法让学生喜欢上数学和信息技术。我设计了每日计算小条和基于西电校史的数学运算大赛，针对不同学生的特点分层布置作业，避免作业成为学生的负担。同时，结合我所学的专业，我设计了特色信息技术课，不仅为学生们普及了前沿技术知识，还将西电的"梦想电波"传递给了他们……"老师，我也想考西电！""老师，能不能给我们讲讲你的专业都学些什么？"学生们的声音一次次让我体会到"筑梦架桥、传递理想"的意义。

除此之外，我还发挥自身特长，在服务地办起了舞蹈社团，为孩子们带去丰富的课余生活。我还通过视频记录下了支教的日常，让更多人了解我们，了解这里的学生。

乡村支教的这一年对我而言意义非凡，从舞台到讲台，变的是环境，不变的是我对所做事情的热爱。而这份热爱的能量也传递给了我身边的人，形成了一种"正向循环"，无时无刻不在激励着我，继续在自己想要追寻的道路上稳扎稳打地走下去。

在大学之前，我们的成长路线可能被规定好了，但是上了大学之后，成长道路开始出现岔路，但道路的选择从来不是妥协的结果。如果你不知道做什么，那不妨像我一样，从热爱的事做起，去扩大自己的社交圈，去寻找大学生活和未来选择的更多可能性。在热爱中寻找新的热爱，并久久为功地朝目标迈进。我也期待未来会有更多的学弟学妹了解到研究生支教团，为乡村志愿服务贡献自己的力量，让"梦想电波"传递到更多、更远的地方。

金国澳

找准节奏，稳扎稳打——启航、磨砺、绽放

金国澳，西安电子科技大学网络与信息安全学院2017级本科生，后于武汉大学网络空间安全专业攻读硕士研究生。

学在西电，梦想由此启航

在西电的怀抱里，我找到了梦想与现实的交汇点——踏实学习。初入大学校园时，我心中尚未对未来的职业路径绘出清晰的蓝图，但一个简单的信念却在心底生根发芽：无论前路如何，当下首要之事便是脚踏实地，把每一门功课学好。扎实的学业是成长的根基，这一朴素的认知，成为我在西电求学之旅的坚实起点。

按时出勤、勤记笔记、考前复习是踏实学习的三项基本功。按时出勤不仅仅是遵守纪律的表现，更是珍惜每一次与知识相遇的机会；记录笔记不是对课堂内容的简单搬运，而是融入自身理解的详略得当的知识导图，基于此可以形成自己的知识体系；在考试周进行系统的备考规划，合理统筹复习时间，并结合梳理知识导图、练习历年试题等方式进行系统复习，这样不仅能够巩固所学，还能在考试时做到心中有数。

带着"学在西电"的优良学风逐梦启航。我始终相信，我们做的每一份工作与努力都将在未来的某个时刻得到正反馈。正是大一时的踏实学习，让我有机会通过选拔加入了网络空间安全实验班，并获得了大一学年的国家奖学金，这为我未来的发展打下了良好的基础。

知行合一，在实验和竞赛中磨砺本领

在西电，大量的实践机会为我搭建了由理论通向实践的桥梁。专业实验课程让每一位同学都有机会在实践中验证理论并深化学习成果，让抽象的理论知识变得具体可感，也极大地提升了我们的专业素养和解决问题的能力。

此外，西电具有良好的学科竞赛氛围、完备的竞赛体系和丰富的竞赛资源。从每个西电人都会参加的第一场竞赛"星火杯"，到数模竞赛、全国密码技术竞赛、全国大学生信息安全竞赛等，一系列的竞赛不仅锤炼了我的技术实力，更培养了我的学习能力、解决问题能力和团队协作能力。但是，积极参加竞赛并不等于盲目竞赛，选择一至两个本专业认可度较高、平台较大的竞赛参加往往效果更好，同时也要注意，不要因参与竞赛而忽略了学业。

全面发展，在青春的多彩舞台上绽放

除了学业和专业技能，西电还为我们搭建了全方位发展的青春舞台。学生工作、社团活动、志愿服务等，这些都是我大学经历中不可或缺的部分，它们不仅丰富了我的课余生活，更是我成长道路上的多彩元素。

在学生工作方面，我担任过学生党支部副书记、校组织部助管等职务，这些经历磨炼了我的党性修养和工作能力。此外，本科期间，我还担任了校博物馆学生讲解员。

2017 年 9 月，正值西安电子科技大学博物馆开馆之际，刚入学的我看到博物馆选拔首批学生讲解员的通知后，便毫不犹豫地报了名。最终，我有幸以学生讲解员的身份，在各类参观交流活动中接待各级来宾，为他们讲述电子信息发展长河中的中国故事、西电故事。在这个过程中，我不仅了解到更多电子信息发展史，拓宽了自己的知识面，还培养了深厚的家国情怀。

最后，我想和学弟学妹们分享几点成长心得：首先，要尽早树立符合自身情况的目标；其次，要时常思考自己究竟想要成为什么样的人，如果感到迷茫或焦虑，不妨与良师益友交流。我非常感激在学业道路上遇到的专业导

师、辅导员老师，以及一群志同道合的同学和朋友，是他们在我迷茫、焦虑时给了我不同的观点和建议。正是他们的鼓励与帮助，让我从纷扰中抽身，回归本心。迷茫、焦虑本身不是糟糕的情绪，它们恰恰反映了我们在为未来筹谋，但我们不能长期沉浸在这种状态中，而应该多和老师们聊聊，和小伙伴们出去走一走，再来审视内心的追求。

　　不管是深造、就业还是创业，我们都应基于实际情况来思考适合自己的发展路径。只要源自真心，不懈努力，就能走出独一无二的精彩轨迹。

赵良樾

启航于困惑，笃定于梦想

赵良樾，西安电子科技大学电子工程学院电子信息工程专业2019级本科生，被推免至西安电子科技大学电子工程学院信息与通信工程专业攻读研究生。

一次迷茫时心态的转变

刚踏入大学时，我对学习比较迷茫。过往的学习生涯，就像是朝着一场终极考试疾驰，跑道尽头有清晰可见的终点线。然而，迈进大学校园后，我发现自己对未来的职业发展毫无头绪，对毕业后的规划也是一片模糊。面对未来的多种选择，我的进取之心渐渐被浓雾般的困惑所笼罩，日渐滋生了惰性。

转折出现在期中考试之后的一节数学课上。正当我为考试成绩通过及格线而沾沾自喜时，高数老师课后将我召至办公室。起初，我对他的劝诫不以为意，暗自思量，若我毕业后选择创业或投身公务员行列，那么大学四年的付出似乎便失去了意义。然而，老师提醒我，随着学习的深入和视野的拓宽，未来我若改变主意想要继续深造，此刻的懈怠将成为无法承受之重；大学教育不仅仅是知识的灌输，更重要的是培养我们解决问题的能力。老师的这番话如冷水浇头，让我猛然警醒，回望往昔，不禁为自己的短视与轻率感到羞愧，意识到自己差点亲手葬送了通往未来的光明大道。

在老师的启发下，我决心洗心革面，投入更多精力于学业。由于已经虚度了半个学期，提高学习效率变得至关重要。此后，每当我学习时，必定将手机锁入抽屉，确保至少两个小时不受干扰。同时，我养成了每堂课认真记笔记的习惯，并坚持课后立即回顾笔记与例题，之后才着手完成作业。得益于大一相对宽松的课程安排，我凭借持之以恒的努力，逐步弥补了落下的课程，终于能够与同学们并肩前行。

一节确定目标的学业指导课

在学业指导课上，任课老师带我去了他的实验室。我被那里浓郁的学术气息所触动，学长们或是热烈地交流着学术难题，或是全神贯注于科研课题，为理想拼搏的他们与彼时迷失方向的我形成了强烈反差。

老师自豪地向我介绍，这片创新的热土曾孕育出众多国家级的重要科研成果，某些研究项目甚至领跑全国乃至全球。他的话语中蕴含着深刻的寄望："我们都要将个人的奋斗方向与国家的发展需求同向而行。"那一刻，我恍如拨云见日——老师们不仅通过科研活动践行个人梦想，更为国家科技进步与人才梯队建设添砖加瓦，展现了知识报国的高尚情怀。我渴望成为他们中的一员，不仅仅是传授知识，更要启迪智慧，为学子引路，为国家育英才，让自己的职业生涯与国家的繁荣发展同频共振。

一段为目标拼搏的旅程

我已明确志向要成为大学教师，但与导师的交谈让我意识到这条道路充满挑战。博士头衔仅是踏入学术大门的起点，后续还需历经重重考验才能获得认可。导师了解我的忧虑后，不仅鼓励我摒弃畏难心理，还为我在校期间应如何布局以便日后在高等教育领域脱颖而出提出了许多建议。他提议我分两阶段规划：首先，跻身保研行列并力争直接攻读博士学位；其次，在研究生阶段为转型为高校教师蓄力。

通过不懈努力，我赢得了导师的赏识，有幸以本科生身份加入其研究团队。实验室的历练使我认识到，学习应超越理论表层，从应用的维度深入探索，这促使我以更高标准要求自己，立志成为优秀的教育者。

　　无目的的航行固然使人惶恐，但失去方向后的停滞不前更为可怕。正如滴水穿石、细流汇海，即使目标遥不可及，只要坚持不懈，脚踏实地，终将抵达理想的彼岸。

郝芮眷

以青春之声燃烧信仰之火

　　郝芮眷，西安电子科技大学外国语学院2022级本科生，大学生党史校史宣讲团成员。

宣讲意识萌芽：从学习者到演讲者

　　回想自己与宣讲的结缘，那是在大一下学期的一天，我作为观众去参加了一场由学校大学生党史校史宣讲团主办的陕西高校"强国复兴你我说"宣讲会。来自西安交通大学、西北工业大学、西安电子科技大学等七所高校的宣讲人员共同呈现了一场精彩纷呈的宣讲盛会。让我印象深刻的是，我校的宣讲员孔庆钰学姐以"十年书写通信答卷，助力5G提质增效"为主题进行了一场宣讲。她在台上落落大方、自信从容，以一种很有亲和力的表现方式，结合时代发展现状，讲述了西电人扎根通信事业、助力5G提质增效的奋斗成就，弘扬了我校前辈瞄准技术前沿，砥砺前行的科研精神。当时坐在台下的我萌发了一个念头：如果我也能像学姐一样，站在这样的舞台上发光该多好啊！于是，在大学生党史校史宣讲团招新时，我主动报了名。之后，在与宣讲团指导老师的交流中，我明确了自己适合的宣讲风格和发展方向，了解了宣讲要义——瞄准主题、突出特色。宣讲的选题和着眼点、宣讲稿的打磨、PPT的制作，这些必须相互配合才能够呈现出一场用铿锵言语向听众传达万钧思想之力的宣讲。

正式宣讲初体验："小马扎"上的流动党课

2023年，大学生党史校史宣讲团发起了"讲好校园雕塑故事 传承西电红色基因"征集活动，我选择了讲述"长征路上办学"这组群雕，这也是我第一次有机会以"小马扎"上的流动党课的创新形式进行宣讲。"半部电台起家，长征路上办学"是西电的光荣校史，如何讲好这组群雕展现的光荣校史，是我在准备过程中时刻思考的问题。雕塑作为校园文化的载体，是精神的凝聚，并具有巨大的教育意义。以此为出发点，我在西电新闻网上搜索了这组雕塑从设计到落成的相关新闻，在老师们的指导帮助下，形成了讲述当年通校学员如何在艰苦卓绝的条件下边打边学、边走边学，最终正式成为通信兵的励志故事的宣讲稿。这是我作为宣讲员的第一篇代表作。之后，我先后参与了数次"沉浸式 AR+VR"宣讲会，以及进学院、进社区宣讲等，陕西日报社也作了专门报道。正是在这样一次次的锻炼中，在西电精神的滋养下，我逐渐具有了学姐那般自信大方宣讲的风姿，成为一名合格的红色基因传承者，也更加坚定了讲好党史校史、新时代党和国家事业发展的非凡成就和生动故事的信念。

将宣讲融于实践，发挥青年影响青年的作用

2023年暑假前夕，大学生党史校史宣讲团成功入选"两弹一星精神"志愿宣讲项目，我有幸担任该项目暑期实践负责人。这是我第一次负责暑期实践项目，从立项到流程设计，再到组织与实施，最后到结项答辩，前后两个多月的时间里，我遇到的大大小小的问题，都在团队成员的积极配合下一一解决。

正是因为有了此次经历的锻炼，我在社区辅导员老师的支持下，招募志愿宣讲的同学，组建了社区宣讲团，并进行了多次宣讲技巧培训，分享经验。我们利用每周周点名的时间，走进各专业班级展开宣讲，并撰写通讯稿发表在书院公众号为宣讲团开设的专栏上。后来，我们还成功入选全国大

学生遵义会议精神志愿宣讲团。

习近平总书记说:"火热的青春,需要坚定的理想信念。"我也从曾经被影响、被鼓励的人,成为能够带领着志同道合的伙伴们一起宣讲、传播红色信仰、影响更多人的人。

这一路走来,我感受最深,也最想与各位共勉的是,大学确确实实是充满无限可能的。习近平总书记在党的二十大报告中指出:"当代中国青年生逢其时,施展才干的舞台无比广阔,实现梦想的前景无比光明。"一路走来,如今我已在宣讲历程中体验了很多,也收获了很多。未来,我一定会和更多大学生党史校史宣讲团的小伙伴们一起,肩负起时代赋予我们的责任和使命,讲好党的百年奋斗故事、讲好西电红色故事,用身边事感染身边人,发挥好以青年教育青年、青年拉近青年、青年影响青年的作用,在新时代西军电人的青春赛道上奋力奔跑,展现出当代青年自强自信、刚健有为的精神面貌!

秦苏瑾婷

缘于镜头、始于宣讲，
从胆怯到自信的蜕变

秦苏瑾婷，西安电子科技大学电子工程学院／竹园学生社区2020级本科生，竹园学生社区"听我说"朗诵团成员、校大学生党史校史宣讲团成员，曾任团支部书记、党支部书记，获评党史校史宣讲团优秀宣讲员、"春之声"演讲比赛一等奖，多次荣获优秀学生干部、优秀共青团干部等荣誉。

与镜头结缘，踏出尝试的第一步

作为2020级新生，我在开学第一天拿到了学校颁发的第一批"独立新生奖"，并意外接受了央广网、未来网的采访。这是我第一次面对镜头，登上新闻，现在回想起来，这应该是一个很好的开端。

第二次与镜头的缘分，是在2021年春。当时，我在学校网站上看到一则关于拍摄招生宣传照片的招募活动，抱着大概率不会被选上的想法报了名，便很快将这件事抛于脑后。直到3月中旬，突然接到一个邀约电话，我居然被选中了，就这样，我有幸在3月底，参与了学校招生宣传照片的拍摄。

然而，我与镜头的缘分，不止于此。原本内向腼腆的我，因为每次都要"逼"自己一把，所以在公众场合有了更多展示的机会。

说话就会脸红的我，开启了宣讲之旅

2021年4月，我作为竹园学生社区"听我说"朗诵团的宣讲员，成功入选学校大学生党史校史宣讲团，成为首届成员，开启了贯穿我整个大学生活的红色宣讲之旅。

在上大学之前，我是一个从来不举手回答问题、起立作答会面红耳赤的人。在加入宣讲团之初，我和老师谈话时都会脸红，不敢看老师的眼睛……刚加入宣讲团的我，进步稍显迟缓，很快就和宣讲团的学长拉开了距离。他们谈吐自如，动作自然恰当，情绪转换得当，我真的好羡慕。

然而，我并不会退缩，找到问题并解决问题才不会停滞不前，不断超越自己才是成长的真谛。当时宣讲团采用专题制，我选择的是"红色家书"系列，这一系列围绕夏明翰留下的三封诀别信展开，简要地回顾了他短暂又壮烈的一生。我第一次正式宣讲是在学生社区活动室里，当时除了一同宣讲的同学还有几位学生社区的学生。轮到我之前，我整个人都非常紧张，手心冒汗，脚趾发凉，脑袋里重复着稿子上的内容。在宣讲的过程中，我要兼顾摄像机镜头和PPT翻页，一开口就脑袋空空，中间尴尬停顿时抓紧看一眼稿子，时间像被无限拉长了，仿佛已经过去了一个世纪，而我的语速越来越快，想迅速结束这一切……

后来，一位宣讲团的学长说了一句让我觉得很受用的话："每个人关注的主体只有自己，大脑会记住自己犯下的错，对别人出糗的事则会抛于脑后。"现在回想，真的如此。这一内心障碍的扫除，给我的宣讲之路打开了新的大门。

一次次在镜头前的锻炼，成就了现在自信的我

在宣讲团的日子里，我参与过许多宣讲活动，一次又一次在镜头、大众面前展示，我的宣讲水平飞速提高，人也从内向胆怯变得外向且自信。

我曾有幸在一次升旗仪式上朗诵，给大家讲绣红旗的故事。那是我第一

次在这么多人面前宣讲，虽然好多同学只闻我声不见我人，但我明显发现，相比于第一次的宣讲，我这一次讲得更生动了，胆量提升了，声音更平稳了。

在大场面实践中的意外收获让我更加清楚地感受到有意识锻炼自己的重要性，只有抓住每一次的展示机会，才能进步得更快。我连续两年代表学生社区"听我说"朗诵团参加"春之声"演讲比赛，经过评委老师们的点评指正，朗诵团老师的指导，我的演讲水平有了显著的提升和进步，最终在2022年获得了一等奖并拍摄了宣传视频。

最令我难忘的一次宣讲，是在2021年10月。当时，西安电子科技大学举办建校90周年庆祝活动，我代表宣讲团朗诵串场节目，这是我加入校宣讲团以来登上过的最大舞台，从定人数、定服装、定走位到彩排、调整、候场，让我看到了大型活动的复杂性。经过大舞台的洗礼，我的临场发挥能力和心理素质提高了不少。

一次次活动经验的积累，让我在宣讲时更加得心应手，也让我有更多机会走向更广阔的舞台。2023年4月，大三的我们成为宣讲团的主力军。在这个春天，我与西北工业大学、西安交通大学、西北农林科技大学等陕西省重点高校宣讲团的优秀代表在陕西省高校学生微宣讲展示活动中互相交流、相互比拼。这一次的经历让我印象深刻，面对强劲的对手，充足的准备、良好的心态和稳定的发挥尤为重要。

从腼腆内向的"小透明"到能独当一面的宣讲员，一次次出镜、当众宣讲的经历促使我变得落落大方。我想跟大家分享的是：要敢于面对自己的不足，同时具备改变的决心和毅力，抓住每一次锻炼机会，你一定会离期待的样子更进一步。未来，我将带着我的真诚和好奇探索新的世界，成为更好的自己！

蒋梦轩

人生是旷野而非轨道

蒋梦轩，西安电子科技大学网络与信息安全学院2020级本科生。

西电之初印象

"欢迎报考西安电子科技大学，西电是毛主席亲手创办的我党我军第一所工程技术学校……"2018年的夏天，青涩懵懂的我正坐在洒满阳光的教室里出神，一个突然出现的陌生声音打破了此刻的宁静。

两年过后，当我站在填报志愿这一人生岔路口时，耳边突然回响起学长的那句"欢迎报考西安电子科技大学"。原来，逐梦西电的种子早已埋在我的心底。学长对西电光荣的办学历程和丰富多彩的校园学习生活的介绍，使我下定决心要进入这所梦想中的大学。

感恩党和国家的照顾政策

我来自新疆，在这样一个地理位置偏远、教育水平较为落后的地区，党和国家制定的对口援疆招生政策给了我进入名校的机会。由于信息闭塞，在填报志愿时，同学们很难及时了解到招生院校的具体信息，特别是在新疆这种少数民族聚居地区，有好几种招生政策。西电针对不同地区制定了更符合区域特色的招生政策，而我就是招生政策的受益人之一。

梦想的传递

因为受益于招生政策，所以我想用我的亲身经历帮助家乡的学弟学妹们走好志愿填报这人生中关键的一步。

进入学校后，我如愿加入西电本科招生宣传学生工作总队，在这里结识了很多优秀且志同道合的伙伴。我们一起负责在新疆维吾尔自治区相关中学进行招生宣传，每年为数千名考生提供咨询帮助。四年来，一届届学弟学妹怀揣梦想选择了和我相同的道路，我也利用自身经验努力帮助他们在西电实现自己的梦想。如果我的答疑宣讲能够为他们提供一点帮助，能为他们轻轻拂去追梦路上的灰尘，那么我就追求到了属于自己的人生价值。

当我站上讲台，望着眼神清澈坚定且充满希望的学弟学妹们，仿佛回到了多年前的那个夏天，在恍惚之间我看到了高中时自己那双求知的眼睛。

压力转化成动力

我所在的专业是计算机类中竞争最激烈的专业之一。分流后，大量优秀的同学选择了信息安全专业，我的专业排名霎时跌落谷底。

在那段日子里，我时常怀疑自己，思考以自己的学习能力能否适应专业的学习，能否在一众优秀者中获得一席之地。在迷茫的日子里，我仍然积极与周围的老师同学进行交流，找寻自己的短板与问题，制订学习计划，明确努力方向。努力总会获得回报，四年里，我在认真学习专业知识的同时，积极参加各类竞赛，专业排名不断提高，也取得了不错的竞赛成绩。我曾获得"优秀共青团干部"的荣誉称号，还在数学建模竞赛中获得了二等奖。

在完成学业任务的同时，我也在思考如何丰富自己的人生经历。在慎重考虑下，我加入了网信院团委宣传部。在工作期间，我被推荐到网信院新媒体文化工作室负责推文写作，也常常担任相关会议的记录员。

离别之语

回顾这四年走过的每一段旅程,付出的每一分努力,收获的每一项成果,都是我人生最宝贵的记忆。时光飞逝,大学四年不过是弹指一挥间,我也正在为进入社会、走上工作岗位做准备。

我始终坚信,人生是旷野而非轨道,尤其在西电这样一所充满无限机遇与挑战的学校。我始终坚信,西电毕业的我们将乘风破浪,书写我们西电人的未来华章。

马全龙

赛艇队舵手，也能掌好人生之舵

马全龙，西安电子科技大学集成电路学部微电子科学与工程专业 2021 级本科生。

体验和失落，新生生活的关键词

记得刚踏进西电的校门时，新的环境、新的人际关系，以及未来的不确定性，都让我感到惶恐。但同时，我也充满了期待，期待能够在这里学到更多的知识，结交志同道合的朋友，开启人生的新篇章。

初入大学，前期的舒适生活一度让我迷失了方向。学者专家的讲座报告、丰富多彩的"五育"活动、各具特色的社团组织……这些新鲜事物让我穿梭于各种活动现场。然而，我好像还没有从高中生的身份中彻底转变过来，仍需要依靠学校的安排和老师的督促才能学习。但与高中相比，课程量和作业的骤减让我彻底放飞了自我。

逐渐地，我产生了一些不适感，这种不适源于和身边同学的对比。我的脑海里时常浮现出"他们都好厉害啊"的想法。与优秀的他们相比，我作为从青海偏远农村考入西电的学生，能力上是有些差距的。在与室友、同学交流时，我发现他们都很自信，而一些表现突出的同学对未来的道路更是非常明确，至少他们的父母和他们聊起过大学生活或前进方向。相反，刚入学的我对所学内容、专业前景和发展道路却是模糊的。我不禁想到，父母抚养我长大，供我读大学，其实已经很了不起了。况且，我是家里走得最远的一个，不能再去苛求什么，所有事情都只能靠自己慢慢摸索。

除了和同学们有表现方面的差距，学习的压力也让我近乎崩溃，虽然一直在努力调整自己的情绪，但是当成绩出现在眼前的那一刻时，我还是感到特别无助。

赛艇和入党，两件改变我积极性的事情

随着时间的推移，我慢慢找到了一些可以缓解焦虑的事情。

第一件事是我加入了学校赛艇队，成为一名舵手。听说西电赛艇队是出了名的厉害，我也想去试试身手。初次试训，我就对这项运动产生了兴趣。赛艇运动不仅能提高队员的身体素质、磨砺意志品质，还能集中注意力并锻炼沟通能力。在初期掌握了一些技术要领之后，我的训练进入了停滞期，合练的时候总是让船偏航。这时，学长和教练就帮我平衡左右手的力量，传授给我一些感知风向的经验，等等。渐渐地，我在练习中也有了心得。教练鼓励我时说的一句话令我印象深刻，他说："训练也像考试一样，考到及格容易，但想要达到良好甚至优秀，却需要付出成倍的努力。"

赛艇队让我感觉到了一种归属感。我们放弃了一些课余的休息时间一起训练，讨论战术和技术动作，在所有人的共同努力下，我们多次在比赛中脱颖而出，捧起奖杯。我也通过比赛的成功找回了一些自信，发现了自己的闪光点，减少了因学习上的差距而产生的焦虑。

第二件事是申请入党。在入党的过程中，我结交了很多优秀的同学，也充分发挥了自己热心肠的特点。在一次次的跟岗实习和志愿服务中，我感受到了老师的帮助和同学们的认可。出晨操、上党课，逐渐让我找回了积极向上的自己。新环境的不适和成绩带来的压力也随着身边这些优秀朋友的带动慢慢被冲散，我开始接受心理上的落差，学会不因为结果不好而否定自己，而是在不好的结果中总结经验，找到正确的方法，尽力去弥补自己的短板。

在赛艇训练时，我认识到付出终会有回报，时间不会骗人。我像投入训练一样专注地学习，像对待比赛一样进行考前冲刺。在服务社区时，我感受到了自己的价值，结交了更多朋友，转变了认为自己基础不如其他同学的想

法。我将学习好的同学视为榜样，一起探讨学习。我只和过去的自己比较，为自己的进步喝彩！

学会倾诉，学会求助，辅导员和同学都是通关密钥

难过时，我会主动向辅导员求助，或者和朋友聊聊天，我发现通过和他们诉说自己的烦心事来释放压力也是一种很好的方法。或许朋友和我们有相同的遭遇或者困扰，相互倾听和打趣，总比自己憋在心里要好受些。用健康有益的兴趣爱好代替打游戏，更能将自己从低落中拉出。跑跑步、看看课外书，转移一下注意力，心情就会好很多。我和队友也常常开玩笑说："没有什么事是 10000 米解决不了的。"

通过参与这些正向活动，运用一些积极的方法，我的状态正在变好。分流后，我的成绩进步了五十多名，并成了一名预备党员和社区网格员。我也逐渐了解了行业现状，对于专业课程学习也不再无从下手，明晰了未来规划……面对大一时的挣扎、迷茫和崩溃，我学会了如何应对，更学会了自律、独立和与人更好地相处。我虽然不是一个非常出色的学生，但通过不断地挑战和试错，也找到了自己的方向。

不管风向如何，我也能掌好人生的舵。下一站，我信心满满！

高依然

篮途逐梦，未来可期

高依然，西安电子科技大学网络与信息安全学院网络空间安全专业2020级本科生，考研至华中科技大学。

大学四年，我有过很多种身份，其中最让我引以为傲的应该是西电女篮的一员、竹园学生社区女篮队长的这个身份。篮球，成为我大学生活中不可或缺的一部分。

在熟悉中热爱

我从小就对篮球有着特别的热爱，大概是受父亲的影响。小学一年级时，父亲第一次带我走入了球场，当时，还是一个小姑娘的我，面对这项充斥着肢体强烈碰撞和队员大声呼喊的运动，并没有产生什么特殊的情感。但是，随着观看比赛次数的增加，我逐渐领略到了篮球的魅力，开始享受每一个精准的投篮，欣赏篮球在空中划过的优美弧度，还有运动员干净利落的动作。由此，我对篮球的热爱开始与日俱增。

在勤奋中进步

说实话，打篮球的女生真的不多。进入大学后，我原本以为在西电这样的男女比例下，很难找到志同道合的伙伴。但幸运的是，我竟然遇到了一群非常棒的队友！特别要感谢体育部的李明智老师，是他组建了女篮队，并带领我们日复一日地进行训练。过程虽然辛苦，但我们乐在其中。

作为一支组建不到两年的队伍，我们从"西军电杯"到CUBA全国赛，历经数十场比赛，有输有赢，有汗有泪。我们曾捧起省冠军的奖杯，也体会过失利的苦涩，但每一场比赛都充满了挑战与激情。其中，与西北工业大学的一场小组赛至今都让我难以忘怀。那场比赛中，我们的首发控卫和中锋先后受伤，但她们仍然坚持战斗。控卫的膝盖破了一个大口子，但她只是简单地包扎了一下就继续上场；中锋在拼抢篮板时重重摔在地上，但她仍然咬牙坚持，让赛场上的比分一直紧咬不放。因为我们深知，我们拼搏的不仅是个人荣誉，更是为校争光！我们要让大家知道，虽然西电男多女少，但是西电女篮绝不落于人后。经过不懈坚持，我们最终克服重重困难，赢得了比赛。那一刻的喜悦与成就感无以言表，坚持和拼搏的意义瞬间具象化。

在磨砺中成长

"竞技体育没有不败的神话，即使结果不尽如人意，但在精神上决不能输。"教练的话至今犹在耳畔。今年的半决赛，我们再次与西北工业大学相遇。然而，这一次幸运女神没有站在我们这一边。在比赛过程中，我们一次次出手，一次次涮筐而出，连连被对手得分或者制造犯规。经过前几次的交手，对手对我们早有防备，并做了针对性布置，让我们很有压力。最终，我们以一球之差输掉了比赛。这是两年来我们在省赛中唯一的败绩，也让我们止步于全国赛。那一刻，我们感到非常失落和遗憾，但经过教练的不断鼓励，大家不断调整，我们重振旗鼓，拿下了第二天的季军赛。

篮球这项运动，不仅让我学会了团队合作的重要性，更让我明白了坚持与拼搏的意义。在篮球场上，我学会了如何与队友们密切配合，如何执行战术，如何创造进攻机会。每一次传球、跑位和配合，都是对团队精神的最好诠释。因为一打五永远是不可能获得胜利的，只有相信队友，彼此配合才能创造机会。同时，篮球也让我学会了面对失败和挫折。在比赛中，在人生中，我们会遇到各种各样的困难和挑战，事事不能尽如人意，但只有坚持和拼搏，才能无憾。

　　回顾大学四年，我深感庆幸和自豪。在未来的日子里，我相信只要我们齐心协力、勇往直前，无论面对多大的挑战和困难，都能创造出属于我们的辉煌。因为篮球不仅仅是一项运动，更是一种精神——一种让我们不断前进、永不言败的精神！

仉浩宇

青春的多面发展增强担当意识，未来可期！

仉浩宇，西安电子科技大学计算机科学与技术学院2021级本科生，曾担任西安电子科技大学校团委办公室负责人、西安电子科技大学第十二届学生委员会委员、教育部数字支教赋能乡村振兴项目西安电子科技大学学生负责人、西安电子科技大学国旗护卫队持刀指挥、一站式学生社区网格化管理联络员。

迷茫的开始

作为一名来自偏远小城新疆哈密的学子，我深知大西北辽阔的天地虽然赋予了我踏实、坚毅的性格，但未能给予我开阔的视野。尽管我选择了热门的计算机专业，但刚刚踏入大学时，仍然对未来感到一片茫然和不安。每日循规蹈矩地重复着教室、宿舍、食堂三点一线的轨迹，我隐约感到这并非我所憧憬的大学生活。因此，我决定加入校团委办公室和国旗护卫队，期望通过参与学生组织丰富大学生活，磨炼个人才干，更为了在广阔的天地中寻找自己的位置，迎接未知的挑战。

学生组织对我的改变

加入校团委办公室和国旗护卫队成为我大学生活中的重要转折点。在校团委办公室的工作中，我不仅有机会学习到很多办公必备技能，结交到更多优秀的朋友，还能参与组织各类活动和协调各项事务。这让我逐渐找到了自己的价值所在，发现了组织协调和学生工作的乐趣。

如果说校团委办公室的工作提高了我的工作能力，那么国旗护卫队的训练和任务则坚定了我的理想信念和价值观念。标准化的动作和雄浑的口令让我仿佛体验到了军人的荣光，尤其在西电这样一所红色底蕴深厚的高校，我更深刻地体会到了"全心全意为人民服务"这句话的深刻内涵。校团委办公室和国旗护卫队的历练让我迅速成长，也让我的大学生活不再迷茫。

与朝阳为友，同晚风为伴

无数汗水的浇灌只为护送五星红旗冉冉上升，这就是西电国旗护卫队，是占据我最多大学时光的地方。自2021年9月的初秋至2024年6月的盛夏，在西安电子科技大学国旗护卫队的怀抱中，我完成了从青涩新兵到坚定骨干的蜕变。这段旅程如同一块磨刀石，磨砺了我的意志，也锻造了我的品格。三年，一千多个日日夜夜，国旗护卫队始终萦绕于我心中；一百多次周一清晨的阳光和二百多次周五、周天傍晚的微风，见证了2019级我的老队长与老班长、2020级我的好学长以及我们最后几个2021级"老人"的离开，也目睹着2022级和2023级新生力量的成长。

在队伍的熔炉中，我学会了持刀的稳重，领悟了副班长的责任，体会了班长的担当，更在教官的角色中传递着国旗护卫队的精神。每一次升旗仪式，都是对"忠诚、责任、荣誉、担当"最真挚的诠释。在这里，坚持不仅是一种习惯，更是一种信仰；兄弟不仅是战友，更是血脉相连的亲人；传承不仅是一种责任，更是一种荣耀。我永远无法忘记大一第一次训练时我第一个到场的那种紧张与兴奋，无法忘记第一次被选出来站在队伍前的自豪与骄傲，无法忘记第一次穿上礼服履行任务的激动，无法忘记第一次站在国旗下参加升旗时油然而生的民族自豪感，无法忘记老三班最好的兄弟们，无法忘记第一次带训时的忐忑，无法忘记2022级兄弟们把我抬起来、抱着我哭时的感觉，无法忘记换届仪式上摘掉臂章的复杂心情……

也许有些东西只有失去了才会感受深刻，有时也觉得自己可笑：已经离开了国旗护卫队，却仍然连续两天下午都去礼仪广场看2023级同学们的训练，还会不自觉地去下口令，去指导动作……回过头来才恍然发现，自己已不再是这个队伍中的一员了。但是国旗护卫队的每一面旗帜、每一步正步、每一位队友的笑脸，都将成为我记忆中最宝贵的财富。虽然身已离队，但我的心永远与国旗护卫队同在。

深耕志愿服务，赋能乡村振兴

对我而言，大学生活不仅意味着书本知识的积累，更是一段探索自我价值与社会责任的旅程。从家乡的抗疫志愿活动，到学校的各类志愿服务，每一段经历都十分难忘，特别是担任教育部数字支教赋能乡村振兴项目学生负责人的那段日子。我将专业知识与社会服务相结合，用实际行动诠释"科技向善"的理念，通过自己的积极参与，带动更多同学加入到数字支教的行列中，用知识的光芒照亮乡村孩子的未来，让科技的种子在偏远地区生根发芽，为乡村振兴贡献了一份青春力量。

在实践中增长才干

2023年暑假，我前往新疆哈密开展暑期社会实践活动。在实践过程中，最让我难忘的是在当地中学开展文化交流和文化发展主题的宣讲会。看着同学们澄澈的眼神中透露出对外面世界的向往，听着他们讲述对自己民族特色文化的热爱，我被深深地触动。在宣讲后，一位名叫乌拉哈提的维吾尔族学生拉住我说："阿卡（维语'哥哥'），你的宣讲让我更加了解了我们少数民族自己的特色文化和传统艺术，对家乡文化的多样性和独特魅力有了更深刻的认识，未来我会加倍努力地学习，将学到的知识运用到促进哈密特色文化的传承和发展上，为推动家乡文化发展做出自己的贡献。"我从他澄澈的眼神里看到了他对知识的渴望和对外面世界的向往，感受到我们的实践活动不仅能使个人能力得到锻炼，更能触动年轻一代的心灵，激发他们对文化多样性和传统艺术的兴趣和热爱。他的这番话充分证明了这次实践活动的价值和影响力，更加坚定了我在这方面继续努力的决心。

多面发展，探索无限可能

在学业之余，我也积极参与科技创新和文化艺术活动，无论是参加"互联网+""挑战杯"等科技创新竞赛，还是参加校园舞蹈大赛、"瑞金之星"合唱节等文化艺术活动，我都全力以赴，不断突破自我。我还参与各类文化艺术活动和宣传片拍摄，不仅丰富了大学生活，也提升了自己的艺术鉴赏力和创造力。

青春不仅仅要追逐个人梦想，更要勇于承担社会责任，用知识和热情为社会贡献力量。在西安电子科技大学的校园里，希望每一位同学都可以勇敢追梦，书写属于自己的青春华章。

韩柳叶

我的选择，就是最好的选择

韩柳叶，西安电子科技大学通信工程学院 2020 级本科生，曾担任竹园 3 号书院团工委负责人、200107 团支部书记。

班干部经历收获成就感

我从小生活在西安市鄠邑区的一个小村庄，小学至初中也一直就读于乡镇学校。我们的村子就像一个大家庭，同村人都如同家人一般，这也造就了我热情的性格——从小在学校我就有着十足的热情去倾听、理解、帮助周围的同学，所以从小学到初中，我一直都是班干部。这九年里，在帮助老师管理班级事务、帮助同学处理学习生活问题的过程中，我获得了成就感，这比取得优异的成绩更能让我满足。那个时候的我很自信，身边的老师和同学也都很喜欢我。

踏入新环境萌生自卑感

初中毕业以后，我考入了鄠邑区顶尖高中的重点班。然而在短暂的兴奋期过后，我更多的感受是忐忑和失落，因为从小家人就告诉我，成绩优秀不算什么，人外有人，天外有天，而我即将踏入的高中人才济济，我可能很难再崭露头角。这使我潜移默化产生了自己不如别人优秀的想法，对自己"农村人"的身份也很不自信。因此，从我踏入那所重点高中时起，我就总觉得自己低人一等。在自卑心态的影响下，我最终没能鼓起勇气参与班干部竞选——在刚刚产生参与竞选的念头时，我就当即给自己下了注定会失败的定论。

我是一个渴望感受到被别人需要的人，否则就会怀疑自己的价值。所以从那时起，我就时常妄自菲薄，否定自己。这种状态一直持续到了大学。

团工委工作中重塑自我

进入大学的一天，我接到了书院老师的电话，老师邀请我加入一个叫"团工委"的学生组织。虽然不知道具体是什么，需要做什么，但我还是抱着试一试的心态加入了。现在回想起来，我十分庆幸自己做出了这个无比正确的选择。加入团工委是我重拾自信、转变心态的一个重要里程碑。入学之初，整个团工委学生团队只有4个人，却要负责整个书院线上线下的团关系转接。由于我们是第一届大类招生的学生，完全没有可借鉴的经验，所以只能一步一步探索，摸着石头过河。那时别提有多累了，印象中似乎上课之余的时间都用来处理团务工作了。我们摸索着第一次用系统，第一次线上审批团员转入，焦头烂额地到各团支部去解决各种各样的问题。工作量巨大，耗时很长，但是身边的同学都非常配合，有什么问题都会勠力同心一起解决。团支书们来送取材料时也都会互道辛苦，每次听到，心里就暖暖的。那时我发现，好像久违的那种被需要的感觉又回来了。

在所有人的努力下，我们跌跌撞撞但是圆满地走完了这条路。最后，看着整理好的铺满书院大厅一地的材料，心里特别有成就感。我能感受到我所做的事是有价值的，而我也是有价值的。此时，团工委所有的小伙伴就像冻土下的种子，虽然环境艰苦，但还是通过努力冲破桎梏，破土而出，而我自己内心那颗沉寂已久的种子也悄悄发芽了。

在后来的日子里，我与团工委的小伙伴们一起完成团委的相关工作，一起组织、承办活动。在一次又一次的工作中，我逐渐找到了儿时那个喜欢做学生工作，在工作中肯定自我价值、敢于争取机会的我。

我的精神内核越来越稳定，并逐渐领悟到"做你想做的，做你热爱的"这句话的真正含义。我渐渐明白，坚定地选择自己想选择的，就是最好的选择。这也帮助我在考研和找工作之间做出了抉择。我的均分并不低，我相信自己再努力一点，考研应该并不困难。但当我问自己究竟想要什么时，我很快便明确了，自己有一丝想考研的念头只是因为身边人大多都选择了考研。但就我个人而言，相较于学术研究，我更希望能在日常工作中体现自我价值，所以我毅然决然地加入了找工作的大军。但是这条路远比我想象中难走得多——越来越"卷"的就业市场一度严重打击了我的自信心。在长期没有 offer 的情况下，看着身边几乎全部都在考研的同学，我不禁思考自己的选择是否正确。这时，我脑海中又一次浮现出做班干部的那些经历，那些动摇的时刻，那些坚持下来的日子。我决定还是稳住心态坚持下去，开始一遍遍打磨简历、模拟面试、巩固专业知识、跑宣讲、听校招，最终成功签约深圳普联。

回望这一路，我想说："遵从内心，选择所爱，爱所选择。坚定自己要过的生活，为自己的梦想全力以赴，永远都不会晚。"

张子晗

不知方向的时候，要走好眼前路，做好当下事

张子晗，西安电子科技大学经济与管理学院大数据管理与应用专业2020级本科生，被推免至中山大学读研。

初入校园　迷茫中尝试

回看初入大学时的我，像是一只无头苍蝇，盲目地参加各种竞赛和活动，数学建模比赛、创新创业大赛……我全都随波逐流地参与。虽然在比赛过程中收获了宝贵的经验和深厚的友谊，但每次结束时，我总会陷入深深的困惑：这些比赛真的能引领我走向理想的未来吗？大二时面临专业抉择，我选择了大数据管理与应用专业。这个专业在我们学院很"抢手"，但我当时却对此知之甚少，心中充斥着迷茫与不安。大数据，这个看似宏大且神秘的概念，究竟承载着怎样的内涵？未来的路，我又该如何去走？

深入学习　实践中受益

随着专业课程学习的渐次深入，我一层层揭开了大数据的神秘面纱。学院教师们的精心讲授，让我领略到大数据蕴藏的无穷潜力与广阔应用前景，特别是在耿瑞彬老师的悉心指导下，我有幸深度涉足科研领域。耿老师以其严谨治学的精神风貌与博大精深的专业素养，对我产生了深远影响。她不仅以实际行动为我树立了科研人应有的严谨态度，更以广博的知识底蕴拓宽了我的学术视野。在耿老师的循循善诱下，我不仅掌握了从数据收集、整理到深度分析的全流程技能，更亲历了一项科研项目从立项、实施到结题

的完整周期。这一过程中，每一个环节都如同精密仪器上的齿轮，环环相扣，严丝合缝，让我深切体会到了科研工作的系统性与科学性。尤为难忘的是，耿老师的指导风格亲切而务实，她总能将复杂的理论知识以通俗易懂的方式娓娓道来，使我在理解与掌握的过程中备感轻松。同时，她对待学生的提问耐心细致，无论问题大小，她都能及时且深入地解答。这种亦师亦友的互动方式，让我在科研道路上始终能感受到关爱与支持。耿老师严谨的治学精神、深厚的学术造诣以及亲切的教学风范，无疑是我科研生涯中极其宝贵的财富，对此我将永怀感激，铭记于心。

跟随耿老师进行研究的这段经历不仅让我对当前管理学领域热点问题有了更深刻的理解，也让我对自己的未来有了更清晰的规划。我惊喜地发现，数学建模竞赛中学到的知识与技能，在大数据领域同样有着重要的应用。于是，我开始积极将竞赛经验和比赛中学到的知识融入专业课程的学习中，逐渐发现它们之间有着紧密的联系，这让我对未来的选择有了进一步的认知。

确定目标 攀登中坚定

后来，我顺利保研至中山大学信息管理学院继续深造。同时，我也在数据开发实习中积极探索，希望未来能够成为一名优秀的数据开发工程师。

回首四年的大学生活，我深深感受到每一次尝试和摸索都是值得的。正是这些历练，让我拨开迷雾，找到了属于自己的方向和目标，也让我更加坚定地走上了大数据这条道路。我明白，无论是学术研究还是职业生涯，都不是高不可攀的，唯有鼓足勇气去尝试、去探索，才能找到自己真正喜欢、适合的道路。

感谢每一次的尝试和挑战，它们让我变得更加成熟与坚定。我想跟学弟学妹们分享一句话："走的每一步，都算数。"希望每一位即将或已经步入大学校门的学弟学妹，都能够勇敢地去做、去尝试、去探索。

02

学习 | 进取与求知

韩 磊

学会打开"世界"和"视界"，
才是"小镇做题家"大学里的钥匙

　　韩磊，西安电子科技大学通信工程学院通信工程专业2015级本科生，现就职于中国船舶集团有限公司第七〇五研究所。

　　我来自陕西宝鸡的一个村子，上大学之前，甚至没到过大城市，属于典型的"小镇做题家"。

　　这一路走来，由于缺少信息资源和有效指导，我走了很多弯路，在此与学弟学妹们分享一些我大学期间跌跌撞撞摸索向前的经历，希望大家尤其是和我一样的农村学子能更好地适应大学生活，学会利用学校提供的各类资源和平台，减少"信息差"，让自己的人生道路更加顺畅。

信息眼界的狭窄，是大学里最大的落差

　　可能很多人和我一样，我的家庭只能给予我最基本的生活保障，能让我顺利考上大学是他们能给的最大支持。作为农村学生，虽然家庭条件不至于太差，但在成长过程中很多时候都在自我摸索状况，选择什么大学、什么专业，进入大学后应该干些什么，都不会有人告诉我，家长和亲戚也不能提供成长路径的指导。高考报志愿的时候，也是我一个人琢磨。选择西电，是因为我当时的分数在省内和西电最匹配，还有就是从小喜欢捣鼓东西，连文具盒都要拆开看看，对电子产品也有很大的兴趣。

　　来到学校后，除了惊奇就是深深的落差感，很多东西我都没见过，也没

有尝试过。落差感一方面来自经济的差距，另一方面来自能力，或者更准确地说是教育的差距。上高数课时，一个知识点其他同学好像很快就理解了，但我琢磨半天也找不到诀窍。更大的落差感，来自不知道如何获取信息和运用资源，当时我甚至不知道 B 站可以用来学习。

当我还懵懵懂懂、漫无目的地体验校园的自由与广阔时，身边人已经加入各种学生组织，甚至做好大学四年的规划了。我没有参加过社团和学生组织，社交圈也局限于舍友之间，人际关系的封闭又进一步加剧了信息的闭塞。

不知道方向的时候，先努力打好基础

大一在惊奇和落差中度过，整个人过得轻飘飘又乱糟糟的。对我刺激最大的一件事是大学物理（二）的挂科，那是我唯一一次挂科，对我有点"当头棒喝"的意味，那个假期也没有过好，愧疚和懊悔让我明白还是要保证学习不掉队，起码不能挂科。自那以后，我虽然还是成绩平平，但再也没挂过科。

我对技术开发还是有挺大热情的，自己捣鼓过单片机，也尝试过安卓开发，做了几个小软件，但是也走了挺多弯路。很多时候我是去图书馆借书学习，但其实 B 站上有很多教学视频，看视频学可能更快一些。

走上工作岗位之后再看大学阶段，我越来越觉得本科的专业知识应该好好学，像模电、数电所讲的基础电路，当初学的时候稀里糊涂的，只是死记硬背和推算公式，到底有什么用一点也不知道。但是现在，我发现这些东西是最基础也是最重要的，再复杂的电路也需要这些基础电路来搭建。

我如今在开发硬件，好在当初有过摸索安卓开发的经历，让我也能开发软件，这样在技术岗位上很有优势。所以在大学阶段要多探索、多实践，这些经历都会帮助日后的自己，正所谓功不唐捐。

因此，我给学弟学妹的建议是，在你迷茫无措的时候，先好好学习，如饥似渴地学，这其实是普通孩子尤其是农村孩子最轻松也最踏实的一条路。当你打好了专业基础，在面临抉择的时候，会发现自己可以选择的路有很多，而不会被形势和环境裹挟。

在试错中找寻发展方向

很多人可能早早就确定了自己的发展方向，但我却像无头苍蝇一样乱飞乱撞地试错。到选择考研还是工作的时候，其实我一开始是想找工作的，因为我一直在捣鼓一些小项目，自觉技术还不错，加上家里条件不是很好，想着靠学校的影响力和自己的技术，应该能找到一份不错的工作。这时候，自己在信息差方面的劣势又显现了出来。当时，自己没有太多的信息渠道，去招聘网站上找了一家小公司实习，觉得凭自己的能力应该可以轻松胜任。但是，第一天我就接手了一个从来没接触过的项目，在工位前抓耳挠腮了一下午，一点进展也没有，还不停地被负责人催，挫败感很强，只好灰溜溜跑回了学校。那时，在别人已经做好规划大步向前的时候，我却感觉自己很差劲，也没有人能告诉我，我的能力到底处在什么水平，怎么制订一个清晰的职业规划，想来想去最后还是决定考研。

读研之后，我的心智慢慢成熟，也逐渐追赶上了别人的脚步。别人可能在本科期间就已经具备的思维和能力，我在读研后才慢慢习得，比如更广泛的社交，更好地利用学校的资源，更从容地面对各个阶段的困难。在研究生阶段，我才慢慢对自己的兴趣、方向和未来职业选择有了一些认知和想法。

如果能打开自己的"世界"和"视界"，很多弯路可以避免

回看四年本科生活，我发现自己总是慢别人一步，这种"晚熟"可能与心智无关，更多是自己之前生活的封闭导致的。很多时候我都觉得，要是有那么一个人，能在人生的关键节点给我一些指点，能帮我分析每个选择的利弊，我可能会避免很多弯路。然而，本科时的我总是将自己封闭，也没有主动寻求过别人的帮助。

我从来没有主动找过辅导员谈心，即使辅导员来找我，我也只是应付，觉得不应该将自己的迷茫和脆弱暴露给他人。但随着时间的推移，我发现那些真正敞开心扉去寻求帮助与指导的同学，往往能更快地适应大学生活，更早

地做出明确又合理的人生规划。大学里其实有很多人可以帮助我们打开受限的"视界"，只是我们需要自己去寻求这些帮助。不要不好意思，大多数老师和同学都是愿意帮助你的，不要把自己封闭起来。所谓真心换真心，多找老师、辅导员谈心，他们是老师也是朋友，多去沟通，肯定会收获很多。

另外，还要打开自己的"世界"，拓展自己的朋友圈，这些朋友不是整天陪你打游戏或者吃吃喝喝的朋友，而是那些身上有着笃定或轻盈气质，能让你的世界变得广阔的朋友。

作为一个农村学子，我在大学里经历了巨大的心理落差，走过了学业上的挫败，走出了信息局限的桎梏与自我封闭，跌跌撞撞如小马过河一样，如今终于蹚出了自己的路。不管曾经经历了什么样的迷茫、无措和失落，我始终都在坚持着、努力着、奋进着，不曾沉沦，也从未有过破罐子破摔或者直接放弃的念头。希望我这些摸爬滚打的经历能帮到大家。

左 谊

从电子商务的广阔天地，
跨越到人工智能的深邃领域

左谊，西安电子科技大学经济管理学院电子商务专业2018级本科生，后在西安电子科技大学人工智能专业攻读硕士研究生。

在西安电子科技大学的校园里，我走过了一段非凡的旅程。从电子商务到人工智能，我不仅跨越了学科的界限，更跨越了自我的界限。

自学编程后，我萌发了"跨界"的念头

在经管院的学习和生活中，我发现自己对计算机科学的热情远远超出了所学课程的范围。这股热情如同一股不可遏制的潮流，推动着我去探索更广阔的知识海洋。我开始自学编程，从C语言的基础语法到复杂的算法设计，每一个代码的编写都是对自我能力的挑战，每一次调试的过程都是对耐心和智慧的考验。我流连在图书馆的书架间，翻阅着一本本厚重的专业书籍，从《算法导论》到《计算机程序设计艺术》，从《深入理解计算机系统》到《人工智能：一种现代的方法》，这些书籍成为我自学道路上的指南针。我如饥似渴地吸收着书中的知识，不断构建和完善自己的知识体系。

在这个过程中，我也学会了如何面对失败。编程之路从不平坦，我遇到过无数的问题，有时候一个看似简单的问题就足以让我绞尽脑汁。但我从未放弃，每一次失败都是一次学习的机会，每一次调试都是一次成长的经历。我坚信，只要持之以恒，就没有克服不了的难题。

科技竞赛的舞台，我体验了技能与意志的双重磨砺

参加"互联网+"竞赛的过程中，我亲历项目从最初的构想转变为最终的产品，其间，我学会了如何将理论知识转化为实际应用，如何将技术解决方案与市场需求相结合。而参加数学建模竞赛则是对我逻辑思维能力和数学能力的极大挑战，面对复杂的实际问题，要快速建立数学模型，运用数学工具进行分析和求解。人工智能竞赛更是让我站在了科技的最前沿，接触到了最新的人工智能技术和应用。

每一次竞赛的准备过程都是一次对意志的考验。面对紧张的时间、繁重的任务，我们需要保持高度的专注和顽强的毅力。在准备过程中，我学会了如何管理时间，如何分配任务，如何在压力下保持冷静。每一次熬夜，每一次反复试验，虽然艰辛，但也磨炼了我的意志和韧性。

每一次站在领奖台上都是对自己努力的肯定。当看到自己的努力获得回报，看到自己的成果得到认可时，那种成就感和自豪感是无法用言语表达的。这些经历让我更加自信，更加坚定地走自己的路。

RoboMaster 的挑战，我学到了团队精神的精髓

加入 RoboMaster 战队，是我大学生活中最难忘的经历之一。在这里，我接触到了最前沿的机器人技术，从机械设计到电子电路，从传感器应用到自动控制，每一个领域都让我眼界大开。

在战队中，我首先承担起了视觉算法的开发任务。这个过程充满了挑战，但每当我看到一个算法成功运行，识别出目标时，那种喜悦和成就感是难以言表的。

随着赛季的临近，战队的准备工作变得更加紧张和繁忙。我们经常需要熬夜编写代码，调试机器人，解决各种突发的技术问题。那些日子，实验室成了我们的第二个家，机器的轰鸣声和键盘的敲击声交织成了最动听的交响乐。虽然身体疲惫，但我们的精神却异常亢奋，因为我们知道，每一次调试

都可能带来突破，每一次改进都可能决定比赛的胜负。

那些熬夜编写代码、调试机器人的日子虽然艰辛，却也是我成长最快的时光。在 RoboMaster 战队的经历，不仅让我学到了知识，提升了能力，更让我体会到了团队的力量，感受到了合作的快乐。这些经历将伴随我一生，激励我不断前进，不断探索。

深造的决心，源于对人工智能的热爱

在人工智能学院深造，是我对未来的一次大胆投资，也是我职业生涯中一个重要的转折点。这里不仅是知识的殿堂，更是创新的沃土，让我得以在人工智能的浪潮中乘风破浪。

在这里，我有幸接触到了最前沿的研究成果，从深度学习的基础理论到神经网络的高级架构，从自然语言处理的突破到计算机视觉的革新，丰富的学术讲座和研讨会也让我受益匪浅。我仿佛置身于一片充满智慧和创意的海洋，不断吸收着新鲜的知识，开阔着自己的视野。

在这里，我学会了如何进行科学研究，如何提出问题，如何设计实验，如何分析数据，如何撰写论文。我学会了在复杂的信息中寻找规律，在纷繁的数据中发现知识，这让我对人工智能有了更加深入和全面的理解。

从电子商务到人工智能，我的大学是一段不断探索、不断学习、不断成长的旅程。它让我明白了，只有不断跨越界限，才能不断发现新的自己，才能不断接近梦想的彼岸。这是一段关于勇气、智慧、梦想和成长的旅程，是一段我将终生铭记的旅程。

刘运浩

三次转专业受挫，在体验中
找到自己的热爱和方向

刘运浩，西安电子科技大学外国语学院日语专业 2014 级本科生，现就职于西安华为数字能源技术有限公司，担任能源管理数字服务部门软件开发工程师。

秋来春往，七载求真。"在西电学习和生活的七年，是我人生路上最宝贵的财富，没有之一。"现为西安华为软件开发工程师的刘运浩如此说道。

三次尝试、三次受挫后的低迷和消沉

2014 年，刘运浩踏入了西电校园，奔着工科专业而来的他，意外被日语专业录取，但好在还有机会通过入学考试转去自己心仪的专业，因此他并未沮丧。然而，当转专业名单公布后，他发现自己的名字并未出现在其中，转专业的第一次尝试在初入校园时就被泼了一盆凉水。

"没关系，也许命运自有安排，可能日语也很适合我。"刘运浩暗暗为自己加油打气，决心在外国语学院开启四年的大学生活。

随着时间的推移，在日语专业的学习让他越来越清楚地意识到，这个专业并非他的兴趣所在："说真的，我没什么学习语言的天赋。"转去工科专业成了他心中的执念。一次偶然的机会，他得知在大一结束时，成绩优异的两名学生有机会转至其他专业。这个消息让他兴奋得难以入眠，从此他愈发刻苦努力，勤学多问，驰而不息。但那一年他的成绩排名第三，第二次尝试转

专业又因为"仅差一名"被挡在门外。

迷雾重重，路又在何方？对未来的困惑压得他心里沉甸甸的。不久后，直到几名同班同学转去了新建的网络与信息安全学院，他才得知了网信院面向全校招生的消息。第三次错失转专业的机会，让他内心十分苦闷。尽管有家人和朋友陪伴，但消沉和低迷仍如影随形。

在体验中找到兴趣所在

"人生不在于地处多高、成就多少，而在于体验，在于经历。"日语系王坤老师的一席话启发了当时的刘运浩。刘运浩向往拥有丰富的生活经历，成为一名生活的"体验者"，热爱生活、体验人生的种子就这样在他的心里生根发芽。

"我想像老师们一样，顶住压力，达到内心的富足与平衡。"消沉了一段时间的他，重振旗鼓，不再拘泥于课业成绩，观山看海、博览群书、策划组织、领略缤纷，"体验者"成了他的代名词。他加入了学生会，担任了班长，他用各种新的尝试和体验填满了大学生活，而这些经历也让他不断地看向自我，向内求索。"学生工作的经历，不仅让我找到了大学里的目标，还锻炼了我的人际交往能力、组织协调能力及临场应变能力。"刘运浩说。

在外国语学院学生会负责宣传、外联工作的刘运浩，因学生会工作而首次接触到 Photoshop 软件，进而接触到编程。为了更好地处理学生会工作，他选修了一门编程课，在键盘敲击声里，他恍然意识到编程才是自己的兴趣所在，寻找到了属于自己的学习锚点。

兴趣驱使，刘运浩开始四处搜集编程资料、学习视频，填补知识空缺。西电的计算机科学与技术属于国家一流建设学科，卓越的平台为他铺设了一条通往编程领域的康庄大道。那段时间里，相熟的同学们经常见到刘运浩坐在图书馆靠窗的位置上，手里捧着一本编程书，一坐就是一天。他乐此不疲地学着编程知识，钝学累功。再回忆起当时的时光，他说："其实每一件事都暗中标好了价格，无论金钱还是时间，都是我们要付出的成本。离开校园之后，这样的生活很难再有了。"

非编程科班出身的他，在就业市场处处碰壁，但他目标明确并没有灰心，而后果断选择跨专业考研，并顺利进入西电计算机科学与技术学院，提升自己的专业技能。深造之后，他将热爱与专业相融合，为自己的未来开辟了一片新天地。

尽管三次尝试转专业未果，但他没有任由自己沉浸在低迷的状态中不能自拔，而是在困境中寻找方向，努力走出阴影。他成为一名体验者，体验多彩的人生，找到自己的爱好和方向。他成为一名学习者，锚定自己的选择，求真求理，内心富足。正如他给学弟学妹们的寄语一样："热爱生活，认真生活；立志定向，寻求真我。"

张云轲

从探索拓展"做加法"到调整取舍"做减法"

张云轲，西安电子科技大学2020级本科生，在校期间，担任竹园学生社区公共管理团队干事、通信工程学院2001015班班长。他曾是十四运赛会志愿者、第26届研究生支教团成员，多次获得校级优秀学生干部、优秀共青团干部、优秀共青团员荣誉。

为丰富大学生活"做加法"

2020年9月踏入西电，校园里生机勃勃的景象让我感到新奇，原来在高中生活之外，有如此五彩缤纷的世界等着我去探索。在接下来的一周中，开学典礼、入学考试、部门招新、班干部竞选……大学生活的篇章已经开启，每天不再像高中时那样枯燥地上课和自习，也不再有那么多的规定动作，充足的课后时间让我能够有精力去探索很多领域。我决定探索拓展，丰富自己的大学生活，并产生了一个信念：在不知道干什么的时候就多去试试，不试试怎么知道自己行不行呢？

在空闲之际，我在行政班的班群中收到了一条消息：辅导员有个数据量比较大的表格需要一位同学协助整理。自学过几节Excel表格技能网课的我虽然不太确定自己是否能熟练使用Excel，但是我在收到消息后选择了第一时间向辅导员报名。在拿到表格并进行数据整理后，辅导员对我的整理成果非常满意。在他的推荐下，我了解到了学生社区公共管理团队的招新信息。"只要你肯争取，好好准备面试，相信你会成为公共管理团队的一员，学生社区需要你这样的能够熟练使用办公三件套的学生干事。"这是我在大学中第一次受到老师的表扬与认可。

在尝试一件工作后探索到了自己的兴趣和特长所在，我更加坚定了继续"试一试"的信念。于是，我广泛参加学校各类活动，不断为大学生活"做加法"：参加学生社区的公共管理团队招募面试，加入学院团委组织部，参加十四运赛会志愿者的笔试、面试选拔，向图像所的火星探测任务志愿者招募投递简历，参加数模校赛，参加专业班班委竞选，担任竹园学生社区网格员，等等。在每个"试一试"的过程中有遗憾也有收获，我的大学生活也因此变得更加丰富。

在疲惫奔波中学会"做减法"

不断"做加法"的过程，就好比不断向内存中填入数据，总会有内存不足的时候。当我在为了丰富自己的大学生活而不断做加法时，有一天，这个"内存"爆满了，我被四处而来的任务压得喘不过气来。我白天满课，晚上还要上实验课，同时还有各种活动、例会等分派的任务等着我处理，我在各种任务之间奔波忙碌。

终于，我承受不住自己所做的"加法"，在沉重的学业压力和工作压力下，我已经无法缓解生活带来的疲惫，状态逐渐低迷。为此，我不得不暂时放下手头的所有学习和工作，反思自己的选择。在放空心思的三天中，我不断回想自己从大一入学至今的经历，并且和学长、朋友交流了最近的苦恼。在认真反思后，我从中吸取到了教训：人的精力总是有限的，过度分散精力到更多事情上只会把所有事都搞砸，一味地追求数量只会降低质量。我意识到，生活是一场马拉松，要做到不落下学习的同时做好手头的其他事情，就必须"做减法"，以达到学习与各种事务之间的平衡。

最后，在不断"做减法"后，我重新恢复了乐观的心态，有条不紊地平衡好了日常学习和其他事务之间的精力分配，学业均分也有了小幅度的提升，也很少再搞砸工作上的事务，努力地维持着充实但不过度疲惫的最佳状态。在"做减法"的过程中，我还学到了很多智慧，比如，"做减法"并不意味着推卸，可以通过团队合作来分担任务，也可以通过寻找更好的解决方法提高效率，还可以通过调整处理事务的顺序来找到属于自己的节奏。

我从学生社区的公共管理团队到大四决定成为研究生支教团的一员，从之前参加各类志愿服务活动到后来能协助老师负责"小我融入大我"常态化社区实践工作，这些成长和蜕变正是我在不断寻求学习与工作之间的平衡中得到的宝贵收获。

我想说："在丰富多彩的大学生活中，在多元世界的多重选择中，勇敢选择自己想要的经历与收获，只要不断向前向上，人生的多选题将一定是满分。"

刘 奇

"马戏团团长"如何在大学找到前进的方向

刘奇，西安电子科技大学光电工程学院／海棠学生社区2021级本科生，曾获国家奖学金、社会实践优秀个人、优秀志愿者、优秀共青团员等荣誉。

"马戏团团长"得过且过的大一时光

我从小生活在西安市蓝田县的一个小村庄，小学和初中一直就读于乡镇学校。同大多数男生一样，我从小就比较调皮贪玩，没少惹家长生气。当时课程还比较简单，在好胜心的驱使下我也一直维持着不错的学习成绩，很受老师和同学们的喜爱，但也经常因犯错误而遭到责罚。由于性格比较外向，我经常在班里起哄、组织活动，所以大家开玩笑说我是班里的"马戏团团长"。

西电是我中学阶段一直为之奋斗的目标。作为一个陕西人，来到西电后，我觉得环境并不陌生，但脱离了父母和老师的掌控，我彻底掉进了游戏的"甜蜜乡"。大学没有频繁的阶段性测试，失去了展示学习成果的最佳平台，也没有了排名，我也不知道自己到底学得怎么样，该和谁比。习惯了不断有成绩和排名的高压学习环境，宽松的学习环境让我丧失了认真学习的动力。再加上新冠疫情那段特殊时期，网课让我有了更方便的玩游戏条件，考试的一再延期也让我永远觉得"不急，还有时间"。考试要来了，我只能抱着"及格万岁"的想法去应对，专业课程靠速成复习勉强考过，对其他课程则有点敷衍了事。当然，结果也在意料之中，我没能进入喜欢的信息对抗技术专业。但我还没有醒悟，人在不如意的情况下往往会为自己寻找借口，我只是没有认真对待学习和考试，假使我稍微努力，就能轻松"拿捏"这些课程。我用自己精心调制的汤药来麻醉自己。

从小事做起，在行动中找到奋斗目标

当一次我聊起"英雄往事"时，女朋友打趣道："我看你在马戏团被贬职了，从团长变成小丑了。"我好像一下被戳中了。后来，辅导员找我谈话也让我意识到时间还不算太晚，我还有机会保研。那时候，我觉得又有了希望，不能辜负爸妈和长辈们的期望，更不能忘记自己的初心。但是，弹簧松了就很难再变紧，我也不知道从哪里开始改变。在女朋友的建议下，我尝试着行动起来，先做好小事，做到认真听课，课后复盘，并和女朋友一起自习。就这样，我的成绩有了小幅提高。现在回想，如果只有我一个人坚持，可能坚持两天就又回到大一的状态了，因此要由衷感谢我的学习"搭子"。

由于我所在专业有着比较浓厚的物理学特点，我觉得非常枯燥，所以我想学习一些单片机和小程序开发的内容。当时，恰巧认识了一位计算机学院的同学，想托我找任课老师指导他参加比赛。于是，我借机和他一起申报了国创项目，并一起学习相关内容，开发小程序。随后，为了有圈子能够一起学习进步，我主动加入了学院组建的俱乐部，跟着学长参加"互联网+"大赛，取得了不错的成绩，还尝试实现了老师给出的想法，并获得了一些成果。

在备赛期间，我的想法也发生了一些改变。我开始发现，如果从事类似嵌入式开发这种行业，我学习的那些技能对我来说终究只是帮助我实现一个想法或功能的工具，而物理基础和学科门槛才是我所学专业的知识重点和专业优势。之后，我开始逐渐了解并喜欢上了我现在所学的专业，体会到了光学的博大精深，以及它在当今生活的各个领域发挥的重大作用，还有其多样化方向提供的多元化就业选择。在一次课后作业中，我对成像光学设计产生了兴趣，学习它需要扎实的光学成像知识和丰富的系统设计经验，做实验的过程中我感受到了设计的乐趣。因此，我下定决心攻读研究生，想进一步学习更深层次的内容，提升自身能力，以便未来更好地投入到工作之中。

先行动起来找目标，再用目标促行动

除了学习，丰富的校园活动和暑期实践也让我不断从中汲取养分。我总会期待周五下午学生社区的"职繁业茂"外出实践活动。在葡萄城的参观过程中，我了解了软件开发行业；在光机所的实践体验课中，我和总工对话，揭开航天相机的神秘面纱。参观企业、研究院所的活动能够让我拓宽视野，了解行业前沿动态，为今后的学习明确方向。

2023年7月，我随学院的实践队伍前往榆林佳县。通过与县文旅局、县团委等单位座谈交流，以及游览革命旧址、采访劳模、实地调研等方式，我对乡村振兴战略背景下农村乡风文明建设进行了细致观察与深入思考。千里之行，始于足下。这次社会实践让我深刻了解到，实践是接触社会、了解社会、服务社会及运用所学知识实践自我的最好途径，同时，还提醒我在以后的学习中用知识武装自己，用书本充实自己，为将来服务社会打下更坚实的基础。

"从今克己应犹及，颜与梅花俱自新。"大多数大学生并不缺乏做好一件事的能力，对他们来说，最重要的是搞清楚自己到底想要什么，这并不是一件简单的事。没有目标、消沉度日往往会浪费最宝贵的时间；随波逐流、盲目前行或许最终得到的也并非所爱。"昂壑虽无势，凌云自有心。"从此刻开始，从小事开始，我们将会有无穷的前进动力和克服困难的勇气，去接近和达成自己的目标。

董　琛

从他律到自律，我如何走出学业预警

董琛，西安电子科技大学数学与统计学院2021级本科生。

我想把我脱离学业预警的故事分享给大家，希望能帮助到和我有一样经历的同学。

高中到大学　我开始报复性地"摆烂"

高中时，我在寄宿制学校读书，每两周只有半天的假期，而且学校对手机的管控非常严格，能接触到手机的时间很少，能娱乐的时间几乎没有。因此，所有能自我掌控的时间对我来说都是"奢侈品"。可以说，高中时候我是在"严格的他律"中按部就班向前走的，但这种完全靠外部约束的管控，其实也在我心里埋下了一颗向往"随心所欲"的种子。

于是在初入大学后，我彻底地"沉沦"了。我发现所有时间都由自己支配，很多事情也全凭自觉，没有人会管束我，也没有人再没收我的手机。从严苛的高中来到自由的大学，我就像一匹脱缰的野马，在大学的校园里驰骋。

我从一开始上课时偶尔偷瞄手机，到后来一节课手机就没离过手；书本上勾画的习题作业，课后也是草草了事，提交了就算完成；对于即将到来的期末考试完全不重视，也不着急，开始彻底"摆烂"。结果大一上学期我就挂了三科，当时听到自己挂科的消息内心很平静，甚至有种理所应当的感觉，觉得大学学习就应该这样——毕业即可，及格万岁。

辅导员老师的一次谈话改变了我的生活轨迹

因为当时挂的是必修课，学分很高，已经达到了学业预警的范围，所以我成了辅导员要多花心思和时间关注的对象。有一次，我的辅导员赵春霞老师找我进行了一次深刻的谈话。犹记得赵老师问了我高中和大学的情况后，一下就发现了问题所在：我对学业不够重视，对"他律"到"自律"的转变不适应。在帮我指出问题后，赵老师又向我详细讲解了学业预警可能带来的后果和影响。其实到了学业预警，就好像一只脚踏进了泥潭，很容易破罐子破摔，再多挂两科就会留级甚至被退学。

在意识到有留级甚至被退学的可能后，我第一次害怕了。赵老师耐心地为我规划了补救措施，当我表明认识到自己的问题并真心想改变时，赵老师又主动帮我找了一名学业成绩优异的同学来帮助我。后来，赵老师还联系了我的父母，让他们多了解我的状况，多给予我鼓励。自此，我逐渐找到了学习的节奏，也慢慢让大学生活重回正轨。

通过合理规划 我脱离了学业预警

当时，由于要重修挂科的课程，所以和正在上的课程有一些冲突，时间安排上感觉非常紧张。如何合理地规划时间、利用时间，是我"自救"过程中尤为重要的一环。

首先，要保证本学期学习的科目不落下，要规划时间，适当增加学习时长，否则便会面临"捡了芝麻丢了西瓜"的情况。在确保正常学习本学期科目的情况下，需要拿出额外的时间来"还债"。我们要意识到，挂科的最直接原因，就是当时分配给学习的时间不够，时间的问题只能用时间来还。

在时间利用上，我们要用高效的方法，达到事半功倍的效果。比如，要多做练习题：在期末周，如果有往年试卷，做一两套就可以；没有往年试卷，就去看PPT上的例题。同时，还要积极寻求帮助，赵老师安排了学习好的同学来帮助我，书院也有一对一的学业帮扶小课堂。有的时候，我们看不懂、学不会的地方，是理解上有问题，多听取他人的解题思路，比自己盲目尝试能更快解决问题。

目前我已经没有挂科情况，也在尽可能地进一步提高自己的成绩。"学业预警"这个词，我想对我来说，不会再见了。

从他律到自律 这是成长路上必经的过程

我想有很多同学和我一样，在他律到自律的过程中，可能迷失过自我。没了高中严格的管理和作息约束，我们在大学要适应自我管理的生活。

我们要认识到自律对于个人成长和发展的重要性，学会合理安排时间，平衡学习、休息和娱乐；学会控制情绪，保持冷静和理智；学会应对压力，调整心态，保持积极乐观的态度。我们要不断反思和调整，逐步从他律过渡到自律，为未来的成长和发展奠定坚实基础！

罗　华

"过山车式"的大学四年，
只有自己能拯救堕落中的自己

罗华，西安电子科技大学微电子学院 2019 级本科生，毕业后被推免至西安电子科技大学深造。

被惯性驱动，延续高三全力以赴的节奏

刚进入大学的我是迷惘的，与高中时的"填鸭式"教学不同，大学的生活似乎变得自由和轻松了起来。没有人管你几点睡觉和起床，没有人管你课堂上玩手机，甚至只要托同学代刷学生卡就可以安然地翘过一天的课程。

但刚进入大学的我，还没敢轻易放松，因为在高中，我是全力以赴地学习，每年写完的卷子、习题册算得上是"著作等身"了，这样努力才能以刚刚超过分数线的成绩进入这所大学，所以我害怕自己被"落下"，时时会有一种紧张感。

在大一的学习中，每当有不去上课、不认真写作业的想法时，我就会想起两节班会课。一节是高中的最后一堂班会，当时班主任叮嘱我们："大学是你们第一个真正为自己负责的阶段，你平常能把自己压得多低，你未来的成就就会有多高。"另一节是大学第一天的辅导员班会，会上辅导员向我们展示了一些学业预警的案例，并告诉我们这不是个例，每年都会有学生因为挂科而无法毕业。想到自己是压着分数线被录取的，我很有压力，似乎学业预警乃至因为挂科而被退学的人就是我。

正是这种紧张感强迫我不敢对学习有一丝马虎。当朋友还在为早上八点

上课而怨声载道时，我每天七点就能坐到教室里预习当天老师讲解的内容；当同学还在互相分享作业答案时，我每天都会独立完成当天老师留下的作业并及时纠错；当舍友在宿舍里大叫"再来一把"时，我在宿舍熄灯后听半个小时英语听力再睡觉。就算是疫情在家时，我也按时上课，积极完成作业，及时向老师请教自己不会的内容。同学们以为我这么努力是有自己的目标，是为了保研，只有我心里清楚原因，不过是怕自己挂科、怕自己被退学，不过是因为惯性的驱动和一直以来的竞争压力才全力以赴而已。

一次放松、一年放纵，断崖式的滑坡

"天道酬勤"是我对自己大学第一年学习的最好总结，我的成绩在整个专业排在前10%，不仅毫无挂科的压力，我还看到了保研的曙光。现在回想起来，也许正是这优秀的成绩使我放松了对自己的要求，差点把自己推入悔恨的深渊。

第一次翘课是因为有一位专家来学校做讲座，但不凑巧，讲座时间与我的上课时间冲突了。起初，我是不愿意为了一次讲座而翘课的，但在同学的撺掇下我动摇了，我甚至开始安慰自己："老师能给我上很多节课，专家的讲座可能就只有一次。身边的同学即使不去上课，最后一个月突击照样能取得不错的成绩，我何必每节课都按时去上，就旷一两节也不要紧。"

我的第一次旷课确实是为了去听讲座，但是那次的旷课对我来说好像是打开了"潘多拉的盒子"。当我发现好像不去上课不会有什么后果时，我慢慢地大胆起来，作业也不认真完成了，预习也找借口放弃了。一次的放松引发了一年的放纵，导致我很多专业课都是压线通过，有三门课程甚至刚刚60分，我的排名也断崖式下滑。这让我从不劳而获的美梦中惊醒，重新审视自己这一年的状态。

无路可退后的绝地反击

优秀的第一年，放松的第二年，从两年的成绩综合来看，我感觉自己已

经不在保研名单之中。大三开始，大家都全力以赴做最后的冲刺，然而学习的压力压得我喘不过气来。如果不是真的"无路可退"，谁又愿意"绝地反击"呢？我知道自己已经到了谷底，再不奋起就真的没有任何机会了。

从沉沦中觉醒，从堕落中折返，这是我对自己的拯救。课堂的 90 分钟对我来说，都如一次马拉松那般漫长。我拼命地想抓住老师所讲的每一个字，想记住老师所讲的每一道例题，想在每一次随堂测验中证明自己。在那一年，周末和假期已经从我的生活中消失，我经常为了一次测验的失利在教学楼熬通宵。

一年的耕耘终于结出了硕果，保研的名单如期而至。当我庆幸自己出现在名单上时，辅导员的一句话点醒了我："是你在大三的努力让自己获得了保研的名额。"

为自己负责，简单的五个字经常被人们挂在嘴边，但在懈怠时能想起这句话来督促自己又何其之难。"故木受绳则直，金就砺则利"，究竟是选择在时间中慢慢被腐蚀，还是打磨自己成为锋利的宝剑，这个问题时常困扰着每一个人。而我，相信自己已经找到了答案。

韩旭东

从校园竞赛到科研前沿的探索旅程

韩旭东，西安电子科技大学机电工程学院测控技术与仪器专业2020级本科生，后被保送至上海交通大学电子工程系读研。

电赛启程：理论与实践的和谐交响

电赛启蒙，梦想启航。大一那年，怀揣着对未知的好奇与对大学生活的热切期盼，我迈进了机电院电赛实验室的大门。在这里，电路板和编程代码的巧妙融合，为我的电子设计梦想铺设了坚实的基石。理论的灌溉与实践的磨砺，让我沉浸于知识的海洋，不断磨炼技艺，每一次亲手构建电路、精心调试代码，都是我向电子设计殿堂迈进的坚实步伐。

竞赛荣耀，自信铸就。校园电子设计大赛让我首度绽放光芒。我成功打造了能稳定输出方波信号的555定时器振荡器，这个成果不仅为我赢得了校级比赛的三等奖，更使我在电子设计的征途上树立了信心。大二时，我持续精进，在省级舞台上再创佳绩，这些荣誉不仅是对我专业技能的肯定，更是激励我勇往直前的强大动力。

团队引领，共绘辉煌篇章。迈入大三，我有幸在AEDL实验室担起了"领头羊"的角色。在指导新成员的同时，我的研究也得到了深化。我们团队携手并进，在全国大学生电子设计竞赛中获得了国家级二等奖。这段经历不仅让我领略到团队合作的强大力量，也更坚定了我深耕电子设计领域的决心。

学术深潜：保研读博，探索无限可能

保研征程，迈向学术巅峰。凭借对知识的无限渴求与对创新的不懈追求，我荣幸地获得了上海交通大学电子工程系研究生的保送资格。深耕学术殿堂，我将在电子设计的广阔天地中继续深造，每一天的研究与学习都让我更加深切地感受到电子设计的魅力。

回溯展望：分享智慧，启迪未来梦想

回首成长，分享启迪。回顾过往，我深刻认识到自己在电子设计领域所取得的一切成就均源于不懈的坚持与努力。我深知这些宝贵经验对于后来者的价值。因此，我热衷于参与各种学术交流，分享自己的竞赛体验与推免历程，希望能为学弟学妹们指引方向，激发他们的潜能。展望未来，我满怀憧憬，期待着不断探索电子设计的未知领域，突破自我，为科技的进步贡献己力，并将我的热情与经验传递给更多怀揣梦想的人，与他们携手共创科技的璀璨未来。

梁艺群

一名打退堂鼓的大学生如何练就自信内核？

梁艺群，西安电子科技大学光电工程学院2020级本科生。

2020年的那个秋季，我站在西电校园门口，因为疫情，爸爸妈妈无法陪同我进入校园，所以在门口和他们道别后，我怀着忐忑又期待的心情走进校园，就这样开启了我的大学生活。

初入大学就打起了退堂鼓

初来乍到的大学生总是信心满满。因为高中期间一心准备高考，很久没有当班干部了，所以为了让自己的学习生活更加充实有意义，也为了认识更多的朋友，同时锻炼自己的能力，我一入学就主动向辅导员申请在学生社区团工委工作。然而，学生社区学生人数多，团员档案交接任务量大并且时间安排都很紧急，我又缺乏组织经验，也不太擅长发挥团队的作用，无法调动团队的积极性，同时学业压力也在不断加重，我逐渐感到力不从心。

在一个深秋的夜晚，我一个人趴在桌前，绞尽脑汁解答高数题，手头还有一些工作任务没有完成。面对棘手的作业和高压的工作，我感到很无助，情绪也接近崩溃，一个人默默地拿纸巾擦着眼泪。后来，我逐渐产生了想要退出学生社区团工委的想法，于是我向学生社区的老师提出申请，老师同意了。

不过，我内心充满了愧疚，因为这种半途而废的行为，不是我一贯的作风。虽然辞掉了这份工作，但心里深深的内耗并没有停止。看着身边的同学能兼顾工作和学习，我一度对自己的能力产生怀疑。这种挫败感让我在很长一段时间里信心受到打击，畏惧新的尝试和挑战。我不愿再参加学科竞赛，对于学生社区学院组织的各项活动，也总是退缩不肯参加，反而经常待在寝室玩手机，学习成绩也因此直线下滑。

组织一次集体运动重拾信心

大二那年，学校组织了"学生社区杯"跳绳比赛。跳绳是我持续热爱并引以为傲的运动，我跃跃欲试。我原本计划参加跳绳队，当一名队员，听从队长的调遣，但学生社区的老师告诉我缺少队长人选，建议我担任队长。我担心自己做不好，本想拒绝，但老师鼓励我不要怕犯错，勇敢去尝试，跳出自己的舒适圈。或许是不愿接受之前退缩懦弱的自己，内心渴望有一个机会来证明自己，我咬咬牙，决心不再退缩，勇敢直面这次挑战。

比赛前几个月，我先在学生社区的公众号和展板上对本次活动进行了广泛宣传，招募队员。训练过程中，我在群里积极认真回复各个队员的消息，及时发布比赛安排的最新动态。比赛前一天，我鼓励队员们要充满信心，休息好，以饱满的精神状态迎接第二天的比赛。我尽力将这次比赛的一切事宜都安排妥当。终于，比赛当天，所有队员不负所望，在共同努力下，取得了跳大绳比赛第一名、团体总分第二名的好成绩。学生社区的老师和朋友们都夸奖我做得好，这次工作使我逐渐恢复了自信。

通过此次跳绳比赛，我的心态发生了很大转变。我开始跳出自己的舒适圈，积极主动接受老师安排的任务，从小事一步一步脚踏实地地做起。一年下来，我发现自己不仅信心提升了，性格也开朗了，学习成绩也意想不到地进步了很多，在大二和大三都拿到了学校的奖学金。

在大三这年，我积极参与社区工作，负责了学生社区的单项奖学金评定、学生党员社区述责、宿舍卫生安全大检查、本科生青春人物评选等工作。我在一次次服务同学的过程中充实自我，处理各项工作更加得心应手。

这四年，我在西电学到了很多，不仅仅有专业知识，还有工作中的经验，最重要的是，拥有了自信、积极、沉稳的内核。从一开始的退缩、受挫、自我怀疑，到后来逐渐找到自信，慢慢得心应手，这一路的改变只有自己感触最深，这是我成长成熟的过程。在未来的人生中，我相信自己将不惧困难，迎难而上，不断取得突破和进步！

郭德玉

从交流生到研究生，走出舒适区才有收获

郭德玉，2021 年从中国石油大学（北京）克拉玛依校区到西安电子科技大学计算机科学与技术学院交流学习，后被推免至西安电子科技大学计算机科学与技术学院读研。

2021 年秋季，一次难能可贵的交流机会为我敲开了通往西安电子科技大学的大门，使我成为西电计算机科学与技术学院软件工程专业的一员。

2022 年秋季，我通过推免保研到了西电计算机科学与技术学院大数据与视觉智能研究所，开启了人生的另一段重要旅程。

交流 ≠ 旅游，走出心理舒适区

作为一名来自中国石油大学（北京）克拉玛依校区的交流生，初到西电，西安相对湿润的气候和学校热情的老师、同学给我留下了深刻印象。校园里创新创业的气息无处不在，无论是先进的硬件实验室设备，还是充满活力的校园文化，都让我对新一学年的交流充满向往。

然而，在新奇过后，我不可避免地遇到了适应性问题。在来西电交流之前，我从未有过参与全英文授课学习的经历。修读软件过程与项目管理这门课时，由于课堂内容涉及诸多专业术语和抽象概念，再加上外教的特殊口音，我常常一节课下来只能勉强理解 40% 的内容，我第一次对专业课感到无比陌生和困难。我感到前所未有的压力，内心有个声音在悄悄地引诱我："为什么那么拼？大不了放弃这门课，回克拉玛依选修一门简单的课程替代就得

了。"我逐渐产生了放弃的念头，一度开始逃课，窝在宿舍里打游戏。

后来，辅导员章老师在查课后发现了我多次逃课的情况，她把我"请"到了办公室，在倾听了我的困难后对我说："全英文授课对于同学们来说确实有难度，但是如果不走出舒适区，能力就不会提升，来西电交流就失去了最初的意义。只有勇敢迎难而上，才能不负从克拉玛依来西电交流学习的宝贵机缘。"章老师的这番话点醒了我，原本像鸵鸟一样把头埋进沙子逃避现实困难的我，决定拼尽全力应对这一挑战。

从逃避懈怠到专注努力，汗水逐渐浇灌成花

由于英语基础较差，我只能课前预习可能出现的专有名词，上课时"逼迫"自己全神贯注地聆听老师讲授的内容。但是对于我来说，老师讲的内容仍像六级试卷上的英语完形填空一样，到处是空格，我常常听着听着思绪就飞到了恒河边，脑子里浮现出电影《三傻大闹宝莱坞》的片段。后来，我慢慢学会了抓"关键词"，靠脑补一点一点理解老师所讲的内容，遇到疑惑之处就用磕磕巴巴的口语向老师勇敢发问，不过外教老师对我表达的问题似乎也云里雾里，我们经常大眼对小眼，那时候我才知道什么是"世界上最遥远的距离"——我站在你的面前，你却不知道我在说什么。课后，为了完成小组作业，我不得不用语法不通的英语与队友反复沟通讨论。好在队友们的英语和我一样"支离破碎"，我们互相都能理解对方的"Chinglish"——中国式英语。就这样，我付出了三倍的时间和精力，终于渐渐克服了语言的障碍，顺利通过了这门课程的考核，同时我的英语口语也得到了质的飞跃，虽然表达中还带有中、英、印混杂的味道。

在交换的这一年，我发现身边的同学们表面上看着平平无奇、波澜不惊，甚至还有点玩世不恭，但实际上都在默默耕耘、持续发力。在"学在西电"良好氛围的熏陶下，我原本把来西电当作"度假"、将交流当作"旅游"的想法被彻底粉碎了，我的竞争意识和学习热情被极大激活。怀揣着对知识的渴求和学以致用的决心，我积极参加各种学科竞赛，先后获得了第八届全

国大学生能源经济学术创意大赛一等奖、亚太地区大学生数学建模竞赛三等奖、五一数学建模二等奖、全国大学生数学建模省级特等奖、美国数学建模大赛 S 奖等成绩。这些经历对我申请攻读研究生起到了至关重要的作用。在参加竞赛的过程中，我结交了很多志同道合的朋友，他们给予了我极大的鼓舞和动力。

在西电交换的这一年，我的学习心态也发生了巨大的转变，从一开始的陌生恐惧到后来的如鱼得水，从一开始的逃避懈怠到后来的专注努力。我终于意识到，只要拥有坚定的信念并付出不懈的努力，任何困难都是可以克服的，学习科研不是请客吃饭，不能靠吃老本，更不能一劳永逸。这种心态为我今后在学习中解决困难提供了强大的精神支柱。

重新出发，人生正是不断寻找与认识自我的旅程

大四那年，我获得了珍贵的保研名额。在填写推免志愿时，我毫不犹豫地将西安电子科技大学列为首选。在西电交换的这一年，我被西电浓厚的学术科研氛围和追求卓越的理念深深吸引，计算机科学与技术学院"胸怀祖国、科学求实、敢为人先、追求卓越"的三系精神也烙印在了我的心里。经历了数日的材料准备和彻夜难眠的等待后，我如愿获得了西电计算机科学与技术学院的推免资格，成为大数据与视觉智能研究所权义宁老师的研究生，开启了全新的科研旅程。

2023 年 9 月，我正式开启了在西电的研究生生活。时隔一年，西电好像变了，高大巍峨的网络信息安全大楼，南校区新建的研究生宿舍楼……又好像没有变化，旭日东升的第一缕晨曦，夕阳西下观光塔的剪影，星空下逐日工程的繁忙场景……于我而言，西电不只是知识的殿堂，更是一座承载梦想的舞台。它用宽阔的视野激发我的好奇心，用多元的文化开拓我的思维，用卓越的追求鞭策我的上进心。

人生正是不断寻找与认识自我的旅程，交流的这一年，西电给予了我认知自我、完善自我的绝佳机遇。在这里，我不仅掌握了丰富的专业知识，还

学到了做人做事的态度：不能躺在舒适区，有突破才有收获！希望西电的学弟学妹们能像我一样，在这所名校遇见生命中的引路人，找到心灵的归属，铺陈属于自己的精彩篇章。愿大家在西电求学的日子里，珍惜当下，勤于学习，活出自我，收获人生难忘的四年时光，谱写属于自己的青春华章！

金思雨

主动转变习惯，人生需要规划与自我突破

金思雨，西安电子科技大学计算机科学与技术学院 2020 级本科生，后被推免至西安电子科技大学计算机科学与技术学院读研。

初入校园缺乏规划，面临保研危机

初入西电，作为"小镇做题家"的我，对计算机几乎是一窍不通，所掌握的知识仅仅是寥寥几节微机课的内容。我看不懂代码，也不懂如何使用 Visio 一类的画图工具，甚至不知道当不了解一件事的时候应该主动求助搜索引擎。

犹记得大一时，每周四早上是 C 语言课，虽然我每节课都尽心竭力地听讲学习，但所学的知识还是让我感到云里雾里。大半个学期过去了，习惯了高中督促式教学模式的我，只会模仿书本上的代码，我唯一做得好的就是不逃课——这大概是曾经教条的学习生活方式给我留下的唯一"财富"。果不其然，我的期末成绩平平无奇。

意识到自身问题的我开始试图改变目前的局面。那个时候虽然不懂信息差的概念，但是我隐约意识到了自己所掌握的信息存在滞后性，因此尝试去结识更多的同学。从那以后，我开始主动加强和班里同学的交流，努力吸收课堂之外的各类有益信息，性格也变得更加开朗活泼了。然而，由于缺乏规划，不愿跳出当前舒适圈，我大学的前两年，基本是在"平时不努力，期末靠补天"的"宗旨"中度过的。大二结束后，老师统计了前两年的成绩排名，当我看到自己的学习成绩在保研的边缘徘徊时，才意识到情况有些不妙。

主动改变习惯，努力初显成效

人生难得几回搏，此时不搏待何时？在经历了一番思想斗争，认清现实后，我想自己还是需要向保研的目标努力一把。针对这个目标，我决心给自己一个试错的机会，如果下半学期结束发现保研概率不大，那就好好准备考研。总之，我不能继续像前两年那样毫无规划地生活，应该好好考虑之后的路到底怎么走了。

我开始主动打破信息差，和老师同学交流学习方法、保研政策、生涯规划等内容，同时关注学校、学院公众号上各类有用的信息。我在课堂上认真听讲，课后进行大量练习，整日奔走于去教学楼和图书馆的路上。好在最终的结果并未辜负我的这份努力，大三上学期我的成绩很不错，离目标又更近一步。功夫不负有心人，我的排名渐渐不那么靠后了，只要继续保持，就有很大的机会能够保研成功。

保研成功再回首：悟已往之不谏，知来者之可追

后来的我一直保持良好的学习、生活习惯，最终的结果和我期待的一样：我成功了。其实到最后，我都算不上出类拔萃，但正所谓"不塞不流，不止不行"，从毫无规划到明确目标，大三这一年我好像真的成长了很多：我会去思考每一种可能的结局，不再自我内耗；我会衡量每一种结局的利弊，并思考未来规划。

2023年4月，在成绩还未公布时，我没有选择一味地等待，我查阅了很多考研择校资料，因为我无法确定自己的成绩是否能成功保研，但我可以决定另一种破局方式。当然，我也曾后悔过，自己为什么不能在前两年再稳扎稳打一些。但是与其纠结过去，我认为自己更应该整理好思绪，去面对新的挑战。

大三学年，我过得反而比前两年舒心了一些，相比之前的暗自后悔却从不改变，我学会了梳理自己的目标和计划，也去了一直想去的城市，做了很

多想做的事。

　　虽然最后结局圆满，但大学生活原本可以过得更绚烂多彩。现在回过头再看，如果我最初就有一个好的规划，这四年必然会过得更加充实，也会少许多迷茫与内耗。不过，好在正因为自己曾经有过那么一段迷茫困惑的经历，才意识到人的主观能动性有多强，只要愿意改变并付诸行动，一切都不算晚。

　　当前，新的旅途已然开始，我已张开怀抱，准备去迎接美好的明天。正如陶渊明所说"悟已往之不谏，知来者之可追"，我想将这句话送给和当初的自己一样的学弟学妹，希望你们能即刻开始改变，也许很难，但一定要勇于尝试，只要还有明天，今天就永远是起点。

吕佳敏

努力成为一个会解决问题的人

吕佳敏，西安电子科技大学网络与信息安全学院 2023 届本科生，后于武汉大学国家网络安全学院攻读硕士研究生。

初遇问题

初入大学，我为自由欢呼。"百团大战"争奇斗艳，眼花缭乱的各种活动占据了我大部分的零碎时间。然而，我并不适应大学的学习节奏，试图如高中一般继续被动地学习，只学习课堂上老师教授的理论知识。但随着时间的推移，我逐渐发现理论只是基础，正所谓"绝知此事要躬行"，实践才是真理。无论是 C 语言上机、物理实验，还是专业课的项目作业、学科竞赛，我们都需要将理论转化成一个个鲜活的实验数据，去解决一个个实际问题。这时我才意识到，我们并不能只局限于课本，我们有更广阔的天地待探索，有更实际的问题待解决。

探究问题

我渐渐开始思考，我们最应当在大学中培养何种能力？我认为，是解决问题的能力。我想这也是为什么在升学和就业的面试中，我们最常遇到这样的提问："在这个项目中你是负责什么的，遇到了哪些问题，你是如何解决的？"

为了培养自己的这种能力，我开始参加各种竞赛，期望能够运用学习到的理论知识去解决一些现实问题。西电拥有丰富的学科竞赛培训资源，因此在大二认真学完必修课程的同时，我还参加了学校组织的为期 50 余天的数学建模培训。在培训的过程中，我和队友们认真学习、激烈探讨，从一无所知到熟练应用 10 余种建模方法，从面对问题束手无策到快速理清思路，找到解决方案。我们坚定信念，彼此打气，在 E 楼实验室完成了大大小小的作业练习与数模竞赛。当我们踏着月色去打印文档，提交完纸质作品的时候，我突然发现，能不断努力去推动某些问题一点点得到解决，简直太酷啦！

解决问题

初识科研之艰辛是在大三那年。从创建队伍、寻找指导老师，到为期半年的文献阅读、作品打磨，我意识到一份成果的诞生是如此来之不易。半年时间很长，不止一次的迷茫总试图阻挠我的脚步；半年时间也很短，让我在日复一日的积累与准备中解决了大大小小的问题，学会迎难而上。

记得初读文献时，我对各种专业术语都不甚了解，只能一点点查找学习，在多篇文献的积累下，才渐渐明白那些复杂拗口的名词含义。起初在阅读论文时，我总做不到抓大放小，无法在繁杂的大片信息中总结提炼出重点。在一篇篇笔记、一份份大纲、一页页PPT中，我终于学会总结比对现有方案的优劣，提炼出有用的观点与方法。当一遍遍调试修改，排除各种原因，实验却还是止步不前时，我们也曾气馁沮丧，但还是耐着性子寻找报错原因，最终成功构建出一个完整系统。我们每周与指导老师进行交流，老师帮我们一页页修改PPT，浓缩提炼重点内容，对问题一环扣一环地追根溯源，梳理文章的写作脉络，在各种头脑风暴中获得新的想法。我们在宿舍楼的自习室里熬夜，在决赛前模拟答辩，有过很多次迷茫，也有过很多次的打碎重塑。如果说这就是科研的一段缩影，那么在这半年里，我获得了一些与之相配的能力，也收获了一份攻读研究生的录取通知书。

大学毕业是一场盛大的青春落幕，也是人生的转折点，我们也许有不一样的选择，兜兜转转，殊途同归，终将归于平淡的幸福。我们在西电成长，时光将我们悉心雕琢。当我们背上行囊，各自踏上新的征程时，我们仍将铭记母校的教诲，不忘初衷，不忘来路，努力拼搏！

张效瑀

迷茫时先跑起来，跑起来就有风！

张效瑀，西安电子科技大学人工智能学院智能科学与技术专业2017级本科生，现就职于腾讯科技（深圳）有限公司，岗位为产品经理。

四年的大学生活好似还在昨天，投入到工作后的忙碌状态也让我感知不到自己已是 25 岁的青年。大学毕业时，我没有选择继续深造，而是直接投入工作。在考研大军如过江之鲫的大背景下，我选择了更适合自己的道路。毕业后的三年里，我在两家公司供职过，如今并不觉得后悔。"自古成功在尝试"，直到今天，"先跑起来"仍然是我的人生信条。

比起"缓步慢行"，我更担心"止步不前"

我的姑姑从事教育心理学研究，在我还没有进入大学时，她就向我介绍了西电的历史。在她的推荐下，我逐渐对西电产生了向往。经过高考的奋战，我如愿来到了西电。在西电，我最真切的感受就是每个人都在朝自己想要的方向努力。这种"艰苦奋斗"的自驱力也是我在西电学到的最宝贵的东西，我想这也是西电人的精神传承。

我一直感觉自己很普通，无论是智商、情商还是知识储备都不算突出。我出生在东北小县城，刚来到大学时，接触到周围来自五湖四海的人才，很有危机感。这种危机感推动着我不断去尝试新东西，所以大学四年在课业之余，我跟随团队做过外包项目，办过俱乐部，当过学生干部，参与过不少比赛和创业项目，干了非常多新鲜有趣的事。虽然很多事情并没有取得所谓的"荣誉"，但这些经历都成为我走好下一步的基础。

学弟学妹们可能会说："我也想做，可是我不了解、不熟悉、不会做，所以不得已都搁浅了。"实话来讲，我在第一次做很多事情前也不会，但是可以"先跑起来"，边做边学，边学边做，比起"缓步慢行"，我更担心"止步不前"。前面是路还是坑，最终都要先把脚放上去。人教人教不会，事教人只需要一次，大学是往后人生中试错成本最低的阶段，希望各位学弟学妹能把握好这个机会。

<h2 style="text-align:center; color:red">放下无用的焦虑，先跑起来，然后再快一点</h2>

大学里我记忆最深刻的就是第一次做外包项目的经历。那时候，我刚刚加入学长创办的工作室，完全是零基础，做什么都是"摸着石头过河"。需求分析怎么做、需求文档怎么写、原型图如何画……都是困扰我的难题。还好这个项目本身难度不大，留给我们打磨的时间也比较充裕。当时，工作室刚刚起步，组织了几个有一点开发或者设计经验的同学一起完成项目。现在回看，这个团队是完全不成熟的，但正是这份不成熟，逼迫着我们所有人抓紧学习，突破未知。

问题和挑战是显而易见的，但如果眼里只有问题，就会一直被卡在起点。我想着要把握好这个机会，也逼自己"狠狠地"学一把。那段时间，我一直边学习边做项目，不会写需求说明书，就去找范例，和开发同学协商高效的沟通方式；不会画原型图，就去网站找来三十小时的Axture教学视频，开着二倍速学习；每当"灵光乍现"又唯恐思路断掉，就会一直闷在大学生活动中心，直到被门卫无意锁在楼里……为了按时保质完成交付，我们团队鏖战了一个多月，有很多次都是通宵之后大家一起约着去综合楼吃早餐。即便最后这个项目并没有在市场里"掀起水花"，但我仍怀念那段时光并感谢当时的付出，这对我的人生来说是一次"惊涛骇浪"。

正是这段经历，让我成了周围同学中少数有项目经验的那批人，逐渐从

"跑起来"到"向前冲",做其他项目也有了底气。我觉得大学教给我的不仅是知识,更重要的是学习能力和探索未知的勇气。因为这些项目经历,大三暑假我便开始获得去企业实习的机会,开启了简历"扩容"之旅。"不积跬步无以至千里",一次次的积累让我在毕业前找工作时没有太多的焦虑情绪。

想要获得从未获得的东西,就要去做从未做过的事情

不只是在学校,即便走向工作岗位,我也一直秉承着"先跑起来"的原则。和学习一样,每一项工作其实都是在不断突破自己的能力边界。对于未知的事物,计划太细并没有意义,因为人无法想象自己没见过的东西,就像代码也需要先跑起来才能修复漏洞,只要记得多抬头看看目标在哪里,剩下的就是行动。

举个例子,伴随"银发经济"的到来,我的前公司开始谋划自研助听器。公司的主营业务是做音视频,由于助听器从芯片、算法、临床数据到行业经验各个方面都有较高的门槛,所以很多看好这个机会的人望而却步了。当时我所在的业务线已增长乏力,加上公司支持业务调整,我思考了很久,最终决定试一试,就调转到助听器业务部门。接触新业务后,我发现整体难度稍低于预期。虽然专业经验和知识需要积累,但底层的产品思维和工作方法是通用的。第一个月我每天都加班到很晚,去"啃"一本500多页的书。在无法对专业的事情做出决策时,就多请示、多开会、多交流,拆解关键且困难的问题,列好计划并逐个攻坚。这个工作思路和在大学阶段的学习生活也是相通的。

事实证明,我当时的选择是正确的。虽然过程有些"赶鸭子上架",但"先跑起来"的想法让我在不到一年时间就经历了独立规划一个产品迭代的全过程,这对我后面的职业发展至关重要。所以说,其实我们并不是不能做,只是缺少一次被"赶上架"的机会。

最后我想对学弟学妹们说,如果你想要获得你从未获得过的东西,你就要去做你从未做过的事情。雷军在采访中说:"年轻人不要听这个建议听那个

建议，敢想敢干最重要。"做永远比想更重要，现在就去做也比明天再做能更快地接触事情的全貌。大学有着最合适的试错机会，请多给自己一些"被逼"的机会，先跑起来，跑起来就会有风，跑起来就有到达终点的希望。

赵青源

我成长道路上的"三合力"

赵青源，西安电子科技大学人工智能学院智能科学与技术专业2020级本科生。

我的故事，是关于在平凡而普通的生活中找到自己所喜欢的事情，并蓄力蜕变，向阳生长。我把这些喜欢的事称作我成长道路上的"三合力"。

2020年9月，我来到了西安电子科技大学。初入大学，我性格慢热腼腆，内心的迷茫与外在的踌躇相叠加，让我如同一部复刻高中三年的机器，按部就班，每天只是上课、学习、吃饭。在与室友和周围同学交往时，我显得无所适从。每当穿过操场、球场时，我都羡慕那些有共同爱好的同学，能一起为自己所喜爱的体育活动付出汗水、收获快乐，也向往这样一种社交方式，可以让自己跳出学习，汲取力量。

当我回头看曾经迷茫、无措的自己时，不得不说，通过我的"三合力"，我已经成长为理想中最好的自己。其中的故事，且听我娓娓道来……

理科的专业，使我拥有奋力拼搏的姿态

大二、大三的专业课难度陡然上升，我常常踏着朝阳进入教学楼，头顶明月繁星出来，我深知努力可以使一个人熠熠发光。尽管结果可能并不如我所想，比如，虽然我考试前刷了近五年的信号与系统试题，笔记写了满满的三个本子，成绩却依旧不理想，但是回想起来，我努力过，不为此后悔，没有留下遗憾。这种拼搏努力的精神也始终贯穿于其他课程的学习中，最终我

的学年总评稳步提升。"自己淋过雨，也想为其他人撑一把伞"，在这个阶段，我参加了学生社区与学院组织的课程帮扶计划。在学生社区中，我负责四六级相关课程的讲述以及不同题型的方法总结，并采取直播以及录制视频的方式帮助有需要的同学。在学院里，由于大学物理相关章节存在概念与计算并行的知识点，我认真细致地整理了该章节的常考题型，与大家在群里讨论学习。在帮扶的过程中，我对这部分知识的理解更加深刻，并且与结对同学的关系更加紧密。

文科的兴趣，使我乐于探索新的可能

我的专业是理工科，但我从不将自己所喜爱的事情限制于此，学习本专业的课程并不是生活的全部。每当经过大学生活动中心与操场时，听到那阵阵音乐声，看到一个个舞动的身影，我就提醒自己要成为多元化的个体。由于有语言方面的爱好，我选修了三个学期的德语与一个学期的日语。很多同学问我学这些有什么用，我的回答一向是：喜欢。我的大学英语老师楠姐说："技多不压身。"刚开始，我并不是很理解这短短的五个字，直至我在日常生活中遇到了外教老师、德国访问学者、德国笔友等才深深明白，很多东西只是暂时没有发挥出作用而已。我把学习第二外语当作每天专业课后对自己的奖励，在学习中我可以完全跳脱出专业课的思维模式，以不同的视角学习一门崭新的语言。我还擅长活学活用，比如，参加了德语配音比赛，用德语为老师送去生日祝福，翻唱中文歌，等等。成为多元化个体的目标驱使着我不断探索全新的可能，让我的生活更加出彩。

体育的爱好，使我更具青春风采

高中期间，没有任何体育爱好的我总是对那些会打篮球、会踢足球、爱跑步的同学心生羡慕。上大学后，我在消除学业压力和利用空闲时间充实自己的驱动下，让健身也进入了自己的生活。在接触健身运动之后，我的生活似乎每天都充满能量。每次锻炼都是一种克服阻力的挑战，只为享受锻炼之

后的那种醋畅淋漓。很多同学问我为什么每天都是笑容满面、精神饱满，我想坚持健身功不可没。来自各方的压力随着一次次举起哑铃、一回回突破更大的重量而消失殆尽，让我能以更加积极的状态面对挑战。后来，我成为学校体育馆健身房的助管，在自己享受运动带来的快乐的同时，也鼓励周围的同学加入进来，分享这样的快乐。在这个过程中，我认识了许多同样喜爱健身的老师和同学，其中 Karen 老师给我留下了深刻的印象。每次和我搭班，Karen 老师总是与我拥抱，询问我的近况。Karen 老师每次都会把哑铃从小重量到大重量依次排好，主动问同学是否需要帮助。这样的态度与品质深深触动了我，也感染了我，以至于我在值班时也会将这种关怀和热情带入到工作中，让每一位来健身的同学练得放心。自此，健身运动开启了我的一个社交窗口，让我与更多的同学有了共同话题，同时为我的生活增添了别样的色彩。

我成长道路上的"三合力"，让我的生活与从前相比多了些许享受与满足，让我能以积极温暖的态度对待身边的人和事。这正是四年来我的改变，是理科学生的严谨、文科兴趣的熏陶、体育爱好的坚持造就了今天的我。大学生活会结束，但我们的人生不会因此停留，蓄力蜕变，勇敢追光，要永远为了自己所热爱的事情而不懈奋斗。

杨超博

朋辈互助，学长领航，在榜样中汲取奋斗力量

杨超博，西安电子科技大学计算机科学与技术学院软件工程专业 2021 级本科生。

西电初体验：从憧憬到反思再到探索

高考前，一次偶然的机会，我阅读了关于"天问一号"总设计师张荣桥先生的专访。在专访中，他深情地说道："欢迎报考西安电子科技大学。"这句话如同一盏明灯，照亮了我前进的道路。在深入了解了西电"长征路上办学，半部电台起家"的辉煌历史，以及当下所具备的雄厚学科实力和良好学习氛围后，我毫不犹豫地选择了报考这所高校。经过不懈努力，我终于如愿以偿地收到了西电的录取通知书。当我怀着激动和好奇的心情步入西电校园时，我被这里的一切深深吸引。大学生活的新奇和轻松，仿佛打开了新世界的大门，让我陶醉其中。

同大多数新生一样，刚从紧张的高中生活走出来，我被大学相对轻松自由的氛围所吸引。然而，随着时间的推移，我逐渐发现，这种自在的氛围让我陷入了迷茫。尽管我每节课都认真打卡，按时完成作业，但并没有主动去追求更多的知识。课堂上，我常常选择坐在后排，沉溺于自己的小世界里，与领航学长的联系也不如刚入学时那般频繁。期末考试时，我只是希望能够及格，结果正如我所预料的那样，分数并不理想。

专业迷途指引：领航学长的智慧灯塔

大一的生活如白驹过隙，转眼间就迎来了大类分流的关键时刻。面对众多陌生的专业和复杂的选择，我感到前所未有的迷茫和困惑。这时，我想起了我的领航学长，他不仅是我学业上的榜样，更是我迷茫时的指南针。在与他的交流中，我详细询问了各个专业之间的区别。学长不仅耐心地为我解答了每个专业的学分要求、课程实践情况以及未来可能从事的工作方向，更令我感动的是，学长还帮我联系了其他几个不同专业的学长。通过与他们的交流，我对各个专业有了更深刻、更全面的认识和理解。结合自己的兴趣和成绩，我最终选择了软件工程专业。我深知，这个选择离不开学长的帮助和指引，他就像一座灯塔，照亮了我前行的道路，让我在未来的学习和生活中更加坚定和自信。

榜样的力量：领航学长的激励之旅

大二那年，一个偶然的机会，我在学长的朋友圈看见了他荣获美赛 F 奖的喜讯，同时得知他已锁定保研的席位。那时的我，正处于对未来的迷茫和彷徨之中，仿佛迷失在茫茫大海中的一叶扁舟，急需一盏指引的明灯。学长结合自身的经验，十分热心地对我进行了劝慰和鼓励。他告诉我，他也曾经历过迷茫期，但正是身边同学的激励，让他下定决心努力学习，最终取得了保研的资格。学长还详细地向我介绍了他是如何在就业和读研之间做出选择的。他坦言，经过两年的认真学习，他发现自己的成绩足以保研，同时，他也关注到了近几年的就业形势，为了日后拥有更广阔的人生道路和更多的就业机会，他选择了继续深造。学长的话让我受益匪浅，我开始反思自己的现状，思考自己的人生规划。于是，我开始积极参与各种学业和就业指导活动，参加学生社区组织的企业参观活动，希望能从中找到方向。我了解到许多关于读研和工作的区别，也发现我梦想中的许多"大厂"岗位都有明确的研究生学历要求，这让我更加坚定了继续深造、努力成为研究生的决心。

为了实现这个目标，我制订了详细的学习计划，下定决心改掉大一时的懒散习惯。每天早上八点，我准时起床离开宿舍，无课时便前往图书馆学习，积极担任了所有科目的课代表，每节课都坚持坐在前排，认真做好笔记。我还参加了各种学科竞赛，如大英赛、美赛等。通过这些比赛，我不仅锻炼了自己的能力，还结识了许多优秀的同辈。我们相互学习、相互鼓励、共同进步，形成了良好的学习氛围。经过一年的不懈努力，我在大二结束时取得了显著的进步，综合测评成绩从大一时的 82.08 提升到 84.5，排名也进入了前20%，并成功获得了该年度的国家励志奖学金，这是对我最好的肯定。

然而，随着大三下半学期的到来，我发现自己距离保研的门槛仍有一段距离，这让我非常焦虑。学长劝慰我，让我不要担心，同时也鼓励我珍惜大三的时光，因为这一年的努力对保研至关重要。他提到，剩下的 10.5 学分的专业课是我保研路上的重要筹码，还分享了许多他身边保研逆袭成功的例子来鼓励我。更重要的是，他建议我采取双管齐下的策略：一方面，全力争取保研的机会；另一方面，提前为考研做好准备。经过学长的悉心指导，我心中的压力得到了释放，对未来的道路也更加清晰。

回首过去三年的成长轨迹，我深切感受到曾经的懒散与懈怠如同暗礁，让我在学习和生活的海洋中险些沉沦，因此我更加重视踏实努力与自律学习。学长的领航如同灯塔，指引我穿越迷雾，驶向成功的彼岸。

师宇昊

自信、自强、自觉，走好人生长征路

师宇昊，西安电子科技大学网络与信息安全学院信息安全专业2017级本科生。

距离2021年本科毕业已经过去近四年了，大学期间的学习和生活仍然是我最怀念的时光，然而就像前段时间流行的那句话一样，"人不可能同时拥有青春和对青春的感悟"，我如今驻足回看，对自己的大学生涯有了更深刻的认识，在此与各位学弟学妹做一次分享。

树立自信

"如今的大学生什么都缺，就是不缺焦虑。"这或许是大学生的自嘲，但确实也是大学生焦虑不断的真实写照：大一大二有成绩焦虑，大三的时候要想着推免、实习、保研、考研，大四还要焦虑就业和毕业设计。但焦虑或许是正常情绪——我只是一个小地方的"小镇做题家"，我来到了大学，经历四年的学习，就能成为一个高薪的IT/IC行业工程师吗？我就能成为一名在实验室钻研高新技术的研究生吗？

其实，焦虑归根结底源于不自信。每个西电学子都经过了高考的"洗礼"，每个人的学习能力都是毋庸置疑的。不自信是因为看到了更厉害的学长、更优秀的同学，在横向对比中，自己似乎就变得"渺小"了。但是，我们要明白：一个刚入学的大学生，哪怕是一个应届大学毕业生，他应该是什么样子呢？他必须是精通技术，成绩优异吗？其实不然，他更有可能是一个尽管在一些方面有所欠缺，但仍然面朝阳光、满头汗水向前奔跑的人。我们要在学会接纳自身不足的同时以优秀为目标，不断靠近甚至超越——自我接纳是自信的起点。

坚定自强

"手里有粮，心里不慌。"作为大学生，我们的知识储备、专业技能就是粮。要想"不慌"，就要在有限的时间内尽可能地夯实基础知识体系，进而让自己日益强大。

一是要健全知识体系。这主要分两步，第一步是由厚到薄：在厚厚的课本知识中抓住主要理论、主要观点，形成一个总体的框架，把几十页、上百页的知识简化成一个几页、十几页的"知识树"。第二步是由薄到厚：框架形成以后逐步向里面填充，充实框架，让知识体系更完整。

二是要形成闭环。不同课程的知识并不是孤立的，而是互相关联的。要在实验的过程中加深对整体知识体系的理解和掌握，逐渐形成一个"从一而终"且逻辑推导关系严谨的知识闭环。

三是要学以致用。"纸上得来终觉浅，绝知此事要躬行。"学校的多门课程都附有实验操作和考核，我个人建议要以十分严谨认真的态度来完成实验类课程。一方面可以在实践中不断加深对知识体系的理解及运用，另一方面可以切实提升动手实操能力。或许有些课程的实验在一些同学看来有过时之嫌，但"基础不牢，地动山摇"，眼光长远需建立在脚下有路的基础上，如果好高骛远，只会让自己摔得体无完肤。

增强自觉

谈到就业、升学，同学们口中最常提到的热词就是"卷"。其实大家也可以理性客观地来看待"卷"这个现象：一方面是随着规则的完善，各行各业的壁垒和成本都在升高，要入行、要跨越必然要付出比之前更多的投入；另一方面是一个稳步上升的社会，必然会推动个体去提升自身素质，而个体素质的提升又会进一步推动社会的进步，从长远的角度来看，这可以称得上是良性循环。

在"卷"的大趋势下，尤其是我们所处的电子信息和计算机领域，其技术迭代和知识更新速度更是在这个万物快速发展的时代"一马当先"，我们必须自觉、主动提升自我认知。一是自觉学习。主动学习书本和课程以外的技术，利用好线上的学习资源，向老师、学长、同学多请教，拓宽视野，积累理论。二是自觉实践。学校有着丰富的科研、竞赛资源，实践过程就是不断磨炼自己的过程。三是自觉锻炼。健康良好的体魄是完成一切事业的前提条件，体育运动还能让我们广交朋友，拓展朋友圈，可以说是"一箭双雕"。

每一代人有每一代人的长征路，西电半部电台起家，长征路上办学，那是学校的起点。我们人生的长征路在进入西电的那一刻也进入了新起点。我们要树立自信，坚定自强，增强自觉，走好各自人生的长征路，未来定能与梦想胜利会师。

金荣杏

在不断地自我怀疑和不确定中前行

金荣杏，西安电子科技大学海棠学生社区 2021 级学生，就读钱学森空间科学实验班空间科学与技术专业。

对我来说，在西电近三年的时光，是充满质疑与纠结的，但我也在质疑与纠结中艰难地成长，在成长的过程中坚守初心。

张荣桥总师的一句话，指引我来到西电

高考前夕，恰逢天问一号火星探测器着陆火星圆满成功。在央视的专访中，西电校友张荣桥总师的一句"欢迎大家报考我们西安电子科技大学"深深吸引了我，最终把我"带"到了西电。

来到西电之后，我得知有一个和航天事业紧密相关的班级——钱学森空间科学实验班，在大一第二学期进行选拔。之前在看关于钱老的纪录片时，他说："外国人能搞的中国人不能搞？"这种精神深深地触动并感染了我。

考入实验班成了我上大学之后的第一个小目标，所以我努力学习，在大一第二学期顺利进入了实验班。

在不断地自我怀疑中前行

人生充满了选择，我们也时常会因自己的选择而自我怀疑，或者会想如果当时做出别的选择，是否会有更好的结果。

在钱学森实验班，我时常会怀疑自己在这个优秀的集体里是否还能继续

优秀。毕竟，钱学森实验班优秀的人很多，竞争压力很大。有时候我会想，如果我当时选择了竞争压力不那么大的班级，或者专业课压力稍微小一点的班级，是不是会轻松很多，也许就会有更多的自由时间，有更多的休息时间，心理压力也不会这么大。

我也会怀疑自己所付出的努力是不是都值得。我记得在大二下半学期，美赛、期末考试、六级考试都挤在了一起。美赛需要整整四天时间去完成，而在打完美赛后，需要快速调整状态应对接下来繁重的复习内容。由于我们小组是第一次接触数学建模，编程软件和数学建模方法学习得并不是很透彻，各种数据也不知道从何找起。这时，我开始质疑自己为什么要浪费宝贵的复习时间去打比赛，这真的有意义吗？当我和建模手熬了一晚上建立出来的模型被证明是错误的之后，我更怀疑自己的选择了。我想，如果我们不打这场比赛，即使不复习，是不是也会多一些调整状态的时间呢？

反复的内耗是一场身心俱疲的消耗战。打完美赛，我的身体开始发出"警报"，在医院打了一周点滴。打点滴时，我也依旧坚持复习。我想，这一切真的值得吗？我陷入了深深的内耗当中，想着要是考试、比赛、英语成绩都没有好的结果，这一切岂不是毫无意义？那段时间我一直在怀疑、质疑自己，但我只能硬着头皮继续往前走，让自己再坚持一下，去做自己该做的事情。

坚持自己选择的路，不忘初心

过程总是折磨人的，但是等到各项赛事和考试有了结果时，我发现所有的努力与坚持都是值得的。

现在回想起来，虽然那段时间经常自我怀疑，很难熬，但我确实学到了不少东西。首先，我明白了要注意锻炼身体，身体是革命的本钱，有好的身体才有精力去做事情。其次，我学会了合理规划自己的时间，如果我将来从事航天事业，以航天系统的复杂性，相信要比我现在经历的事情复杂得多、难熬得多。最后，我们可以怀疑和质疑自己的选择，但不能撂挑子不干事，只要咬咬牙坚持下去，总会有收获，并让自己的内核逐渐强大。

在过去三年多的大学学习生活中，我遇到了很多困难，有过身心俱疲的内耗，也有过不知如何抉择的辗转反侧。在未来，我深知将会遇到更多的困难，可能会不断地质疑和怀疑自己的选择，不断地问自己这一切的意义。但我相信，在每一次质疑的过程中，自己也在艰难地成长和进步，要学会自洽，不忘初心。

我永远忘不了一个小男孩对宇宙的着迷，也永远忘不了我的航天梦。我真的希望未来有一颗自己参与设计制造的小卫星，带着我的梦飞向浩瀚的宇宙。

最后，我想对学弟学妹们说，无论做出什么样的选择，我们都可能会有怀疑和后悔的情绪。我们可以有这些情绪，但最重要的是要坚持自己的选择，不忘初心，无问西东。相信只要坚持下来，等有一天回头看看我们所经历的一切时，会有"轻舟已过万重山"的感慨。

何昆岭

明确选择，付诸行动，保持松弛

　　何昆岭，西安电子科技大学网络与信息安全学院网络工程（卓越方向）专业2017级本科生，后于清华大学网络空间安全专业攻读研究生。

　　不知不觉间，距离本科入学的那个秋天已经过去快七年了。如今回想起那段时光，仿佛近在昨日，很多回忆依旧清晰。在西电的四年里，我收获很多，不仅有知识和技能，还有一段段成长和思考。因此，我想与学弟学妹们分享一些自身的感悟和经历，希望能为大家的大学生活提供一些帮助。

明确选择

　　不论是继续深造，还是踏入职场、创业，西电都提供了广泛的选择、机遇与支持。但这一切的实现都有一个前提，那就是明确自己的选择。学弟学妹们可以通过与学长、辅导员的交流，以及参加讲座、论坛来获取各种信息。在大学四年中，明确自己的目标至关重要，不同的选择往往指向不同的方向。例如，选择深造往往需要保持较高的均分或GPA，以及拥有一定的科研经历等。除此之外，还应该根据具体的方向调整策略。具体而言，选择出国的同学需要尽早地考出语言成绩，提前了解目标院系的相关要求，根据具体要求准备各项个人和团体成果；选择考研的同学需要了解专业课的考核标准，有针对性地进行学习和巩固，构建自己想要报考专业的知识体系；选择保研的同学需要提高自己的排名，积极参加相关科研项目和竞赛，主动联系导师；而选择就业的同学首先需要专注于技术方向的学习，了解笔试和面试的具体要求，可能的话，最好再准备一些相关的实习经历。

然而，刚刚踏入大学时，我们可能对未来的目标一无所知。因此，我们需要花费大量的时间去探索、体验，找到最适合自己的道路。这也是大学与高中最显著的不同之处。高中时大家的目标往往是一致的，即高考，但大学的"大"意味着更多的选择。因此，明确选择，是大学规划的第一步。

付出努力

明确选择后，我们需要进一步细化规划，并且付诸实践。首先，我们应当有意识地制订一个全面的规划，将其分解为可操作的短期目标。我们可以借鉴学长的经验，也可以和老师们探讨交流，从大方向上得到一个适合自己的规划。这个规划应该基于实际的情况进行调整，并不是固定的。例如，针对每一门课程，基于它的特点，计划好学习策略并合理分配时间，比如是否需要课下巩固复习、是否需要额外答疑等，以提高学习效率。其次，保持自律是一个关键。自律并不是强迫自己完成任务，而是培养一种自我管理的能力，把做一件事培养成习惯，自然而然地在平时完成。例如，学习编程时，可以设定每天晚上抽出一小时的时间学习编程语言或解决编程问题，通过坚持每天的学习计划，逐渐培养起对编程的兴趣和技能，使之成为自己的习惯。这样一来，即使面对新领域的复杂性和挑战，我们也能够坚持学习并不断取得进步。此外，大学阶段的合作精神也很重要。在团队合作中，我们要学会倾听、尊重和信任他人，学会有效地与他人沟通和协调，知晓彼此的特长与不足，根据各自的优势合理分配好任务。与他人合作，不仅能够共同攻克在课程学习、竞赛或科研中的难题，也是一种互相交流知识和经验的有效途径。

保持松弛

学会保持松弛。大学生活是一段充满挑战和机遇的旅程，保持心态的轻松至关重要。首先，大学是多元的，每个人都有着独特的兴趣，因此，不必过分焦虑于与他人的比较，而应该追随自己内心的声音。在这个过程中，要学会看到自己的成长，不断提升自己的技能和知识，而不是盲目追求所谓的"优秀"。例如，有的同学可能对学术科研感兴趣，而有的同学可能热衷于工程实践，这些不同的兴趣都值得尊重和发展。其次，挫折是大学生活中难以避免的一部分。面对挫折时，我们应该学会接受失败，并从中汲取教训，而不是陷入自我怀疑和消极情绪中。举例来说，如果一次考试没有取得理想的成绩，可以通过反思自己的学习方法和策略，找到改进的方向，以便更好地应对下一次挑战。每一次挫折都是成长的机会，只要坚持和努力，我们就可以克服并度过困难。此外，珍惜在校园里的时光，体验快乐。大学生活不仅关于学习和成长，也是人生一段难忘的经历。与同学们一起探讨问题、参与社团活动、参加校园活动，都是大学生活的一部分。在这个过程中，我们会结识各种各样的人，体验不同的观念，这将是我们的宝贵经历。因此，学会享受大学带来的美好时光，丰富我们的大学生活，是极有意义的。

大学生活是一段珍贵的时光，是成长的舞台，更是无限可能的起点。愿学弟学妹们在西电的每一天都充满激情，不断挑战自我、超越自我。在学业上，保持专注和执着，追求卓越；在生活中，保持好奇心，享受每一个美好的时刻。祝愿学弟学妹们在西电收获满满，快乐地学习与生活，共同努力，共同成长。

程　果

变化是进步的开始，规划是焦虑的解药，热爱是人生的明灯

程果，西安电子科技大学计算机科学与技术学院软件工程专业2018级本科生，毕业后被推免至北京理工大学计算机学院读研，现为北京理工大学计算机学院在读博士。

高考结束填报志愿时，一位在华为工作的长辈向我推荐了在计算机、通信、电子领域久负盛名的西电，家人从学科实力、学校环境、科研条件、就业前景等各个方面综合考虑之后，决定将西电作为我的第一志愿。最终，我如愿加入了这个大家庭。本科四年，我不仅在西电习得了扎实的学科基础知识，还与同学们建立了真诚的友谊，收获了与老师们的宝贵师生情谊。

变化是进步的开始：向既定目标迈出第一步

与许多刚上大学的同学一样，初进大学校园的我也面临过突然从紧张到宽松的学习环境导致的迷茫。课前来不及预习，课堂注意力稍不集中，课程过半我便听不懂了，课下又找不到同学讨论，只能花很多时间重新学习。因此，大一上学期我的成绩处于中等水平，期望与现实的落差让我心有不甘。那时，我认识了一位成绩与竞赛同样出色的同乡学长，他刚刚被保研到清华。了解了他的故事后，我决心改变，以保研为目标来规划自己的学习生活。

在与学长饱满的学习状态对比后，当时正为学习高数而苦恼的我突然醒悟：学习也跟数学函数一样，只有输入变化，输出才可能变化。以学习

为例，输入的是学习时间和方式，输出的是知识的掌握程度和分数。如果以不足的学习时间与不科学的学习方式作为输入，那么得到的必然是不理想的成绩。于是，我开始记录自己的日常安排，发现用在学习上的时间并不多，而且学习效率也不高。思索之后，我开始改变：泡在图书馆的时间增多了，并逐渐形成了"预习—听讲—复习"的模式，课堂上记录相应的重点难点，保持考试周按时复习的习惯，最大程度地利用积累的知识取得高分。

输入发生了变化，到大二时，输出——课程成绩开始提升，分数达到了优秀。

细致规划是焦虑的解药：将目标转换成可执行任务

焦虑与内耗似乎是成长过程中的必经情绪，我也在不同阶段的学习、工作、生活中时常出现这些情绪。焦虑的本质是对未来不确定性的恐惧，对可能发生最坏结果的忧虑。如果在基础目标上设置一定的规划，将其分解成可执行任务并按部就班完成，就会给人以掌控感，从而减轻焦虑情绪。

在已有"正向变化"的基础之上，我也曾为下苦功夫但收效甚微而焦虑。仔细分析后，我发现主要原因是学习过程中过于遵循自己的主观"感觉"，学习随意，难以全局安排，空有目标而难以执行。如此"信马由缰"式的学习带来的后果是效率低下、身心疲惫。为了克服这些问题，我为后续的学习目标制订了可执行的任务。比如，为期末考试设定了分模块的复习计划，并按任务执行。在执行计划时，需要分清楚主次，保持灵活性。对知识点可以细化到某个章节的某个点，但不应该具体到某个细微的定理。任务应该具有方向性，而不应该拘泥于细节，否则任务制订本身就是一种负担。

深沉热爱是人生的明灯：找到自己的热情所在

大学的主旋律不仅仅包括学习、比赛，还有对人生的探索。然而，当前内卷的现状让大家对"理想人生道路"的追求过于单一，所以大家都追求考公、考研、考编。但追求成功后，收获的并不只有喜悦，也有身处围城的幻灭感。其本质原因是没有找到自己擅长且热爱的事业，最终成为"迷茫的大多数"。

以人生为尺度，热爱是抵御迷茫困苦的良药。所以在学生阶段，我们要在学习、生活中有意识地发现自己的优点和长处，找到热爱并愿意为之奉献的事业（或者觉得当前专业不是自己的兴趣所在，可以尝试往其他专业发展，找到自己的方向）。如果在一个领域找到热爱，且做到擅长，做到前10%，甚至前1%，相信在精神与物质层面都会感到富足。

初入科研道路的我，不敢声称"热爱"，但阅读论文后"知之"的内心丰盈感、渴望解决未知问题的迫切感、实验结果提升后的满满成就感，都支撑了看似"无聊"的科研生活。

结　语

我曾经向专业排名第一的"学神"请教学习方法，得到的回复是"按感觉来，就这样学"。思考过后，我发现这并不是敷衍，而是经过多年的学习，一些良好的习惯已经内化到了他的行事风格中，只要按照以往的路径按部就班地学，就能有好的结果。每个人有不同的学习过程、成长经历，即便复刻他人也未必能获得成功。重要的是，在自己的成长路上多尝试、多规划、多反思。

鬼谷子有言："反以观往，复以验来。"人贵在能自省、善纠偏，从过去失败的经验中吸取教训，才可能指导未来的行动以获得成功。纠偏即正向变化的开始，规划是成功的催化剂，热爱则帮助我们抵御失败路上的失落与迷惘。愿学弟学妹们能在自己所热爱的道路上不忘初心，追梦向前。

濮宗成

大学期间应征入伍，是我一生最无悔的选择

濮宗成，西安电子科技大学经济与管理学院电子商务专业2012级本科生。大三入伍，在海军陆战队服役两年，2018年本科毕业。回顾军旅生涯，"青春热血铸军魂，家国情怀心中记，担当奉献永不忘"是对他最好的概括。

一次大胆的选择，让我实现了军人梦

从小，参军报国这颗种子就埋在我的心底，当年发生的钓鱼岛事件更加坚定了我携笔从戎的决心。壮志充盈在心中，我的参军愿望越来越强烈。进入西电后，为了在大好的青年年华锤炼自我、磨砺意志，守护祖国的河山，我决定报名参军入伍。

进入军营后的生活与我在影视作品中看到的不同，这让我有了些许落差感，但是"人生的扣子从一开始就要扣好"，兵样要从兵之初开始塑造。新训生活有不适也有不便，有无助也有无奈，但这是军人必经的"成人礼"。我立志要当"骄子"不当"娇兵"，塑造兵样需要千锤百炼，晒黑的是脸庞，照亮的是心房；褪去的是幼稚，换来的是成熟。思想的洗礼、灵魂的重塑则是脱胎换骨的变化，有外形有内涵的兵样才算有型，有担当有奋斗的兵样才够闪亮。

从入伍那天起，我就认识到自己不仅是一名学生，更是一名军人，要时刻提醒自己入伍的目的是什么，要时刻牢记军人的使命是什么。只有不断地磨炼，才能转变思想，转变观念，才有可能成为一名合格的军人。

服役期间，我因工作表现突出，曾获优秀副班长等荣誉。两年的军旅生活，既漫长又短暂，正值青葱岁月选择火热军营，是我一生最无悔的选择！

从部队回到学校，调整状态重新出发，最终考研上岸

从部队回到学校，原来的同学都已经毕业，面对新的培养方案所带来的繁重的课业压力，我没有退缩，一直迎难而上，最终顺利完成了各项学业任务。大四，在参与秋招的过程中，我意识到自己的职业核心竞争力不是那么强，向老师寻求建议后，我决定考研。我坚信自己选择的道路是对的，一直用心去学，大胆去做，最终成功上岸。

两年的军旅生涯，强健了体魄，锤炼了意志，坚定了信念。这些成了我今后积极上进的不竭动力，是一生的宝贵财富。在部队的日子，请示汇报的风格让我悟到了"件件有着落，事事有回声"的真谛。例如，在写文章前，我及时地和导师沟通，让导师了解我详细的想法；在写的过程中，如果我有了更好的想法，也会及时跟导师沟通，使文章内容更加细致完善。

面对与同学的年龄差距，刚退伍回来的我会不适应，再加上经历也不同，导致我们之间缺少共同话题。我想找到有共同爱好的小伙伴，因此，我尝试多去与同年级的学生沟通，因为我始终相信，大学的同学情谊很单纯、纯粹。

军旅生涯练就的品质将激励我一生

从地方大学入伍，这种锻炼机会是宝贵的。刚入伍时，我身上还有很多大学生的散漫与傲气——完成任务标准不高，没有时间观念，喜欢叫苦叫累，并存在抵触情绪。渐渐地，我经过磨炼，知道肯吃苦才能有收获，越是艰苦处，越是见精神；能战斗，才能有力量，才能够在极其艰难的境地，勇闯一道道难关，跨越一道道沟壑；讲奉献，才能有作为，主动请缨，甘于奉献，扎下身子，俯首甘为孺子牛，才能不负时代，不负韶华。知责而为、不遗余力、永不服输、甘于奉献将是我此生不忘的精神食粮。

学弟学妹们如果也有一个军旅梦，请勇敢地加入吧！建议尽量在大一或

大四入伍，大二和大三入伍要慎重考虑对学业发展的影响。大一入伍返校后转专业会有相关的政策扶持，大四结束后入伍想要留在部队也可以拥有大学学历。此外，还要考虑回校后相关专业的培养方案是否有变动，当时我就因培养方案变动而差点无法毕业，因此，选择这条路之前需要咨询学分转换的相关政策。

关于大学面临的竞争，我想强调"差异化"这个概念，也就是要发现自己的独特之处，发掘自己与他人不同的地方。我觉得在部队磨炼后，自己在为人处世、待人接物方面，变得更有优势。比如，一个最基本的面试问题："你最大的优点是什么，你最大的缺点是什么？"我可以游刃有余地回答："我做一件事时，一定会全力以赴把它做好，在自己能力最大范围内力求做到完美，但这也是我最大的缺点，当我过于专注一件事情，而它又过于繁杂时，我可能会对自己要求过高，以至于结果并不理想。但是，一旦我发现自己所追求的方向是错误的，或者是不利于团队发展的，我也会及时放弃。"

王颖哲

舞动青春，科研并行——我的多彩学术之旅

王颖哲，西安电子科技大学微电子学院2011级本科生，现为西电集成电路学部青年教师。

在西电校园中，我们能看到勤奋刻苦、钻研学业的同学，也能看到奠基学术、投身科研的老师；我们能看到认真负责、建设集体的干部，也能看到台前幕后为每一次活动尽心尽力的演员和负责人。这是无数个西电人的缩影，也是一个个具体的我们，包括我自己——一名集成电路学部的青年教师。

追根溯源，潜心科研

高考后报志愿时，看到西电的优势是"电子"方向，且觉得学校的微电子专业听起来很有趣，同时听说学院实力强、潜力足，于是我选择了西电微电子专业。本科阶段的学习生活让我感受到西电优良的学风和浓厚的学习氛围，大学四年虽然辛苦但充满快乐。临近大四，微电子科研平台深深吸引了我，于是我选择继续在西电读研，提升自己。在读硕士的过程中，我慢慢对自己的课题产生了浓厚的兴趣，觉得可以再深入探索下去，同时也得到了家人的支持，于是选择继续在西电攻读博士。不知不觉间，我在西电度过了近10年的时光。临近博士毕业时，我参与的国家级项目正处在关键周期，同时学校也提供了利好政策，因此我选择继续博士后研究。一方面可以借助微电子学院的优秀科研平台把自己的研究做深做好，另一方面也想进一步提升自己。

确定研究方向的初衷，现在想起来也挺直接的。当时的网络没有现在发达，获取信息的渠道比较单一，主要通过课堂和书籍，根据所获得的信息，我对"可靠性"产生了兴趣。电子器件在使用过程中难免会发生故障，如何将故障率降低是很重要的事情，因为每个领域都离不开可靠性，所以需求面很广泛。从当时的了解来看，分析各种各样的曲线可以得到一些答案，这让我觉得非常有趣。而宽禁带半导体器件很新且应用前景很好，在可靠性方面有很多未知的问题值得探索，于是我便确定了这个研究方向。

在科研过程中，我遇到的困难主要源于两个方面：一是文献阅读，二是实际操作。通过导师的指导以及自己阅读大量的文献，我对本科阶段所学的知识有了更深入的理解，能够从源头出发发现问题，并想办法解决问题。因此，我们在学习的过程中，与导师保持高效的沟通至关重要。导师往往在科研方向上有很好的把控，能够使我们避免走很多弯路；同时，也要多与学长讨论，因为他们长时间在科研一线，无论是在设备操作，还是在科研技巧方面都相对有经验，多交流可能会学习到一些课本和文献中难以获取的知识。

热爱指引，前路明朗

在学生阶段，我加入了学校的舞蹈队，并在学院经常组织同学们排练舞蹈节目。毕业后作为青年教师，我主动报名参加了一些文体活动，整体收获是很多的。首先，我个人很喜欢参加这类活动，能够把一个兴趣一直坚持下去是很幸福的事情。其次，我平时的科研工作对脑力消耗较多，身体缺少锻炼，参加文体活动不知不觉给了我锻炼身体的机会。而且，我还提升了组织协调能力，锻炼了沟通能力。这些都是作为一名教师应该具备的技能，所以这些收获至今仍然受用。总体而言，文体活动是繁重工作当中很好的调节剂，让我能够以更加饱满的精神投入工作。

有舍有得，找到平衡

学生阶段，我一直坚持学习是第一位的原则。当然，我也很希望自己的大学生活不仅有学习，也可以是丰富多彩的，所以选择在自己的能力范围内适当组织或参加一些活动。

然而，当学习和其他活动出现冲突时，就需要提前预判和计划。首先，同学们可以给自己设定一个大目标和一些相对明确的小目标，心中有一杆秤，知道什么事情是最重要的，并时时提醒自己别走偏了。在此基础上，可以根据自己的爱好和特长，参加一些力所能及的课外活动，锻炼能力，调节身心。有些经历可能不会立刻发挥出作用，但可能会潜移默化地对日后的工作产生积极影响。其次，提升学习效率。我也考虑过把参加活动的时间用于科研、学习，但有时回过头发现，适当地调节生活反而有助于提升效率。最后，需要学会取舍。在学习之外的活动中，不一味追求数量，而要追求质量。如果盲目地做很多超出自己能力范围的事情，很有可能竹篮打水一场空。如果有选择性地高质量完成一些课外任务，相信一定会有收获。

03

成长｜勇气与蜕变

宋秉桦

一路碰撞，一路成长

宋秉桦，西安电子科技大学生命科学技术学院智能医学工程专业2019级本科生，现在东南大学生物医学工程专业攻读研究生。

学习是"有用"与"无用"的碰撞

学习是大学生活的主旋律。和中学的学习过程不同的是，大学每一堂课的教学都有新的知识点，每一个学期的课程安排都涉及新的领域。纷繁的课程让我花了眼，快节奏的教学进度让我手忙脚乱，学习缺少了像高中那样的课程衔接和复习总结的过程。这样节奏快、内容多、跨度长的教学特点让很多同学都陷入了迷茫，一边找不到正在学习的课程和自己的专业有什么关联，一边又在"打好基本功"和"学习无用论"中摇摆不定。

随着学习的深入，我在教材中不断看到其他课程的"影子"：在物理课本中遇到了积分公式，在信号课本中遇到了傅里叶级数，在模式识别课本中遇到了概率密度函数。与此同时，一次又一次和"老朋友"泰勒、高斯、牛顿相遇，一边让我苦不堪言，一边又让我逐步理解了学院制订培养方案时的良苦用心。

曾经自己的学习心态是不断地质疑、否定和丧失自信心，而现在则是不断地学习、重温和回顾。我很庆幸自己没有陷入"学习无用论"的恶性循环，而是在这个过程中逐渐理解了大学学习的目的：首先是让我们拥有足够多的可以解决问题的工具，其次是让我们拥有快速捡起某一项工具的能力。可以说，大学的学习是一项"长跑"运动，坚持总会迎来"柳暗花明又一村"的时刻。

生活是"孤独"与"自我"的碰撞

每个人对大学生活都充满了憧憬与期待，但当我们步入大学这个"小社会"时，会发现大学生活与高中集体式的学习生活不同，每个人都在自己的生活节奏中成为一个"孤独"的个体。

大家对于生活的选项变得多元，漫步大学校园，会看见礼仪广场上踩着滑板在空中划出一道完美弧线继而优雅落地的健将；会看见在校园里的每一个角落用自己的镜头记录时间足迹的摄影师；会看见辩论赛场上舌战群儒、以理服人的辩手；会看见夜晚的操场上拿着吉他对着自己喜欢的女孩唱情歌的青春萌动的男孩……每当此时，我都会被他们身上的活力、热情和自由所感染。但同时，我也感受到了每个人都有着属于自己的圈子和生活方式，将初来乍到的我隔绝在外。

踏出第一步固然是困难的，有内心的胆怯，有朋友的质疑，结果也未必会成功，但有一位学长告诉我："当生活把选择的权利交予我们手中时，请不要把所有的选择献给懒惰、懈怠和那个一直想要待在舒适圈的自己。"

成长是"兴趣"和"梦想"的碰撞

在学长的鼓励下，我的大学生活逐渐丰富起来，我也变得开心了。在辩论赛场上取得胜利，作为总导演完成晚会的策划，作为志愿者为世界冠军做好保障服务……在不同的角色中，我以不同的视角观察和体会这个世界：在辩论备赛的过程中，我们天马行空地讨论各种各样的社会议题，学习不同领域的专业理论；在策划晚会的过程中，我们事无巨细地考虑每一个细节，为突发事件做紧急处理；在志愿服务的过程中，我们共同面对闻所未闻的工作岗位，承受朝出夕归的疲惫。在不同的角色中，我兴奋地探索着这个世界。

我开始思考自己的兴趣，主动寻找属于自己的道路，在此过程中结识了志同道合的朋友，与他们一起追逐梦想，相互支持，共同成长。

　　我不再依赖于他人的认可和评价，也不再背负着沉重的包袱妄图寻求一些可以让自己有所收获的事情，而是更加轻松地踏上旅途，发现每一个细节的美好。我更加关注的，不再是去海滩上遐想时看见的海浪与落日，而是那些随着潮涨潮落出现在我脚下的贝壳，不知什么时候会从头顶飞过的海燕，还有偶然遇到的人，偶然发生的事。这些生活里的美好给我藏下了一份份礼物，会在人生的某个瞬间带给我无限的惊喜。

　　我非常珍惜与自己内心对话的机会，在这个过程中，我才能真正找到属于自己的人生方向和意义。

　　如果说大学生活是一场关于成长和自我探索的冒险，那么"碰撞"就是这场冒险中再好不过的生存手段。

陈志强

从西电文科生到一名教书人，
人生的路没有标准，只需自洽

> 陈志强，西安电子科技大学人文学院汉语言文学专业2016级本科生，后保研至西南大学中国新诗研究所，2023年毕业，现就职于重庆外国语学校，担任初2025届语文教师。

如果有人问我，西电给予了我什么？我会说，西电给予我的不仅仅是知识，更多的是能力，一种交流的能力、合作的能力、成长的能力。

我不是标准的优秀代表，没有获得过很多荣誉，在西电学的也不是大家普遍认为的优势学科。我来自新疆的边陲小镇，怀着对未来的憧憬，也带着一些不确定和不知所措，开始了在西电四年的生活。

现在回看这四年的轨迹，很多经历都是"意想不到"的，但是我走过这段路才发现，但行好事，莫问前程，其实命运的齿轮一直在转动；不必太过焦虑，方向有时候向前走着走着就会逐渐明朗，有时既定的目标也会在尝试和探索中调整修正；不必陷入焦虑和精神内耗，每个人都能走出一条自洽的路。

初入校园需要调整的那些"时差"

从天山脚下来到秦岭山麓，要调整的"时差"真不少。我刚到学校的时候，身心都不太适应：一是第一次离家，比较想家；二是饮食不太适应，加上时差的原因，上课时间、饭点也不一样。当时，舍友每天都会陪我一起吃饭，帮我调整适应。我们之间的和谐相处，成了这四年很难忘的回忆。

大一考试是很多同学从高中到大学要跨越的第一道坎。在高中的时候，不管是对自己的知识储备还是学习能力，我都挺自信的，但进入大学后，我发现西北地区和其他发达地区存在教育差距。大一期末考试，我的成绩非常普通，这让我看到了自己与其他同学的差距。说不难过是假的，我的骄傲和信心受到了些许打击，但也因此激励我后来加倍努力。大二的时候，我想只要比其他同学多努力一些，总会弥补上这些差距。于是，我在课堂上积极发问，及时利用课后时间去积累，认真阅读专业课书籍，撰写多篇课堂论文，并多次进行课堂报告展示，不断丰富自己的知识体系。功夫不负有心人，我的成绩有了显著提高，并获得了奖学金。

如今我已经工作一年多，更加感激当时的自己，正是有了当时的苦读和广泛涉猎，现在的我才能在课堂上旁征博引，引经据典。这段学习经历，除了让我收获专业知识，更让我的语言组织和表达能力得以提高，这也是终身受用的技能。

成为一名语文老师是"意料之外"但也是"准备之中"

成为一名老师，其实不是我初入大学时憧憬的首选职业。身边的同学包括我自己，很多人都对教师这个职业存在一定距离感，不会把教师作为自己职业规划的首选。人文社科类专业的很多同学，会选择报考公务员、事业单位，或者应聘大企业行政岗等。

四年的时间，说短不短，我们有很多时间去调整自己的预期和计划；但四年的时间，说长也不长，只有在这段时间里抓紧去思考、去了解、去体验，才能知道自己真正想要什么，适合什么。

我刚入校的时候憧憬过记者工作，便利用寒假在家乡的电视台当实习记者。在零下20多摄氏度的天气，我冒着寒风外出采访，虽然新奇，但发现和我想象中的记者工作有差距。不再对记者职业抱有憧憬后，我又想成为"稳定"的公务员，便利用假期在新疆的行署办公室实习。实习了一段时间后，我发现这也不是我理想中的工作，就放弃了这个想法。后来，在学校无数次的课堂汇报中，我发现当自己站在讲台上做汇报时，下面同学们的"抬头率"很高，总能被我所讲的内容吸引，于是我想，也许自己可以尝试站上讲台。

其实，早在决定成为一名教师之前，我就已经做了很多准备工作。大二时，我便开始准备教师资格考试。之所以想成为老师，除了受高中老师的影响，还因为我遇到的每一位老师，都给予过我力量。春晓老师在生活上对我无微不至，无数次的谈心让我在异乡感受到家一般的温暖；吴雨桐老师和我年纪相仿，给我树立了很好的榜样；朱佳宁老师在专业上的引领，为我后来的深造奠定了坚实的基础。是她们让我坚定了理想，教育是一朵云推动另一朵云，更是一个人影响另一个人。

大学中还有一段很重要的经历也影响了我后来的选择，让我更加顺利地实现了自己的职业规划。我担任了辅导员助理，积极地投入学院的工作中，一干就是四年。大三时，我又在党政办公室秘书科担任办公室助理，一直工作到毕业。在了解学校及学院的日常运行和处理一些力所能及的事务时，我发现自己在不知不觉地学着前辈们的样子，沉着冷静地处理每一项工作。面对一些新的任务和挑战时，我能更加坦然、从容地去完成，这让我在后来求职及入职后的角色转变过程中都获益匪浅。

在所学专业中建立自己的优势

身为一所以电子信息为特色的高校的文科生，一入学我听到最多的就是："西电还有这个专业呀""电子信息才是优势学科"……如果从学科排名来看，人文学科确实不如电子信息学科那么亮眼，但我一直觉得，不管学什么学科，最重要的是建立自己的优势，每条路都有其精彩之处。

入学之后，我和同学们就一直在思考怎样扩大我们专业的影响力，在西电也能发出"人文之声"。2017 年 4 月，我们班委一起策划了首届"人文杯"西电诗词大会。在学院的大力支持下，我们面向全校同学发出了邀请。为了扩大宣传，在学校各个学生组织、社团的同学积极发动力量，利用校内各个公众号帮助我们宣传，积极动员其他专业的同学来参赛。决赛时，班长甚至借来了抢答器，让比赛瞬间显得"高大上"。在整场比赛中，我担任主持人，并负责出题工作，那是一次新奇又难忘的体验。第二年，我们又成功地举办了第二届，将参赛选手的范围也扩展到了周边高校，收获了良好的反响。最近，我看到学校的推文，诗词大赛已经举办到第七届了，还增加了教工组。回想我们2017年策划的那个"开始"，现在参赛范围如此之广、规模如此之大，我的心里确实有些小骄傲！

勇敢尝试不擅长的事

这四年，是我人生中最丰富、最充实的四年，或许没有任何时间比这四年更幸福了。我们有太多机会和平台，可以去尝试、去体验。尽管我不擅歌、不擅舞、不擅书法、不擅运动，但依然参加了很多有意思的活动。

身为一个不能歌也不擅舞的新疆人，我曾被拉去参加校园舞蹈大赛。第一次比赛因为我们学院人数不够，所以只能和其他学院合作，当时只获得了优秀奖。但是这次参与让我发现，并不是只有专业人士才能参加这类活动，非专业的同学也可以在其中享受跳舞的快乐。于是，我与其他同学又报名参加了陕西省第五届大学生艺术展演活动，居然获得了二等奖的好成绩。后来，负责舞蹈编排的张帆同学找到我，说想成立一支属于我们自己学院的舞蹈队，我当即表示赞同，并立即负责开展"招生"工作。这份工作当然是困难重重，特别是很多没有舞蹈基础的同学，羞于表现自己，都不愿意加入。我便利用新一届校园舞蹈大赛的机会，凭三寸不烂之舌招纳了很多同学，并鼓励他们在辛苦的训练中坚持下去，最终，没有白费功夫，我们获得了一等奖、最佳表演奖。获奖的那天晚上，我们全队都沸腾了，激动不已。无数个日夜、无数的汗水，我们舞蹈队的努力不仅没有白费，还因此一战成名。后来，我们参加了陕西省舞蹈大赛，荣获二等奖。舞蹈队也经常受邀参加各类晚会表演。让我们欣喜的是，我们从零开始组建了一支队伍，从很多同学零基础到能斩获诸多奖项，我们从一群不太擅长歌舞、羞于表现自己的内向的人，逐渐让更多的人知道了我们!

　　《大学》中有言:"知止而后有定,定而后能静,静而后能安,安而后能虑,虑而后能得。"志向坚定才能够镇静不躁,思虑周详才能够有所收获。我并不是优秀的代表,这就是我的大学生活,只盼借自己印证:结果不会辜负每一个努力的人。青春是最美丽动人的情话,希望学弟学妹们能够积极享受大学生活,但行好事,莫问前程!

嘎玛次仁罗布

我的故事没有辉煌的开场，
但它充满坚持与努力

嘎玛次仁罗布，西安电子科技大学网络与信息安全学院信息安全专业2018级本科生，现就职于国网西藏电力有限公司那曲供电公司。

初入大学面临学业、家庭、社交"三重大山"

怀揣着对大学生活的期待与好奇，我从西藏来到西电，但是大学生活并没有想象中那般顺利，我需要克服重重困难，我将它们总结为"三重大山"。

第一重山是学业上的困难。与其他同学相比，我的基础太薄弱了。对他们来说，可能上课认真听讲，课后按部就班地复习，就能轻松完成课程的学习，但是对我来说，每一门课都是挑战，繁重的学业确实让我压力很大。

第二重山是家庭经济上的困难。我的家庭并不富裕，大学学费和生活费对我的家庭来说是一笔巨大的开销，我不想让父母因我而背上沉重的经济负担。

第三重山是社交方面的挑战。初入大学校园，我的心情十分复杂，想到要面对陌生的环境和人，还要适应全新的生活方式，就难免有一些紧张。刚开始的时候，有过害怕、迷茫和焦虑，也有过孤独和自卑，导致我陷入了深深的自我怀疑中。

在困境中坚持，成了我宝贵的财富

1.加倍努力，翻过第一重学业压力的山

在大学四年的学习过程中，我遇到了不少困难和挑战。由于自己的基础知识与其他同学相比存在很大差距，我感到十分焦虑。但是我没有退缩，而是花更多的时间和精力去努力学习。遇到不会的问题，我会积极主动地向老师和同学请教。

大四毕业那年，我面临着撰写毕业论文、找工作以及考公、考编的多重压力，但我坚信，只有坚持下去，才能顺利毕业，并为未来职业生涯奠定坚实的基础。我始终告诉自己，只有好好学习，毕业后顺利找到工作，才能改善家庭生活现状。因此，我珍惜每分每秒，边撰写毕业论文，边关注各个单位发布的招聘信息。

我当时向很多单位投递了简历，也失败了很多次，但是我不气馁。我将找工作的过程看作一种历练，从中汲取经验教训。终于，在坚持不懈的努力下，我找到了一份不错的工作。

同时，在经历了一段漫长而艰辛的奋斗后，我终于完成了毕业论文初稿。之后，我不断向老师请教，与同学交流，收集查阅大量资料，反复修改完善论文内容。在导师的悉心指导和自己的不懈努力下，我顺利通过了毕业论文答辩。

2.感谢各类资助政策，让我翻过第二重经济困难的山

进入大学后，我做的第一件事就是想办法解决学费和生活费的问题。我试着去了解各种助学政策，并通过当地教育局及各类助学项目申请了助学金。我也利用课余时间做兼职，赚取一些生活费。同时，我还积极参与勤工助学活动，想尽办法减轻自己的经济负担。

在大学四年里，我深刻感受到学校和老师给予的关怀与温暖。为了解决我的经济困难问题，学校和老师给我提供了很多帮助和支持，使我顺利完成了学业。

3. 在学生组织的锻炼，让我翻过第三重社交恐惧的山

大二的时候，因为对周围的环境熟悉了，我加入了少数民族"四自"总队。这是一个少数民族同学在自我管理、自我教育、自我服务、自我监督的同时，为其他同学服务的学生组织。加入这个组织对我的成长有很大的帮助，通过这个组织，我参加了很多学校的志愿活动，自己也组织过不少活动。这些经历不仅提升了我的团队协作和沟通表达能力，还让我认识了更多的少数民族同学，接触到其他少数民族的习俗，使我的大学生活变得更加丰富多彩。

大学四年的时光里，每一次的艰辛和困难，都让我学会如何在困境中坚持不懈和勇往直前，经历过的每一件事，都成为我人生当中重要的一部分，也成了我未来人生道路上最宝贵的财富。

最后，我想说，大学生活不仅仅是成长和学习的过程，更是一段充满感恩的旅程。感恩党和国家的关怀与支持，感恩父母的养育之恩，感恩老师的教诲之恩。我会一直心怀感恩，做好自己，回馈他们的付出。

敖志东

从高中第一到专业倒数，
跌倒了就再站起来！

敖志东，西安电子科技大学机电工程学院机械设计制造及其自动化专业 2021 级本科生。

高中时，我上网了解了西电及其他几所 211 院校，由于西电坐落于历史古都西安，其严谨的学风和卓越的科研实力也深深吸引了我，我便与好朋友一同下决心努力考上西电。结果也正如预期那般，我俩同时被西电录取了。

那时喜出望外的我，不会想到后来的大学生活会有哪些波折。这三年并没有如自己想象的那样一帆风顺，而是有困惑后的挣扎，也有醒悟后的嘉奖；有挥洒的汗水，也有收获的喜悦。在失败后顶住压力站起来，继续努力拼搏，便是我大学生活的主旋律！

一年的时间，从高中第一到专业倒数

高中时期，我就读于大山深处的一所县级重点中学，成绩在班上名列前茅，在年级里也算得上好学生。不错的成绩使我养成骄傲自大的毛病，更别提还有从小就有的贪玩、好吃懒做等一系列恶习。刚刚大一的我还没能清楚地认识到周围都是各省的尖子生，错误地认为大学学习自己同样可以轻松应对。于是，我本着"随便学学就会了"的心态开始了第一学期的学习：上课不听讲，课后沉迷于游戏，考试全靠期末突击和看速成课，尤其是当时期中考高数（上）时，考试前一天，我甚至一眼课本都没看。

果然不出所料，考试时我连课本上的例题改编都只能干巴巴地写一个"解"。老师路过时担心地问我："这种题都不会，期末你还打算过吗？"期中考试成绩还没有及格线的一半，但我当时竟然连一丝愧疚都没有，继续该玩玩、该睡睡，想着期末考试前看看速成课、做做题就能过了。结果到了期末，我速成课没看一半，作业题一笔没写，就连MOOC网课的测验都忘得一干二净。

我认识的大多数同学在高数（上、下）考试中，两次都过了，而我总共考了四次：正考两次，补考两次。这种学习态度导致我的成绩一落千丈，曾经的高中班级第一，进入大学后只过了一年时间，就变成了专业倒数。专业分流的时候，舍友在挑专业，我在等专业挑我。

经历了这一年的失败后，我曾经的自信与骄傲瞬间化为乌有……

"摆烂"还是"改变"，庆幸我选择了努力改变

大二开学前，看见父母满脸愁容地想办法为我凑学费，我才幡然醒悟："摆烂"下去就是在浪费父母的每一分血汗钱。因此，我决定重新开始，不再堕落。

从小社恐的我，主动担任了班级团支书，还积极参加学生会的工作，迈出了成长的一步，希望通过这些机会来锻炼自己，找回失去的自信和激情。担任团支书时，从主题团日的策划到推优大会的组织，再到组织同学参加青年大学习，每一项工作我都认真对待。通过这些活动，我不仅拓展了朋友圈，交到了多位抵掌而谈的好友，还培养了自己的责任感和领导力，曾经的稚嫩懵懂也慢慢变得沉稳可靠。这一年我还获得了"优秀团员"的称号，这是对我努力的最好肯定。

大二时，因疫情影响，我与其他学生会成员参与组织活动的工作经验极少，但我们还要指导新来的学弟学妹如何成功地组织、策划、举办活动。当时的我们就像一个新搭的草台班子，不知从何下手，只能"摸着石头过河"，一边学习一边组织活动。这一年里，我们与学弟学妹一起策划组织了

校园 DIY、配音大赛等一系列活动。同时，我们还参加了机电院合唱队、舞蹈队开展的各种活动。这些活动不仅丰富了我的大学生活，还让我学会了如何克服困难、挑战自我。在与团队成员的合作中，我学会了倾听他人意见、协调不同意见，提高了自己的团队协作能力和组织能力。

在学习方面，我深刻反思了大一的失败经历，开始改正自己的学习态度。线下上课时，我会提前到教室预习课程内容，并坐在前排听课，认真记笔记，课后也不再沉迷于游戏，而是经常前往图书馆学习、完成课后作业。疫情期间的网课我也准时准点上课，尽量不落下老师所讲的重点和考点。我还担任了多门课的课代表，与老师和同学们保持良好的沟通，及时反映同学们在学习中遇到的问题，协助老师更好地完成教学任务。不仅如此，在老师的鼓励下，我还参加了先进成图比赛，并在老师和同学的帮助下获得了省级个人三等奖。正所谓功夫不负有心人，在大二结束时，我的学习成绩得到了质的飞跃，并获得了校级二等奖学金，这是对我刻苦学习的最好回报。我没辜负父母的期待、老师的指导、同学的帮助。

成长，就是在跨越一道道关卡

说了这么多，该到"爆金币"的环节了，但我觉得，自己还不够资格作为优秀学长榜样给学弟学妹们提建议，我还有很多不良习惯没有改正，学习成绩在人才辈出的西电也只是平庸。我只是在跌倒后继续"摆烂"的自己和站起来重新开始的自己间选择了后者，让大学生活不再只有挫败的黑暗，而有了一名西电学子该有的奋斗后的丰富多彩。希望学弟学妹们也能成为梦想中更完美的自己，书写只属于你的美好大学故事。

成长，就是在跨越一道道关卡，这个过程中不仅仅有岁月在我们身上刻下的痕迹，更有经历与挑战交织呈现的丰富多彩的画卷。人的成长就像是一粒种子破土而出，历经风霜雨露，终于长成了参天大树。成长的过程充满了未知和变数，我们要不断地学习、适应、选择和放弃。

有时，成长是一种痛苦的挣扎，需要我们勇敢地面对内心的恐惧和外界的压力；有时，成长又是一种甜美的收获，让我们在实现自我价值的同时，也感受到生命的美好和世界的广阔；有时，成长是一场漫长的修行，要求我们不断地超越自我，突破限制。每一次的跌倒和爬起，都是对自我的一次深刻的认识和升华。因此，让我们拥抱成长，无论它带给我们的是泪水还是欢笑，都是生命中最宝贵的礼物！

李智博

从挂科到直博，斜杠青年的逆袭之路

李智博，西安电子科技大学光电工程学院光电信息科学与工程专业 2020 级本科生，被推免至西安电子科技大学通信工程学院攻读博士学位。

大学四年，我身边不乏非常优秀的同学。与他们相比，我的故事或许显得平凡，但更能体现出成长和蜕变的过程。如果要给这段经历一个主题，那就是：不要害怕迷茫，不要害怕犯错，不为青春设限。

犯错不可怕：从迷茫自责到坚定自信

本科阶段，我怀着无限的热情和憧憬，积极参与各种课外活动。尽管在中学时期没有担任班干部的经历，但我凭着初生牛犊不怕虎的精神，成功竞选为班长，并加入了学生社区的新媒体团队和学校的其他学生组织。我开始只是单纯想让生活变得丰富多彩，但这样没有规划、盲目地"广撒网"参与各类活动，让我在大一时犯下了一个大错——忽视了学习的重要性。我的生活被各种活动填满，我把学习排在了最后，可想而知，我迎来了人生的第一次挂科。这不仅影响了我的奖学金评选，还让一直自诩成绩不错的我感到无地自容。

挂科后，我陷入了深深的自责和迷茫，这促使我开始认真反思自己的目标和方向。我重新规划时间和精力，制订详细的学习计划，每天严格执行。为了提高学习效率，我查阅了大量学习方法和时间管理技巧，并结合自身兴趣

143

进行了调整。合理安排时间不仅提高了我的学习效率，还让我在繁忙的生活中找到了自己的节奏，保持了良好的心态。渐渐地，我的学业成绩开始提升，看着一点点积累的成果，我重新找回了对学习的热情和自信，并确定了继续深造的想法。这段经历让我明白：犯错并不可怕，重要的是从中吸取教训，并找到前进的动力。

青春不设限：在多姿多彩的大学生活中找到自己的热爱

青春正是探索无限可能的时期。在大学期间，我像一块海绵，渴望吸收一切新鲜事物，在不断尝试和探索的过程中，我发现了许多自己热爱的事情，比如运动和摄影。这些爱好不仅丰富了我的生活，还让我达成了"自我实现"。在学生工作中，我培养了许多过去不具备的能力，尤其是宣传运营方面的能力。借助学生社区提供的新媒体平台，我得到了锻炼，并利用这项能力完成了许多兼职工作，实现了年少时梦寐以求的目标——经济独立。

我也积极向党组织靠拢，在大学期间提交了入党申请书，并成为一名光荣的中共党员。在党员教育培养过程中，我积极投身于各种志愿服务活动，见证了许多感人的瞬间，这种精神上的满足感是任何物质奖励无法替代的。

如今，站在新的起点上，未来的道路充满未知和挑战，我也已经不再是曾经那个懵懂迷茫的"牛犊"，而是一个在学业、工作、生活中逐渐成熟的"斜杠青年"。我相信，无论前方有多少挑战与困难，只要坚持前行，不断学习，不停成长，就一定能够实现更大的突破，成为更好的自己！

黄理翔

从挂科降级到驰骋职场，
在摸爬滚打中实现蜕变

黄理翔，西安电子科技大学经济管理学院市场营销专业2018级本科生，现从事私募基金管理工作。

黄理翔的大学经历充满了挑战与逆袭，他从学业预警、降级，到最终顺利毕业，进入职场摸爬滚打，凭借着坚韧和努力，走出了一条自我成就之路。

沉迷网游、学业预警、被迫降级，
大学生活的起步阶段"惊险又刺激"

黄理翔一开始就想报考西电，根据高考分数，他考上了经济管理学院市场营销专业。然而，大学生活并未一帆风顺，他刚上大一就遇到了不小的打击。

"刚进西电时，严谨的校风、浓厚的求学氛围让我印象深刻。因为数学基础差，所以学习高数成了我最大的难题。"黄理翔回忆道。第一年，他参加了电竞社，沉迷于王者荣耀代练，虽然每天收入可观，但学业却因此荒废，最终导致多门课程挂科，被迫降级。

面对学业上的巨大压力，黄理翔没有放弃。辅导员曲建晶老师在他最迷茫的时候给予了莫大的帮助。曲老师不仅鼓励他重拾信心，还帮助他联系任课教师，为他提供额外的学习支持。在老师和同学们的帮助下，黄理翔慢慢找回了学习的动力。

"那段时间，我开始明白，人生不能总是沉迷于游戏和娱乐，要为自己的未来负责。"黄理翔说。他开始严格规划自己的时间，逐步减少游戏时间，投入更多精力去学习，特别是在数学和专业课程的学习上。

在逆境中绝地反击，
补齐学业的同时树立自己的职业志向

降级后，黄理翔与新同学们相处融洽，他没有被一时的失败打倒，反而更加积极地学习和参与校内活动。在不断的学习和实践中，黄理翔逐渐找到了自己的方向。为了毕业，他拼尽全力完成了所有挂科课程以及毕业设计。他说："毕业之前拼了一把，把毕业设计和挂科的课程都顺利解决了，这是我做的最正确的决定。"

同时，黄理翔在课余时间对金融市场产生了浓厚兴趣。他利用省下来的生活费进行股票模拟操作，逐步培养了金融操作能力。他的父母都是老股民，他们的引导和支持也成为他不断前进的动力。

在不懈的努力下，黄理翔最终顺利毕业，并成功进入了深圳一家 TO 级别的股票交易机构，从事融券工作，后来转向私募基金管理。

成功逆袭，愿你我都能勇敢追梦

黄理翔深知，失败并不可怕，只要还能继续前行，一切就都有可能。他通过努力和坚持，从学业预警到顺利毕业，实现了成功逆袭。他的故事告诉我们，人生的路上难免会有坎坷和挫折，但只要心怀希望，勇敢前行，总能找到属于自己的方向。正如他所说："在西电，有老师和同学们的关怀和帮助，每一个人都有机会在恰当的时机向上生长。"

黄理翔鼓励学弟学妹们一定要珍惜在西电的学习时光，努力学习，把握机会，避开风险。结合自己在工作中的经历，他说："随着社会需求越来越高，大家要不断学习，不断成长，才能在未来的工作中游刃有余。"他的经历不仅激励了无数西电学子，也向我们展示了逆境中奋起、迎难而上的精神力量。希望每一位西电学子都能从他的故事中汲取力量，勇敢追梦，成就自我。

刘辰昊

打破信息壁垒，选一条热爱且擅长的路

刘辰昊，西安电子科技大学网络与信息安全学院信息安全专业 2020 级本科生，被推免至武汉大学读研。

面对迷茫：积极探索，寻找方向

大学生活并非一帆风顺，我曾面临迷茫和选择的困境。在大二和大三期间，我开始认真考虑未来的方向，到底是读研、工作，还是考公、出国深造？这也是每个同学都会面临的问题，做出选择也就意味着之后所有的努力都要朝着自己所选的目标去奋斗了。我当时纠结了很久，但我知道光靠自己思考是很难做出正确决定的，于是开始真正地动身去了解各个方向的实际情况，询问老师、学长，加入一些经验分享群，看一些经验帖，从各个渠道去获取对自己有用的信息，最终选择读研继续深造。这个选择并非对所有人来说都是最正确的，只是可能最适合当时的我。建议学弟学妹们把所有的选择都深入了解一遍，从不同角度去分析后，再做出决定。有时候我们会觉得某一个选择对自己来说太过遥远，太难实现，但也有可能是因为还没有行动。因此，要勇敢地拨开迷雾，才会找到最适合自己的道路。

坚持与收获：科技创新之路

科技创新之路充满挑战，我在校科协的工作中不仅收获了知识和技能，更重要的是，还学会了如何高效地管理时间和协调团队。这些宝贵的经验为我未来的发展奠定了坚实基础。在参加各种竞赛的过程中，我有着非常曲折的

经历，从第一次校赛选拔到美赛，再到同年的国赛，我们付出了大量时间去训练、学习，但最终结果都不尽如人意。在最后一次美赛之前，我想过放弃，但最终还是下定决心再战一次，因为一方面我一直跟着指导老师的安排做了一些题目的训练，另一方面自己也有备赛计划。在备赛过程中，团队成员选择一起学习并交流研讨优秀论文，以自己的视角去思考不足以及值得学习的地方。最终，我们收获了还算不错的结果。通过这些竞赛，我不仅锻炼了能力，更重要的是，更加明白了"坚持就是胜利"这句话的深刻含义，也结识了许多志同道合的朋友，这是我大学生活中最宝贵的财富。我深信，只有不断地学习和尝试，才能在未来的科技创新之路上走得更远。我希望每一位正在读大学或即将步入大学校园的同学，都能够勇敢地追逐自己的梦想，不畏挑战，勇往直前。

未来，我将继续带着这份感恩和执着，在自己的专业领域里探索科创的无限可能，为实现人生价值而不懈奋斗！

张俸玺

克服胆怯与恐惧，走上不同的人生"舞台"

张俸玺，西安电子科技大学通信工程学院通信工程专业（中英）本科生，被推免至上海交通大学电子信息与电气工程学院攻读博士学位。

我的高中生活如同灰白的画卷，我被自卑与迷茫裹挟着朝前走，每当机会来临，我总是因缺乏自信而错过。然而，当我踏入西电校门的那一刻，命运的齿轮就开始转动了。

本以为我会继续被内向的性格和社交恐惧所困扰，但没想到，大学时光比我想象得精彩很多。在老师和学长的悉心引导下，我完成了自己的蜕变之旅。我尝试克服胆怯与恐惧，走上不同的人生"舞台"。回顾大学生活，只有一句话：敢于抓住机会，不断成长。

克服胆怯，自信走上精彩的大学生活舞台

高中时，我曾因怯场而错过了班干部的竞选，也因为胆怯，总是犹犹豫豫、畏手畏脚，不敢尝试和展现自己，这成为萦绕我心头的遗憾。

大一时，在辅导员老师与领航学长的不断鼓励下，我鼓起勇气参加了通信工程学院团委组织的面试，竞选班级心理委员。自此，我开始了自我蜕变。我组织心理活动帮助因病休学的同学重新找回学习节奏，加入竹园学生社区心理素质发展中心协助拍摄心理剧，协助处理同学间的小纠纷，积极参与朋辈互助等活动。在此过程中，我曾被同学质疑"你并不重要"，被误认

为是"和事佬"，被理解为"老师眼前的显眼包"，不同的声音进入我的耳中，让我产生了退缩的念头。然而，领航学长一次次的鼓励，老师们的悉心指导，以及学生组织中的挑战与机遇，让我想要去克服心里的那头"怪兽"，想要逐渐变得自信，我要选择坚持下去，抓住每一个成长的机会。

除了担任学生干部，我也不断尝试走出舒适区，用无数个"第一次"书写大学的精彩生活。我第一次用画笔为校友纪念碑重新上色，第一次在蒲城县采摘金银花感受劳动人民的日常，第一次养殖奶山羊见证科技落地的实例，在西电90周年校庆文艺汇演中第一次成为道具组的核心成员之一，第一次写剧本，第一次拍摄，第一次完成了影片剪辑……我在许许多多的第一次中悄然成长，稳步前行。我也在一次次跌倒后重新站起来，逐渐探寻到了自己的独特价值。

打败恐惧，勇敢登上科创项目训练的舞台

大一那年，我和几位同学怀着试试看的心态参加了西电的"星火杯"课外科技作品竞赛，这对我们这些刚走出高中校园的新生来说，是一次不小的挑战。临近毕业的我仍能回想起当时为了准备校级答辩的那个夜晚，反复背诵答辩稿，反复打磨PPT，不断调整穿着搭配……阵阵袭来的微风都不能吹散我的紧张。凡事不是只靠想就可以做到，有付出才会有收获。在这次竞赛中，我的成果展示能力、科创调研中的信息检索能力、技术实现中所需要的专业能力都得到了充分锻炼，这次机会为我照亮了属于自己的"科技新舞台"。

大二时，我有幸在老师的引荐下加入了通信工程学院"星智云图"工作室的"凌烟智盔"项目，在学院老师的悉心指导与团队成员的扶持下，我从团队成员成长到团队负责人。带着所有人的努力，我先后登上了省级"互联网+"大赛、"挑战杯"中国大学生创业计划竞赛、国家级"互联网+"大赛路演舞台。每一次答辩前，我都会回忆起那个漫长的夜晚，也会回忆起自己如何在克服紧张恐惧后成长。这一次次的科研机遇就像是一块块磨金石，将我从一个在校赛舞台上都会紧张得发抖的竞赛"小白"打磨成能够勇敢地

站在更高舞台上展现自我的团队负责人。现在的我对走科研道路有充足的信心，丰富的科创项目经验也是我最终选择直博而非硕士的一个重要因素。

这段旅程，虽无波澜壮阔，却充满了坚持与自我发现的温暖力量。我并非天资聪颖，但我相信，只要肯付出努力，就一定能够收获成长。这些"舞台"，让我在大学的生活中找到了属于自己的价值和方向。我会珍惜这些宝贵的经历，继续前行，在未来的道路上不断追求更高的目标。

李天舒

从"混日子"到保研，
舍友给了我回归正轨的力量

李天舒，西安电子科技大学微电子学院微电子科学与工程专业2020级本科生，被推免至西安电子科技大学微电子学院电子科学与技术专业继续深造。

大学和高中的差别让我无所适从，开始"混日子"

大学与高中的培养方式截然不同，大学课程繁杂、难度大，自由度却很高，各种各样的活动丰富多彩。而我在入学后没有很好地适应新环境，脱离老师和家长的监督之后放松了对自己的要求，经常沉浸在手机中，但每天晚上又感到惶恐和懊悔，陷入了恶性循环。不久后，问题便接踵而来。我对课程没办法完全理解，跟不上学习进度，对知识的掌握程度不够，因此而产生的影响在大一结束后的分流中凸显了出来。分流完成后，周围的同学都拿到了奖学金，而我只能在大家分享喜悦的时候为他们祝贺。虽然这是意料之中的结果，但还是很苦涩，我第一次觉得自己是被落下的那一个。犹记得刚收到录取通知书时家人脸上洋溢的骄傲与欣慰，我不忍去回想，怎么也无法正视家人殷切的目光。

开始反思，向舍友寻求帮助，回归正轨

"不能再这样下去了"的想法唤醒了我，我开始反思，并开始认真听课，早出晚归学习。但因为没有摆脱高中的学习思维，我只知道埋头苦学，所

以并没有获得理想的结果。与我不同，我的室友们自入学以来就成绩优异，还能做到劳逸结合，因此我向她们请教了学习方法。她们告诉我，要制订切实可行的计划，要化整为零，让计划从虚无缥缈到有迹可循。在室友们的指导下，我学会了规划时间，学会了制订目标导向性强、具体可执行的计划，及时调整了学习状态，最终找到了适合自己的学习方法。

室友们的耐心指导让我变得游刃有余，是她们鼓励我要自信，要学会表达。这些善意包容了我的慌张和窘迫，让我鼓足勇气去尝试一些从未想过的事：加入学生社区勤工助学团队，结识了许多志同道合的小伙伴，彼此交流遇到的问题，共同进步。

明确方向，脱离舒适区，取得成效

当有了努力的方向后，我才找到了自我认同感。我开始定期进行复盘和总结，遇到问题就及时解决，不再拖延；我会形成课程学习逻辑，对知识的掌握也在不断加深。在之后学年奖学金的评定中，我们整个宿舍所有人都获得了奖学金。接下来几年的努力，让我坚定自信，越挫越勇。大四时，我获得推免资格，留校继续深造，实现了新的飞跃。

这些珍贵的回忆，将永远镌刻在我的内心深处，每当我遇到困难时，总会使我有足够的勇气去面对，让我能保持初心，不忘来路。

贾昊燏

从"拖延症患者"到"时间管理达人"

贾昊燏，西安电子科技大学机电工程学院自动化专业 2020 级本科生，被保送至西安电子科技大学通信工程学院读研。

我的大学生活犹如一部精心编排的交响乐，忙碌而有序。朋友们有时候会戏称我为"时间管理达人"，但他们不知道的是，我曾经一度被拖延症所困扰。那么，我是如何完成从"拖延症患者"到"时间管理达人"的转变呢？

一个"拖延症患者"的痛苦经历

我一直认为自己是一个聪明但散漫的学生。进入大学后，没有了父母的监督和高中时期紧凑的日程安排，我突然间获得了前所未有的自由。然而，这种自由却给我带来了一个问题——拖延症。

起初，我并不觉得这有什么大问题。大学生活不就应该是轻松自在、随心所欲的吗？于是，我常常拖到最后一刻才开始做作业，我总认为自己有足够的能力在短时间内完成任务。但渐渐地，我发现自己的状态越来越差，总是陷入"拖延—自责—痛苦—更拖延"的怪圈，整个人常常被压力包围。

转折发生在大二的时候，数电课有一篇课程作业需要提交，我明知截止日期将近，却依然沉溺于游戏和社交媒体，直到最后一天才开始匆忙赶工。那天我熬夜到晚上两点才提交了作业，其间一直处在自责、后悔和担心课程过不了的恐慌中，我深刻体会到了拖延带来的恶果。我再也不想体验这种痛苦的感觉了。

我开始反思自己的行为，为什么总是无法按时完成计划？为什么总是要等到最后一刻才开始行动？在反思中，我意识到自己的拖延行为其实是一种逃避现实的方式，我害怕面对挑战，害怕自己的努力得不到应有的回报。但我也明白，这种逃避只会让自己陷入更深的困境。

揭秘成为"时间管理达人"的核心法则

如果把人比作冰块，人的习惯就是惯性，人的改变就是在冰块上施加的力，力一旦短期施加，就能一劳永逸地改变冰块的运动状态。这是我在一篇讲如何克服拖延症的文章里学到的道理。这篇文章提到，一个人习惯的养成大概需要 21 天，只要习惯养成，就能毫不费力地坚持下去。我在心里默默告诉自己：只要能坚持每天制订计划并执行，一个月以后我就能改掉拖延症！

开始改变的过程并不顺利，我尝试使用手机上的时间管理软件，制订每天的计划，并设定明确的时间限制。但是用手机管理时间无异于饮鸩止渴，我总是会在拿到手机的那一刻起不知不觉地开始刷社交媒体。后来，我开始有意识地减少使用手机，改用纸笔记录。每天早上，我会记录自己当天的计划，对任务进行优先级排序，确保重要且紧急的任务得到优先处理。当天结束的时候，我会复盘自己一天计划的完成情况，对计划进行适时调整。

随着时间的推移，我逐渐感受到了自律带来的好处，它使我在忙碌中保持头脑清醒，始终知道自己该做什么、该怎么做：在学生社区担任层长的工作锻炼了我的组织协调能力；学院学生会的工作拓展了我的交际面；参与导师的无人机项目，使我将所学知识应用于实践；与同学连续熬夜备战数学建模竞赛，使我学习到了团队精神的意义。在每日的总结中，我看着自己一点点地进步，更加有了坚持下去的动力。我的学业成绩有了明显的提升，日常生活也变得更加有条理。更重要的是，我发现自己变得更加自信，更加敢于面对挑战。我不再害怕失败，因为我知道，只要我付出努力，就一定会有收获。

忙碌之余不忘享受生活

现在回想起来，从"拖延症患者"到"时间管理达人"的转变并非一蹴而就，而是需要时间、耐心和坚持。但正是这个过程让我更加深刻地认识了自己，也让我更加珍惜现在所拥有的一切。

如今，我已经完全摆脱了拖延症的困扰，成了一个真正的自律达人。我每天都会按时起床、锻炼、学习，并且能够在规定的时间内完成任务。我发现，自律不仅仅让我做事变得更高效，更让我拥有了一种积极向上的生活态度。

在转变的过程中，我也学会了如何平衡学习与生活。我不再是一个只知道学习的书呆子，而是一个懂得享受生活、善于调节自己情绪的人。我开始尝试各种兴趣爱好，在周末的时候去郊外徒步，感受大自然的宁静与美好；晚上和室友一起弹弹吉他，唱唱歌，让音乐带走一天的疲惫。这些活动不仅丰富了我的业余生活，也让我更加热爱生活。

最后我想说，虽然从"拖延症患者"到"时间管理达人"的转变并不容易，但这种转变确实给我带来了无尽的收获和成长。我相信只要愿意付出努力和时间来培养自律习惯，每个人都能够成为更好的自己！作为一个热爱生活、珍惜时间的探索者，在未来的日子里，我会继续用行动和汗水，书写属于自己的精彩人生。希望学弟学妹也能保持自律和制订计划的好习惯，成为"时间管理达人"。

张 亮

我倔强的努力，正在改写我的人生

张亮，西安电子科技大学计算机科学与技术学院 2022 级本
科生。

我叫张亮，2002 年出生于陕西省城固县上元观镇新丰村——一个曾经贫
穷落后的小山村。由于当时的医疗水平落后，我出生时大脑缺氧，患上了伴
随一生的疾病。六岁以前，我不能独立行走，所以没有上幼儿园。经过长期
的康复训练，直到八岁，我才能独立行走。这时，我开始进入校园，从一年
级读起。因为这个机会来之不易，所以我十分珍惜在校学习的时间。我用尽
一切时间去学习，那时我并不知道有哪些学习方法和技巧，只知道听老师的
话，专心听讲，认真做作业，做好课前预习和课后复习。正是这些每个人都
耳熟能详的学习方法，让我从小学、初中到高中，成绩一直名列前茅。

拥有今天成绩的最大秘诀就是"能吃苦"

我并不比别人聪明，更不是所谓的天才。相反，我反应迟钝、行动迟
缓。我的手也不太灵活，写字速度很慢，同样的作业，其他同学一个小时就
能完成，而我可能需要一个半小时甚至更长。即使这样，我也从来没有耽误
过作业，哪怕晚上不睡觉，也必须要完成作业。从初中开始，我就没有在晚
上 12 点前睡过觉。记得有一天，当我晚上完成作业后准备睡觉时，脚步声惊
醒了熟睡的母亲，母亲在卧室里问我："天还没亮，你怎么早早就起床了？"
她不知道的是，我刚完成作业，才准备去睡觉。

毫不掩饰地说，我觉得自己吃了很多苦，但最苦的时候，莫过于在西安治病的时光。从小学三年级开始，暑假我经常去西安治病，再加上开学第一个月，一共要治疗三个月。在这三个月里，我每天都要承受地狱般的折磨。最让我害怕的是针灸，三十多根银针，从头到脚，扎进不同的穴位里，酸麻胀痛，要忍受一个小时才能拔针，这种滋味让我难以忘记。除此之外，我每天还要坚持一个小时的康复训练。康复治疗师也毫不留情，我的腿伸不直，他就使劲儿拉直，筋太紧，他就不断拉筋。他也是为了我的身体能快点恢复健康，所以不管我哭的声音有多大，也从来不会手软。

由于白天的大部分时间都在进行治疗，我只能抽出空余时间来完成暑假作业，并预习下学期的课程。当练习站立时，只要双手空着，我就会拿起书学习。我经常晚上熬夜学习，由于开着灯会影响其他病人休息，我只能拿着书去值班医生办公室借光学习。等我再回到病房时，其他人已经鼾声大作了。

等我治疗结束回家后，已经开学一个月了，有时刚回到学校就进行期中考试，但我的成绩依然能位列班级前三。我一共去西安治疗了五次，做了四次手术，虽然双腿布满了手术后留下的疤痕，但我的身体状况有了极大好转。从原来的不能走路，到现在生活能够完全自理。我知道，这些苦没有白受。

小学一次写作文，我描述了这段痛苦的经历，老师给了我很高的分数，并在评语里写道："天将降大任于是人也，必先苦其心志，劳其筋骨，饿其体肤……"我一直把这句话当作座右铭。我坚信，一个人在取得成功之前，一定会经历很多痛苦，学习也是如此。学习的过程是痛苦的，但这些痛苦，却是取得好成绩的必经之路。只有对自己狠一点，再狠一点，逼自己一把，才能知道原来自己有无限潜力。

在悬崖边上坐一坐，顺便看看悬崖下的流岚雾霭

我经常会想，如果我拥有一副健康的身体该多好。在生活中，身体不便给了我很大的限制。我不能去上体育课，只能选择免修，因此我的体育成绩

只有60分；需要外出的实践活动我也无法参加，错过了很多增长见识的机会；行动的缓慢减慢了我做事的速度，让我的效率总是比别人低；出门在外，也少不了陌生人怪异的目光……身体缺陷给我的生活带来了重重困难。既然无法改变，那我就坦然接受吧。

上了大学，我依然严格要求自己。我还像高中时一样，认真听好每一节课，完成每一次作业，但是大学科目的难度也常常让我力不从心；我依然保持着读书的习惯，不能用脚步丈量世界，我就通过书籍去拥抱更大的世界；我尽量参加自己能够参加的所有竞赛，虽然屡战屡败，但依然屡败屡战；我不断探索未知，渴望通过技术来解决自身的难题。上天给了我一手烂牌，但我也要打出最好的成绩。

史铁生在《我与地坛》中写道："苦难既然把我推到了悬崖的边缘，那么就让我在这悬崖的边缘坐下来，顺便看看悬崖下的流岚雾霭，唱支歌给你听。"我从未屈服于生命中的苦难，面对苦难，我的选择是一次又一次重新振作起来，拍掉身上的泥土，迈着轻快的步伐继续赶路。

王欣夷

在困境中追求本心，我们终会
从荒芜走向繁花似锦

王欣夷，西安电子科技大学生命科学技术学院2018级本科生，后于西安交通大学生命科学技术学院攻读硕士研究生。

本科四年，恍如昨日，我曾经一直觉得自己的大学生活过得很失败，但所幸人生的容错率很大，年轻也有试错的资本，真正的成长就是最大的收获。只要我们追求本心，努力奋斗，终将会从荒芜走向繁花似锦。

成绩挂科、课外经历空白、考研失利，
我的大学生活如此失败？

该如何来描绘我的大学四年呢？是糟糕的成绩，空白的课外活动，还是未取得成果的科研经历？坦率地说，我并不是一个甘于平庸、没有追求的人，但与拥有充实又丰富多彩的大学生活的同学相比，我的大学生活确实过得很失败。

大学期间，我延续了高中的学习方式和学习习惯，每天上完课就去图书馆自习，但可能由于没有掌握正确的学习方法，没有真正适应大学生活，所以我的学业成绩并不理想，只能勉强保证各门课程不挂科，英语四级也是考了两次才过。进入大三上学期，学业问题暴露得更加明显——期末考试我的两门专业课竟然没通过。更严重的是，经过补考，这两门课仍然没有过，我只能在下一学年（大四上学期）重修，这一时期恰好是我准备考研的最重要

的时间段。

我的理想一直是考入西安交通大学，也一直将西安交通大学作为考研最有意向的报考院校，但当时身边几乎所有人都不看好我的选择。父母希望我求稳，要求我在保证正常毕业的前提下再选择考研；辅导员分析了我所在专业近几年的考研数据和当时的考研形势，建议我客观地认识自己，降低考研难度，尽量选择报考本校，还介绍了往年成功考入西安交通大学的学姐与我交流。经过反复思考，最终我还是报考了西安交通大学。

2021年11月，我一边承受两门重修课程的"折磨"，一边努力备考。英语阅读看不懂，数学题不会做，专业课记不住，那时候的我非常焦虑，压力巨大，经常失眠，一度觉得人生无比灰暗和绝望——如果重修也过不了，我将无法正常毕业，更别说考研上岸了。

不出所料，我的考研以失败告终。当时，周围同学、朋友们或考研成功，或选择留学和工作，只有我选择继续考研。

考研二战的滋味很不好受，充满了孤独和枯燥，压力比第一年更大。当时我觉得自己的人生过得十分狼狈，同龄人都已经开始了新的人生阶段，只有我仍停滞不前。

补考、重修、考研成功，关关难过关关过！

"道路是曲折的，前途是光明的"，虽然一路上经历了很多辛酸和艰难，但是我从未想过放弃自己，一直很坚定地去追求自己的目标。通过请教同班同学，与辅导员多次沟通交流，我慢慢摸索到了重点课程的学习方法，最终两门课都以高分通过，其间也一次性过了英语六级。所以，我建议学弟学妹们不要闭塞自己，要多去和周围同学交流，虚心请教，大胆、主动寻求辅导员和其他老师的帮助，掌握正确的学习方法，获取更多的学习资源，这样效果往往会事半功倍。当然，通过不断反思总结考研中存在的问题，并进行改进，我考研二战成功了，终究是关关难过关关过。

如今，之所以能从容说出这些曾让我苦苦挣扎、难熬的经历，曾让我一度觉得很卑微的过往，是因为当一切都经历之后，我才发现那些事情并没有什么大不了。挂科、补考、重修、四级考了两次才过、考研失败……这些都没有什么可丢人的，曾以为天大的事情，在漫长的人生里也只会成为沧海一粟。谁都会有低谷的时候，只要不放弃自己，一直努力前行，总会守得云开见月明。

关于科研，我在大三期间主动联系了学院老师并加入其实验室学习。虽然由于当时课程繁忙，没有做出成果，但让我开阔了眼界，学到了新的知识，并为读研打下了一些基础。所以，我建议学弟学妹们主动去跟老师联系，或许会有意想不到的收获。

不断自我完善才是人生主旋律

本科四年，我一直单身。在男生众多的工科院校，遇不到一个对的人，这让我觉得很受挫。但我很庆幸自己没有因为孤独或者为了谈恋爱而谈恋爱，反倒经过几年的沉淀，心智越来越成熟之后，我愈加知道了自己想要一段什么样的爱情。所以，如果当下无人陪伴，那么在遇见对的人之前先遇见好的自己，自身的不断完善才是人生主旋律。

本科四年另一个遗憾是没有多参加感兴趣的社团，导致自己的社交圈很小，日常也就没有什么课外活动，日子过得很单调。我在大一时为了提高小提琴水平，参加了学校的交响乐团，虽然没去参加过几次排练，大二之前就退出了，但是认识了一起走过四年的好朋友，为枯燥又孤单的生活增添了一些快乐，还是很值得的。如果能回到大一，我想我一定会多去参加感兴趣的社团，或者把交响乐团坚持下去。我觉得发展自己的兴趣爱好，对于心态调节还是有所帮助的。

这就是我的大学四年，一个普通得不能再普通的西电学子的四年。这四年让我成长了很多，变得更坚强、更从容，这是我一生的财富。如果有和曾经的我一样正处于困境的学弟学妹们，希望我的经历能够给你们一些鼓励，相信自己，永远不要放弃自己。

李子欣

勇于尝试，收获未来

李子欣，西安电子科技大学数学与统计学院数学与应用数学专业 2020 级本科生，已获得加州大学伯克利分校录取函。

每一个故事都不能以成功或者失败来定义，也不是每一次努力都会有好的结果，但为目标所付出的努力会为未来的自己积攒实力和运气，也会为自己带来更多机会。即便当下看似一无所获，但请相信"the best is yet to come（好事将近）"。

勇于尝试

刚来大学的时候，我是一个什么也不懂的"小白"，但是非常憧憬"国家奖学金"这个荣誉，所以原本懒散的自己也因此努力了起来。我努力提高均分，参加竞赛和科研项目。当时我做这些努力只是想着或许可以为综合测评加分，但并没有做自己喜欢的事情。

因为小的时候曾经到牛津大学和剑桥大学参观过，所以我萌生了出国深造的念头，目标就是这两所大学，但我不敢告诉别人，因为这听起来似乎有点不切实际。

到了大二，我想着先试试考雅思，但是由于专业课较多且比较难，经常听得似懂非懂，我只能压缩休息时间来学雅思，比如早上会起得很早来做题。上天真的会眷顾努力的人，我当时考了 7.5（6.5），完全超出了自己的预期，后来我又拿到了国家奖学金，也算是实现了自己大一时的"小目标"。

分析践行

在开心之余，我深刻地意识到自己其实除了成绩，没有其他任何优势。于是，大二下学期，我用雅思成绩申请了加州大学伯克利分校的访问生资格。我怀着一定要获得伯克利统计系老师推荐信的"迷之自信"，毫不犹豫地去了。

在最开始的一星期，我发现自己连课都听不懂，第一次测试也考得很差，压力一下变得很大。但好在自己是一个非常努力的"笨小孩"，我很努力地学习，经常在教授的办公时间向其请教。慢慢地，我感觉自己有所提升，考试成绩也一次比一次好，非常有成就感。那时候，我感觉自己学到了很多东西，最终也成功拿到了推荐信。

后来，我在国合部官网上报名了CSC（国家留学基金管理委员会）公派的项目（学校只有一个名额），经过不懈努力，顺利获得国家留学基金管理委员会的本科生研究实习奖学金，我得以在暑假作为CSC公派实习生到加拿大阿尔伯塔大学做暑期研究项目。在那里，我做了自己从未涉及的内容——研究统计方法和机器学习在神经科学数据中的应用，这激发了我对统计学和神经科学交叉领域的兴趣。

这些经历让我后来获得了两封海外推荐信。经历这些后，我更加意识到机会是自己争取的，而把握机会的能力与持续坚持都很重要，首先必须要意识到它是一个机会，而后愿意克服心里的恐惧并勇于承担风险去坚定地选择它。

坚守信念

由于留学申请时间是滞后于推免保送的，即使我并不觉得放弃保研是一件很亏的事情，但当看到保研同学的去向都很棒的时候，我还是会因完全无保底学校而焦虑，这样的风险非常大，尤其当时自己还在加拿大，只能一个人躺在床上默默地流泪。可我还是会给每个晒出自己保研通知的同学发去祝福信息，感受大家开心的心情，努力调节自己的心态。后面我经历了正式提交各种申请、面试等环节，也顺利拿到了心仪的加州大学伯克利分校的录取函。

回首过往，我大一的时候就很想未来出国留学，当时也意识到自己并没有任何优势，但一直在不断寻找机会、抓住机会。所以，我们要给自己设置目标，坚定且长期去努力，就一定会达到目标甚至会更好。

感恩所有曾经帮助过我的人，包括且不限于我的朋友、教授、辅导员以及国合部的老师。最后，我还是要对自己说一声："感谢这四年的坚持和努力！"

贾宇彬

铢积寸累，日就月将，积健为雄

贾宇彬，西安电子科技大学人工智能学院 2020 级本科生。

转眼已是毕业之际，我却依稀记得填报志愿时的情景。四年说长也不长，说短也不短，我尽力在广阔的西电南校区留下足迹，也努力往不大的脑袋里装进尽可能多的知识。但时间面前，人人平等，还想继续书写的笔尖，也到了该画下句号的时刻。

学习与逃避的边缘：一名小镇做题家的自述

我来自江西省一所省重点高中，高考后幸运地进入西安电子科技大学学习。刚入大学时，我就像小王子离开玫瑰，转头找到了他的狐狸一样，每晚和高中同学玩游戏到深夜。我上课不认真，作业不想写，仿佛一个被压制了三年的"网瘾少年"找到了心中的理想之地。

快乐的时光总是短暂的，学习的任务和周围同学们你追我赶的气氛，让我感受到了压力。然而，现实的天平并未因我的渴望而倾斜。作为一个在题海中奋力游弋的小镇做题家，我逐渐意识到，时间与精力是有限的，更真切地理解了鱼与熊掌不可兼得的古训。于是乎，就出现了这样一种局面：我的学习成绩一般，游戏也失去了昔日的慰藉力量。

大一分流后，我来到了人工智能学院继续学习，更加繁重的专业课程和各类作业压得人喘不过气来，我也逐步放弃了运动爱好——篮球。在大学，想要综测成绩排名靠前很难，需要异于常人的勇气和毅力，需要每门课都学得非常好或者有着很好的竞赛成绩；想要排名垫底也很不容易，得挂很多门课而且补考没过。我属于第三种情况，那就是选择了一种随波逐流的生活态度，成为在学业竞争中逃避与自我安慰的"寒号鸟"。这样的角色，与其说是逃避，不如说是在激烈的竞争中，我选择了一条更为柔和之路，努力在保持进步与享受生活之间，寻觅到那个平衡点。

寒号鸟之变：一名迷茫者的青春觉醒之旅

一次暑假，我得到了跟着学院老师和同学前往广州参加暑期实践活动的宝贵机会。参加这次活动的都是同年级非常优秀的学生，他们的存在如同一面镜子，让"寒号鸟"式的我感受到了同辈压力。在这段经历中，项目进展顺利，我们圆满完成了实践任务，我的内心深处也经历了一场前所未有的觉醒——我真切地感受到，在遥远的蓝天之上，有鹰击长空。这样的存在让我心生敬仰与向往。

觉醒之后便是坚持。每一届都会有很多人迷途知返，努力后成功保研，但不是每个人都非常幸运。铢积寸累，日就月将，积健为雄，不是因为看到希望才坚持，而是只有坚持才能看到希望。我依稀记得一句话："成长是把对自己的认知从整个世界的主角逐渐调整成普通人的过程，或者可以理解为个人世界观的不断崩塌与重建。"看到了鹰击长空的我也开始好好规划剩余的大学时光。

青春逆袭：一名乐观考生的考研自述

大三暑假前，我毅然决然地开始准备考研复习。由于我是个乐天派，那些痛苦的过程已被时光悄然淡化，脑海中留存更多的是一些生动有趣的片段。比如教室前排那位勤奋战友标志性的"奋斗音符"——擤鼻涕的声音；某个夏夜突降的滂沱大雨，让我猝不及防地体验了一回"雨中疾行"，成了"落汤鸡"……这段备考之路，尽管时不时遭遇意料之外的小插曲，但回首望去，正是这些点滴构成了难忘的风景线，而我幸运地在这曲折又不失精彩的旅途中，顺利抵达了梦想的彼岸。

"铢积寸累，日就月将，积健为雄"既是我的自省，也是对同学们的劝学。仰望星空，脚踏实地的道理相信历经高考磨砺的同学们都懂，但是进入大学只是人生的一步，不要让高考时的排名成为自己这辈子最高的荣誉。我又想起高中班主任常说的一句话："你们这一代人是肩负着历史使命的。"虽然这听起来有点难，但谁又不想成为人生的主角呢？

希望我之后的求学之旅一路顺利，也祝愿升学的同学们学业进步，步入工作的同学们事业有成。前路千山万水，愿与诸君共赏！

巩宏飞

从不适应开始，以赤子之心找寻人生方向

巩宏飞，西安电子科技大学光电工程学院/海棠学生社区 2021级本科生。

新的生活从"不适应"开始

初入大学，除了新鲜和激动，我最大的感觉就是各方面的不适应。脱离了高中的紧张高压，大学的生活让人向往却又迷茫。室友来自五湖四海，有着不同的习惯、作息规律、性格等，原本陌生的人突然生活在一起，难免会不适应。犹记得发生过一件很有趣的事，在开学第一天初次相见时，大家都说着带有各自家乡方言特点的"普通话"，却都认为自己的是"标准发音"。在一起生活一段时间后，大家开始慢慢地适应，彼此之间也更加同频了，在生活和学习上互帮互助，积极向上。

此外，在学习上的不适应更让我苦恼：一方面因为大学与高中在学习方法和节奏上有差异，另一方面是与他人的差距带来了压力。我来自教育水平相对薄弱的省份，基础较差，学习成绩比不上身边的同学，很容易就会产生自我怀疑的情绪。每当这个时候，任课老师、辅导员和同学都会鼓励我，帮助我舒缓低落的情绪，提醒我尝试适合的学习方法，找到自己的节奏，我也不断激励自己。终于，我在学习成绩上有了一些进步，虽然不算飞跃，但是同过去相比提高了很多，学习状态和心境也有所改变。除了在学业上的努力，我还参加了很多课外文体活动，交到了很多新朋友，与他们共同努力进步。

在每个选择中坚定地选择自己

在大学期间，我做了很多选择，虽然有的选择结果并不尽如人意，但我未曾后悔，因为我所做的每一个选择都是在坚定地选择自己。

在大二专业分流后，我进入了光电工程学院，并在新学期开学时参与竞选，成为班级团支部书记。我决心改变自己，通过担任班级干部服务同学，同时激励自己成为更优秀的人。在之后的班级工作中，通过多次筹划并组织班级评议、团日活动等，我收获颇丰，不仅锻炼了自己在生活中发现问题和解决问题的能力，也更加热爱帮助身边的人。

大二暑期，我跟随学院实践队前往深圳开展实践活动。我们参观了改革开放展览馆，跟随讲解员了解了深圳改革开放的历史背景及历史进程，体会到改革开放为深圳带来的巨变。深圳作为中国第一个经济特区，肩负着为改革探路的历史使命。深圳之行让我意识到自己作为新时代青年大学生身上肩负的责任与使命，越发觉得个人的发展与国家以及民族的命运紧密相连。

关于未来职业的规划，我的想法因一场宣讲会和一次社区活动而有了转变。在初入西电时，我赞叹于西电培养了很多优秀人才，在心底里也想成为国家栋梁之材。在大三进行职业规划的阶段，我听了一场学校关于考公的宣讲会。

在宣讲会上，学长向我们分享了考公的经验，话里话外流露出的不是对一份稳定工作的追求，而是对在国家基层服务的热情。这种情感击中了我，让我为之动容，我也开始思考自己要如何成为对国家有用的人才。之后不久，我组织了一次"小我融入大我"社区实践活动，活动内容是在秦岭峪口捡垃圾。那天太阳很大，河流旁的石头路不好走，在捡垃圾的过程中，我不禁思考什么样的人是对国家有用的人，从事亲近自然、保护自然工作的人是吗？当然是！我想，我的能力如果不足以让我成为极少数的国之栋梁，那就成为在山野中捡垃圾的人，成为有"汗水味"和"泥土味"的人，扎根最基层，到人民群众中去。

你想活出怎样的人生

"知生命之意者，可承生命之重。"回顾过去几年的大学生活，我一路都在追寻的，是自身的意义和价值。你想成为怎样的人，活出怎样的人生？现在的我已然有了答案——要成为一个平平凡凡的人，做普普通通的事情，扎根于人民需要的地方，在基层工作中逐步实现人生的价值和意义。这也很酷，不是吗？

最后，我想说，生活中我们必然会遇到很多困难，当下的我们可能无法很好地解决，但不必沮丧低落，不必自我怀疑，抬头挺胸向前看，顺其自然，选择自己全身心投入的、乐在其中的、适合自己的路，坚定地向前走，活出自己想要的人生，那个更好的自己会站在未来等你！

王申奥

成长就是一场感受自己的"愚人之旅"

王申奥，西安电子科技大学网络与信息安全学院网络空间安全实验班2019级本科生，后于华中科技大学网络空间安全专业攻读研究生，从事新兴软件安全方向的研究。

在每个人的成长旅程中，大学生活都无疑是一段特殊的经历。这四年，对我而言，是一场充满挑战、探索自我，并最终找到人生方向的"愚人之旅"（愚人并非指愚蠢的人，而是一种象征性的人物，是塔罗牌中的"起点"牌，"愚人之旅"象征拥抱不可预知，自我发现的旅程）。从对大学生活的一无所知，到毕业时的繁花满地，这一路上我遇到了形形色色的人，碰到了各种各样的事物，前方永远充满了未知与挑战，也蕴藏着无限的可能与惊喜。回首这段旅程，我经历了迷茫与探索，也收获了成长与蜕变。

面对没有走过的路，要么停下，要么向前

初入大学，我就像一个误入迷宫的"愚人"，怀着满腔热忱和高远理想，梦想着在这个崭新的环境里追求知识、探索人生，在学业和活动中一展身手。尽管对未来充满期待，但面对众多专业课程、社团活动、学生组织，我感觉自己像是脱了线的风筝，不知道该飞向何方。一方面，专业课程的难度超出了我的预期，高数、大学物理、C语言，每一门科目都像一座难以逾越的大山，让我感到力不从心，时常需要花上数倍时间来消化课程内容。另一方面，在学生组织和社团活动中我抱着"凡事都想试一试"的心态，时常奔

波往返于各个组织的招新面试。我印象最深的是参加科协的技术面试。技术面试的题目是一道 C++ 的编程题，对于一窍不通的我来说，学长的一次次提问无疑击溃了我的心理防线，甚至一度使我着急得要哭出来。挣扎在学习和社团活动中，我逐渐失去了自信。"性格内向""小镇做题家""没什么特长"这些标签让我一度陷入了迷茫和自我怀疑之中。

"对抗焦虑最好的办法是行动。"那一年，我几乎很少有过完整的周末娱乐，取而代之的是加强专业课的学习，积极参加辩论队的各种活动。在学习上，我坚持每节课记笔记，并且将课堂上的板书重点拍照记录，以便做好课后复习；在辩论上，除了每天早上七点雷打不动地参加辩论队早训，我还要每周持续不断地进行辩题立论、备稿、比赛。在一次次的锻炼中，我逐渐变得外向，能够自信地在辩论场上输出观点。回想那段并不坦然甚至有点手忙脚乱的时光，忙碌占据了我生活的大部分时间，但也让我在不知不觉中远离了焦虑的困扰。其实，我并不能总结出什么独到的经验或技巧，对我而言，无非是"勇敢尝试""肯花时间"。一万小时定律太长，我想用张宁老师在学业指导课上给我们讲的"三小时"原则来总结："只要你能够在正常的课堂学习之外，每天多花三个小时来学习，就能够取得出色的成绩。"课业学习如此，其他事情亦是如此。

保持节奏，扎根深处才能向上生长

除了初入校园的无所适从，大学期间还难免会遭遇同辈压力，尤其是在参加各类竞赛和科研活动的过程中。大二开始，我便通过学院组织的选拔进入了网络空间安全实验班。实验班高手如云，身处其中，难免会不自觉地开始与他人比较。尽管我从大二开始，就早早地通过学院提供的"春蕾计划"参与了科研项目和竞赛活动，但是在整个大二学年里，可谓是屡战屡败，各个方面都毫无起色。第一次参加"长安杯"电子数据取证竞赛，由于缺乏相关经验，对 Linux 系统的各种操作和运维都很陌生，我们的队伍只能做出签到题目，勉强拿到三等奖。第一次参加数学建模，我在没有任何调研的情况下草草组队，既没有参加学校组织的集体数模培训，又没有基础模型的学习经验，只能东拼西凑勉强完赛，最终毫无意外地只拿到参与奖。但彼时，身边既不乏参加 CTF 夺旗赛的同学，又有同期参与数学建模的同学拿到国际奖项，这让我焦虑不已，感觉自己与他们之间的差距越来越大。我又一次陷入了焦虑和自我否定的怪圈中，疯狂地想要抓住每一次机会，像一只无头苍蝇四处乱撞。然而，越是急于求成，越是事与愿违，我盲目参加各种比赛和项目，结果自然是疲于奔命，收获寥寥。

直到在一次恶意文件分析的项目中，负责指导的学长一句话点醒了我："你同时参加这么多项目和比赛，那你准备在这个项目中投入多少时间呢？"直到这时我才明白，以往参与了那么多，却都是博而不精，很难专注地把某一个项目做深、做好。人的精力是有限的，不可能各个方面都做到 80 分。既然决定要做一件事，那就要对得起自己的时间。"要做就要做到最好，要有实力拿出自己的代表作"，学长的话在之后的时间里一直鼓舞着我。我决定放慢脚步，静下心来，重新思考自己的目标和方向，专注于真正感兴趣的领域，深入学习。我不再盲目追求数量，而是注重质量，尽量同期只专注做一件事，每一次比赛，每一个项目，都全力以赴，力求做到最好。正是如此，在本科的最后两年，我跟队友们才能在各大比赛中一次又一次斩获佳绩。

找到自己的节奏，感受自己

大学四年，我经历了迷茫、挫折和挑战，也收获了成长、喜悦和成绩。回顾我的求学生活，最大的收获并非成绩单上冰冷的数字，也并非各种奖项、证书的外在堆砌。因此，当我收到这份征文邀请时，我最想分享的不是如何做一个好学生的成功经验，而是一个关于从小城高中走出的少年所遭遇的失败与顽强成长的故事。如果说一定要传授一些经验，那我想把一句话分享给大家："感受自己。"每个人都有自己的节奏，与其在某个特定时间点与他人比较，不如关注自身的进步。我觉得西电教会我最重要的，是与自己的内心对话，一次次地突破自我。这个过程不关乎外界的评价，只关乎你是否超越了昨天的自己。在成长的旅程中，我们或许会迷茫、会困惑、会跌倒，但每一次的挫折都是成长的契机。当你超越了昨天的自己，当你战胜了内心的恐惧，当你实现了曾经的梦想，你会发现，那个曾经的"愚人"已经蜕变成蝶，在人生的舞台上翩翩起舞。

请记住，探索的旅程没有终点，我们要始终保持一颗好奇心，要用心感受这趟旅程中的每处风景，坚定走，不回头！

张晓艳

终南山下，见世界，又见自我

张晓艳，西安电子科技大学人工智能学院 2018 级本科生，后于西安电子科技大学人工智能学院计算机科学与技术专业攻读研究生。

2022 年的夏天，我的本科生涯结束了，但我从没有机会真正和那四年的自己告别。人只有站在一定的距离回望过去时，才会为过去赋予恰当的意义。在西电的四年时光里，我在终南山下，见世界，又见自我。

大一：是抓手，也是稻草

初入大学，我想要把每一天都过得充实无比，于是大半年来坚持每天跑步，在班级事务上也大显身手。我只是想做一些确定的事情，以此来掌控我的大学生活。选择当班长的初衷是想认识更多人，在和他人的相处过程中体现自我价值。尽我所能，我把一切自认为有助于认识自己的东西当作抓手，以免在形形色色的生活方式中和真正的自己走散，毕竟那可是我的"救命稻草"。

我愿把这一年称作"见世界"，当然这个世界有点小，但依然闪光。这些闪光点，无一例外地渲染了我的生命底色。

大二：是效仿，也是冒险

第一年忙碌的生活让我左支右绌，但我也顺利从物理与光电工程学院转到了人工智能学院。在新的班级环境里，我看到了各种各样的厉害人物，他们不仅成绩好，竞赛能力也很强。于是我也发奋努力，期望在课程作业、国创、物理学术竞赛、数模、英语口语上都有所突破。可想而知，沙子抓得越紧，漏掉的就越多。"当你能轻易地连接所有事物时，你会发现最终你和任何事物都没有连接。"课程作业缝缝补补地交差，国创只是发挥设计才能构思了产品需求，物理学术竞赛像是在查资料做场景实验，数模完全不懂，唯一让我欣慰的是凭借英语口语能力在 Final Show 上拿了个最佳女主奖。

在不同维度上的效仿，是我走出舒适圈的一次又一次冒险。虽然大家都在同一个环境里学习，但很多人的能力在我之上。

大三：是混沌，也是破晓

折腾了一年之后，我认识到了自己的局限性，也明白自己并不擅长编程，也不擅长技术活。我曾一度因为不能在团队中成为技术骨干而郁闷，也因为专业课程的实践难度而颇为苦恼。深度学习的框架好像是做毕业设计时才看懂的，大三上专业课的时候，我只是照猫画虎，代码能力很一般。我曾一时兴起尝试去与算法相关的岗位实习，但发现机试算法很多都不会。在学业上的无力感让我非常痛苦，于是我放弃尝试，也不积极参加竞赛了，只想按部就班地做事。我害怕直面自己的无能，于是选择了逃避。那是一段混沌的时光，我一边为能不能保研而发愁，一边又不肯尝试做出改变。

学业上的不自信影响到了我的生活，我对自己很失望也很无奈，躺着嫌累动着嫌烦。后来我认识到人生不能就这样颓废下去，于是我开始内观，想要自我救赎。我对自己提了两点要求：一是认识到自己存在的意义，即带给他人喜乐；二是无限度地接纳自我，不管做成什么样都要鼓励自己。这一年，我愿意称作"见自我"，我真真实实地关注自己的感受并一直与"自我"相伴。

大四：是重启，也是远航

当我学会爱自己、接纳自己之后，我就有了前进的方向。面对保研的不确定性，我能坦然地接受保不了就复习考研的结果。幸运的是，我保研成功。填报研究生系统之后，我的心情简直无比畅快，那真是一段安静的时光。安静了一个月后，我就进组了，开始学着做科研，学习新思想。

在科研的路上，我要做的改变还有很多。但当我真正专注于该做的事情时，内心自然就平静了下来，只想认真地研究课题细节。我知道我的目标是什么——要不断学习，反复尝试。

最后，我想说："人类最大的自由，就是在任何既定的环境中，都有权利对自己的态度和应对方式做出选择。"希望此时的你，能有意识地向信任的人真诚地表达感受，在表达中了解自己，也让别人了解你。感谢过往选择的一切，塑造了现在心态自由奔放的我；感谢在西电遇到的人，在四年时光里填补了我平淡的生活。

张文泰

拨云见日——成长不止一种色彩

张文泰,西安电子科技大学空间科学与技术学院2021级本科生。

知识是个人发展的基石

无论在大学的哪个阶段,课程学习始终是主线任务。均分也许不能概括大学四年的全部努力,但确实是自身学习能力的有力证明。随着大学生活逐渐接近尾声,在面临人生下一步的选择时,我对这一点的感受便越发深切。

入学之初,我对专业的选择并没有什么概念,对于学业排名、均分的重要性也没有清晰的认识,因此没有足够重视通识课,导致部分科目的成绩并不理想,整体排名也比较平庸。对未来的迷茫使我缺乏前进的动力,目标的缺失使我缺乏奋斗的热情,这是我大学期间最为迷茫的阶段。但到了大二、大三,我越是深入学习便越感到知识的匮乏,在深入学习专业知识时,我渐渐发现,许多通识课的知识贯穿在专业核心课程之中,这使我不禁感慨大一时期的迷茫耽误了许多课程,没有打好基础。对知识的渴望和对未来的焦虑促使我在课余时间重新拾起通识课的学习,这也为我后来的改变打下了基础。

兴趣是成长进步的动力

我对自己大一时所选的专业认识并不清晰,目标也不明确,缺乏前进的动力,导致我的成绩较为平庸。但在学习之余,我发现了自己的兴趣——数字媒体与艺术设计。

有一点简单绘画技术的我,意外地加入了 XDU 文创中心,参与了平面设计、产品设计、产品运营等工作。一份份海报、一张张 Banner 图、一个个新产品从我手中诞生。通过两年的日积月累，借助这个充满创意与活力的平台，我逐渐能够熟练运用各类绘图与排版软件，能够独自负责产品的设计，并培养出了一定的产品思维与用户逻辑。这段经历使我收获颇丰，也为我当时茫然的大学生活增添了前进的动力和鲜活的色彩。在我最迷茫的阶段，正是兴趣让我充满前进的动力和对生活的热情，让我重新设定了学习目标，并为之努力。

我想大学的魅力与多元性正在于此，只要有兴趣，生活就会有干劲，就不至于感到空虚乏味，这种干劲也会影响学习和生活的方方面面。

良好的团队协作促进个人发展

大一入学之初，由于几次不愉快的小组合作，我对团队合作的形式相当排斥，因此更喜欢独自行动，相信不少同学也有相似的经历和感受。但在大一暑假留校比赛期间，我对团队合作这种形式有了新的认识。

当时我被学长引荐参加"互联网＋"大赛，加入了竞赛小组。和团队成员经历了几个月的合作，让我真正认识到了团队协作的重要性，以及如何促成有效的团队协作。那次比赛持续了很长时间，我们团队主体有 7 人，大家各有所长，优势互补。同级的几位同学专业技能十分优秀，学长们的竞赛经验也十分丰富，那一段时间我从他们身上学到了很多知识和技能，极大地拓宽了我的视野与认知边界，我的专业技能也在迅速强化。在与优秀团队成员相处的过程中，通过学习别人的经验并结合自己的实际，我对个人的学涯规划有了更为清晰的认知，这更加增强了我学习的动力，也为后续不断进步打下了基础。这段经历使我飞速成长，从那之后我便领悟到：与一群优秀的人共事一段时间，收获的要远比自己一个人关起门来研究多得多。

大学是包容万象的熔炉，是释放个性的平台，只要有兴趣、有目标、有方向，就一定能找到合适的机会去学习与交流。感恩我在西电度过的独一无二、丰富多彩的大学时光，在这里，我绽放了属于自己的精彩。

王屹晨

别怕犯错，好好生活

王屹晨，西安电子科技大学网络与信息安全学院信息安全专业
2017 级本科生，后于西安电子科技大学人工智能学院控制科学与
工程专业攻读硕士研究生。

"你上了大学就轻松了。"这句话虽然在大学生看来非常戏谑，却也陈
述了一个事实——大学生活确实有更多的自主空间。只要学校里有的，之前
没试过的活动，一旦感兴趣，我都会去试试。在完成学习任务的情况下，我
就会把精力放在这些爱好上。短时间来看，感觉这样可能是漫无目的、没有
计划，但把时间拉长到七年，我觉得这些"闲事"反而帮了我不少。

永远爱我所爱——我的制胜法宝

我大学期间的爱好一共有四项——篮球、钢琴、网球和摄影。这些爱好
填充了我课外生活的每一刻，使我时刻有所寄托，从未感到乏味或无聊。在
作业或者实验做完后，篮球场、网球场上的挥汗如雨，樱花树下拿长焦镜头
用低机位拍一张照片，抑或为音乐会准备一首曲子……构成了我丰富的校园
生活。无论是想融入群体，还是想自己独处，我总会有自己的解决方案。

这些看似"闲散"的事情，实际上成为我应对压力的有效方式。每个
人都会面临压力大的情况，无论是期末考试，还是可能需要长线作战的保
研、考研，面对结果的不确定性，感到压力是必然的。和一部分人会焦虑
不同，我会选择先投入到喜爱的事情中，调整身心状态后再回归学习。

我会在弹一会儿钢琴之后，老老实实回到书桌前学习，这样我可以以更加放松的状态继续复习，效率更高的同时还可以避免在一些细节上钻牛角尖。此外，这些"闲事"带给我的成就感可以让我在面对学业中的难题时，对自己更有信心——问题再大，失败再多，我也会告诉自己再多坚持一下。当我保研失败，进而转战考研时，正是得益于这些爱好赋予的力量，我才能振作起来，最终跨过难关。同样，在求职季，每次面试结束后的一场网球赛可以帮助我从紧张的面试状态中解脱出来。

收起完美主义，别怕犯错

大学四年，我们可能要做出大大小小的选择，无论是日常的小组协作，还是关乎未来发展的重要决策，在初次独立面对这些选择时，我们缺乏阅历、缺乏独立处理事情的经验，难免会感到困惑和迷茫。

在面临选择时，我们时常会寻求学长的帮助。好消息是，学长都非常热心，愿意分享他们的经验；而坏消息是，太多、太全面的信息有时反而可能导致我们瞻前顾后，犹豫不决，更不知道自己应该如何选择。对此，我的建议是理论联系实际，勇于付诸实践。不要过于担心每个决策的结果，而是要在借鉴他人经验的基础上，遵从自己内心的真实想法，迈出第一步。即使最初的选择并非最佳路径，也有机会及时调整方向。毕竟，比起纸上谈兵，亲身经历才能带来更为深刻的理解。

在大三时，我就曾陷入这样的无限纠结——成绩在保研边缘，但又想出国看看。两者都不愿意舍弃的我以为自己精力无限，决定两手准备，但不久我就发现自己根本顾不过来。最后，经过审慎评估，我决定一心一意在国内深造。现在回想起来，如果我一拖再拖，可能到最后都不知道应该走哪条路，最终只能匆忙做一个不负责任的决定。

大学的环境是相对宽容的，不妨把这里当作一个试炼场。我们可以在这里以较低的成本去尝试、去探索、去犯错，从独一无二的成长历程中汲取宝贵的人生经验和教训。

贺 坤

选择应征入伍，给自己一个暂停和重来的机会

贺坤，西安电子科技大学计算机科学与技术学院2015级本科生，后为西安电子科技大学计算机科学与技术专业2022级研究生。

自由的代价很沉重

相较于高中生活，大学生活有了很多自由支配的时间。大二下学期，随着课程数量的增多、专业课难度的加大，我的自我约束能力却越来越差，越来越沉溺于网络游戏的短暂快乐中，开始对学习产生逃避心理。挂科以后，我的这种心理更严重了，上课、作业、考试……我都抱着"破罐子破摔"的心态，失去了前进的方向与目标。大三伊始，我第一次开始反思：这样真的是我想要的吗？也正是这个时期，我了解到学校关于应征入伍的政策。面对当时的颓废状态，我觉得自己需要先停下来，换个环境，重新思考。

应征入伍：从学生身份中抽离

2018年9月，经过报名、体检、政审、役前训练等一系列程序后，我如愿入伍，被分配到新疆。军营确实是改造人、培养人的地方，我们的专业训练大多依托装甲车进行，为提高在极端环境下的通信保障能力，我和战友们曾被派遣到海拔4000米以上的高原驻训，要在缺氧、严寒等艰苦条件下进行训练。2020年6月，我所在的部队接到上级命令，奔赴边境线执行维稳执勤任务。经过一段时间的驻守，我们最终圆满完成了任务。这是我第一次参加重大任务，也是现在回想起来依然觉得自豪的一段经历。

接续奋斗：重返校园，携更加坚定的意志从头再来

2021 年 3 月，我返校复学。对我来说最重要的是，喀喇昆仑高原上的经历磨炼了我的意志。从沙场再到课堂，两年多的时间没有学习，对本就基础薄弱的我来说无疑是重大的挑战，正是军旅生涯的磨炼才让我有勇气、有信心沉下心来，从头再来。通过点滴积累，我逐渐掌握了曾经觉得困难无比的课程，也在一句一句听、一篇一篇练习中顺利通过了英语六级考试。2021 年冬，我选择考研，凭借自己的努力，成功通过初试、复试，拿到了研究生录取通知书，成为计算机科学与技术学院 2022 级的研究生。我深刻地体会到，作为一名大学生，能战胜曾经的自己，就是一种宝贵的收获与成长。

在部队时，我的班长曾教给我一句话："岗位就是战位，要做好自己的本职工作。"我也想将这句话分享给大家。作为学生，我们的"战位"是学习，我们要力求超越自我，突破自我。当然，学习之外的生活也同样重要，有时间我们可以和家人、朋友多沟通交流，积极参加各种校内外活动，丰富自己的生活。

陈子涵

打破藩篱，相信自我
——谁说我是"小镇做题家"？

陈子涵，西安电子科技大学网络空间安全专业 2020 级本科生，后来被推免至中国科学技术大学网络空间安全学院攻读研究生。

鼓起勇气，走出舒适圈

虽然并非来自"小镇"，但我称得上是一个名副其实的"做题家"。初入校园时，由于没有竞赛基础，没有任何兴趣特长，我觉得自己除了做题一无是处。看到各类学生组织的招新活动时，我毫无自信，总是犹豫不决。最终，我还是抱着"大学不留遗憾"的心态，参加了校团委的招新面试和班干部竞选，没想到最后竟然双双入选。现在回想起来，我仍然感谢那个鼓起勇气挑战未知的自己。一次次的头脑风暴、活动策划、外场宣传让我收获了满满的成就感。繁忙却有趣的工作让我乐此不疲，我从中学会了运营微信公众平台、撰写新闻稿，在学校媒体的推文上拥有了自己的署名，我还学会了海报设计、视频剪辑……因题海荒芜落寞的角落终于吹起了恣意的风，我开始享受大学生活，享受社交带来的思想碰撞，享受在信远楼的每一次日落，享受在操场打卡时的破碎星河，享受在室友低声呢喃的吉他旋律下墨香弥漫的毛笔韵味。

从此，我开始拥抱更广阔的舞台，拥有了许多"第一次"的回忆：第一次担任志愿者，第一次参与深入乡村调研的社会实践，第一次跟随学长采访知名校友，第一次出色地完成演讲，第一次与留守小朋友做笔友……虽然我曾在这些工作中反复质疑自己，也曾因害怕无法胜任而焦虑难安，但如今回头看，那些曾经我以为无法跨过的失意和焦虑，在巨大的收获与成长面前变得微不足道，我也庆幸在最浪漫恣意的年纪没有辜负自己。

永远相信自己选择的路

大学四年一路走来，我做出过无数的选择。从大类分流到升学、就业，从"卷成绩"到"卷竞赛"，每一次选择的过程虽然纠结，但我总是广泛征求老师、学长的意见，反复查询网络信息，为做出让自己无悔的选择而努力。让我特别自豪的是——我永远相信自己走在正确的道路上，无论做出怎样的选择我都绝不后悔，并义无反顾地为之不懈努力。

我很早就决定了要走靠成绩保研的道路。于是，当身边几乎所有同学都在尝试竞赛这条保研捷径时，我始终无动于衷。我深知专业成绩和课外竞赛成果不能兼得，因此在学习好专业基础知识的前提下，我一直到大三才开始接触竞赛。那时的我接触竞赛并不追求名次、奖项，只是把这段经历作为一次体验，享受与队友一起将构想变为成果的过程。抱着这样的态度，我虽然参与得晚，参加的竞赛不多，但还是从竞赛中了解了如何开展科研工作，学会了写论文报告，学会了如何跟老师交流沟通。在我看来，这些经验足以抵得过任何荣誉奖项。

回望我做出的每一次选择，脚下的这条路一直都是最好的路。我想起一句话："渔夫在出海前，并不知道鱼在哪里，可是他们还是选择出发。"在不断选择的旅程中千帆阅尽，当下便是最好。

青春成长的路上，愿我们永远真诚，永远浪漫，永远热情盎然！

朱润泽

在探索中享受，在挑战中成长

朱润泽，西安电子科技大学网络与信息安全学院信息安全专业2019级本科生，后在香港城市大学计算机系攻读硕士学位。

在探索中享受

在西电的四年时间里，我从一名对专业知识几乎一无所知的新生，成长为对信息安全领域有深入理解的研究生。大一时，我主要专注于基础课程的学习，如高等数学和编程语言，这些课程为我的专业学习打下了坚实的基础。随着时间的推进，我开始接触更多专业核心课程，如网络安全、密码学和数据保护等，这些课程让我对信息安全的理解更加深入。我也积极参与学院的研究项目，与导师和同学们一起探讨最新的安全技术。到了大四，我开始将所学知识应用到实践中，尝试解决实际的信息安全问题。同时，我开始指导新生，将我在西电学到的知识和学习方法传授给他们，帮他们更好地适应这种充满挑战与机遇的学习环境。通过这些年的学习和实践，我不仅在专业领域取得了进步，也学会了如何在学术和生活中找到平衡。

在西电的生活中，我不仅在学术上获得了成长，社交生活也同样丰富多彩。我结识了许多志同道合的朋友，他们在学习和生活中都给了我很大的支持和帮助。我还加入了校内的羽毛球社团，这成为我课余生活的一大乐趣。通过定期的训练和比赛，我不仅锻炼了身体，还培养了团队合作能力和竞争的精神。此外，西电为我们的日常生活提供了极大的便利。无论是图书馆的丰富藏书还是食堂的多样化美食，都极大地丰富了我的校园生活。这样的环境使得我的大学生活不仅限于学术追求，也有了许多快乐和轻松的时光。

在挑战中成长

大二第一学期，我迎来了刻骨铭心的挑战——11 门课程的考试。图书馆的座位成了我每天的"据点"，我感到了前所未有的压力。有时候，在翻阅书页和演练问题的过程中，我会突然停下来，质疑我当初的选择。但是，我并没有退缩，而是坚定地告诉自己，每一次的努力都会为未来铺路。在这个过程中，我学到的不仅是课本上的知识，更是面对困难时不屈不挠的精神。最终，当我完成最后一门考试时，虽然疲惫不堪，但内心的成就感却是满满的。这段经历，尽管艰难，却是我成长道路上宝贵的财富。

进入大四，我面临着一个重要的抉择：留在内地继续深造还是到香港攻读研究生？最终，我选择了后者。这个决定主要是出于对视野的考量——在当前就业市场竞争激烈的背景下，我希望能够拓展视野，迅速成长，然后回内地寻找理想的工作岗位。为了实现这一目标，我从大一就开始准备，努力保持高绩点，积极参与课外科研活动和各种项目。在这个过程中，我撰写并发表了几篇学术论文，这些都为我的研究生申请增色不少。此外，语言能力也是关键，雅思考试成了我必须跨过的一道门槛。记得那段备考雅思的日子，我每天坚持练习听说读写，不断地模拟测试，力求在考试中获得理想的成绩。

总结我的经验，我认为尽早规划未来，然后为之付出努力是至关重要的。这不仅仅是学习上的努力，更是在规划职业道路时的前瞻思考。我的西电之旅虽然有时候颇为艰难，但正是这些早期的规划和努力，为我后来的学习和职业生涯打下了坚实的基础。

在西电的大学生活是一段既宝贵又短暂的时光。在这四年中，每个人都有无数的机会和可能，只要敢于尝试，勇于挑战，不断探索，勇往直前，都能拥有一段精彩纷呈的旅途。

唐颜骏

心态好，事事好；心放宽，事事安

唐颜骏，西安电子科技大学网络与信息安全学院 2020 级本科生。

大学四年对我而言，是一段充满挑战和收获成长的宝贵时光，尤其是疫情时期，那段不平凡的经历让我慢慢地成长为今天的自己。

疫情下的大学生活，仿佛是一场未经编排的电影，将我们带入一个陌生、未知的世界。特别是大二下学期和大三上学期，由于疫情影响，我无法返校，所以长时间处于焦虑和无所适从的状态，同时也忧虑我的学业和未来会受此影响。

逆境与成长

起初，由于无法与老师同学面对面交流学习，也无法感受校园生活的乐趣，我陷入了一种消极的情绪状态，经常感到失落和沮丧，这种情绪甚至开始让我对自己的能力和价值产生了怀疑。

随着时间的推移，我逐渐认识到，沉溺于焦虑和沮丧之中并不能解决问题，反而会让自己陷入恶性循环。因此，我开始主动调整心态，试图从积极的角度去审视眼前的困境。我深知疫情虽然给我们带来了诸多的不便和挑战，但这背后也暗含着许多学习和成长的机会。我开始正面迎接这场挑战，决定勇敢尝试新的学习方法，并积极利用线上资源进行学习，以此来拓宽视野，提高技能。渐渐地，我发现自己能够在这种变化中找到合适的节奏和方法，并且逐步适应了这样的学习生活。这一过程虽然充满了挑战和不确定性，但我坚信，只要保持积极的心态和不懈的努力，就能够战胜困难，直面未来。这不仅是一个自我提升和成长的过程，也是一个不断探索和发现新可能性的过程。通过不断学习和实践，我相信自己能够不断超越自我，实现目标和梦想。

专注与拓展

在调整自我不断适应变化的这个过程中，我也意识到专业课的学习对我未来的发展至关重要。我不再被外界干扰所困扰，而是专注于学习和提升。我每天都按照计划学习，不断巩固基础知识，扩展专业领域视野。通过这种有条不紊的学习方式，我逐步提高了自己的专业素养，增强了解决问题的能力，为未来的职业发展打下了坚实的基础。在这个过程中，我的成绩逐渐有了起色，这进一步激发了我对未来的信心和动力。我相信，只要持之以恒、不断努力，就能够实现目标，成就更好的自己。

除专注于专业课程学习外，我亦开始投身于各种线上活动和社团组织，积极拓展社交网络，丰富大学生活。在这个过程中，我感受到了来自四面八方的温暖和关爱，它们如同春风化雨，滋润着我的心灵。更重要的是，这些活动让我有机会深入挖掘自己的兴趣所在，探索未知的潜力。每一次的参与都是一次自我发现的旅程，让我对自己的认识更加深刻，对未来的规划更加明确。

坚持与突破

在大三上学期，我决定毕业后继续深造。但在考研路上，我遇到了许多挑战和困难。疫情给备考增添了很多的不确定性，线下培训和交流受到限制，线上学习和备考又是一种全新的方式，需要去适应。在备考初期，因为习惯了长时间线上学习，我发现自己在恢复线下学习时有些手足无措，这种转变让我在备考过程中备感艰辛，挫折感也随之加剧。这在一定程度上影响了我在初试时的发挥。看到初试成绩不理想时，我不由得感到失望和沮丧。长时间的备考和努力似乎并没有得到应有的回报，这让我开始怀疑自己的能力和当初的选择，甚至开始怀疑自己是否能够顺利通过考研继续在热爱的领域深造。

然而，我并没有被挫折击倒，而是选择了积极面对和调整自己。我意识到这是每个人成长过程中的必经阶段，也是锻炼自己适应能力和解决问题能力的重要时刻。我开始审视自己的学习方法和备考计划，找出其中的不足之处，并加以改进。在准备复试的过程中，我积极利用线上资源，参加各种模拟考试和答疑讲座，与老师和同学进行交流与讨论，不断提升自己的学习效率和水平。我还加强了对重难点的复习，注重对解题技巧和解题思路的掌握，努力提升自己的专业能力和核心素养。

经过持续地努力和调整，我逐渐感受到自己的学术能力在逐步提升。尽管初试的挫折曾让我陷入困境，但我没有放弃，而是坚持不懈地努力奋斗。最终，我顺利通过复试，实现了目标。我深信，无论遇到何种困难，只要保持积极向上的心态和不动摇的信念，最终都能够找到克服的方法和途径。这种坚韧不拔的精神，将引领我走向更加光明的未来。

回忆起这段疫情下的大学生活，或许会有遗憾，但我也因此学会了坚强，学会了调整心态。在面对挑战和困难时，我不再轻易放弃，而是选择坚持和努力。这段经历，将成为我人生旅途中一段难忘的记忆，激励我在未来的道路上不断前行，创造更多的可能。

杜 萌

今日方知我是我，自负、自卑与自我和解

杜萌，西安电子科技大学网络与信息安全学院2020级本科生。

我曾有过成为"大佬"的梦，幻想自己每天高强度地搞科研，出很多成果，活在别人艳羡的眼光中。实际却不尽如人意，我的四年大学生活在跌跌撞撞四处碰壁中度过，不过一次次受挫倒是让我学会了很多，不只学到了专业知识，更学会了如何找寻自我。

失败的尝试

在西电的前半段时间里，我做过各种各样的尝试，希望能做出点成绩来，但最后几乎没有一件事能做好。

大学期间，我做过班长。因为在高中时期做过两年班长，所以我自然觉得这项工作对我来说不在话下。彼时，我的世界观里只有"做出一些贡献才是有意义的"之类的想法，于是做人做事就有些自负，这样当然带不好班级，甚至开班会时能把自己气哭。两年行政班工作，和形形色色的人打交道，我感到非常受挫，后来转入专业班，我对班干部职位便避而远之了。

我参加过社团。为了学一些东西，我参加了国乐社，想着最后写简历时特长一栏不至于只写"跑步"。但是，学习的过程往往是枯燥的，加上自己也没有什么乐理基础，学起来更是费劲，我在学习过程中总是走神，几天不练习就又不会了，结果就是"三天打鱼、两天晒网"，得过且过，边学边忘。

我参加过竞赛。虽然我一直想打比赛，但是苦于缺少信息，便一直没有

参与过。后来，迫于保研压力，我被动和别人组队去打比赛。我负责一部分代码的开发，但因基础不足遇到了瓶颈，自己查了很多资料，研究很久都没找到一个合适的方法。最后，队长帮我找了一位密码学的"高手"，他很轻松地写了个矩阵算式，直接把复杂度降到了 0。闭门造车几星期的结果比不上别人写的算式，我又有了深深的挫败感。

我也曾认真分析过遇到瓶颈的原因，发现自己在很多方面存在问题，贪玩、善妒、冷漠，等等，也尝试过各种手段进行改变。改变的过程是一波三折的，结局也不尽如人意。我并没有取得想要的成功，感觉大学也就这样了，便开始怀疑自己、封闭自己，甚至不愿与同学们交流。我将自己从各种活动、社交中抽离出来，拘囿于自己的象牙之塔，一度陷入了自卑与自闭。

我与自己和解

如果现在需要选"大学对你帮助最大的人"，我会毫不犹豫地选学生社区的辅导员老师们。最初，我对他们是没什么感觉的，甚至是抗拒的，总以为他们不过是做些表面功夫罢了，后来事实证明我错得离谱。他们更了解大学生，更明白这些"大孩子"的困难与问题，他们像灯塔一样驱散了我成长路上的阴霾，一点点把我从自卑的深渊中解救出来。

从一次尝试性的志愿服务开始，我的内心受到了些许触动，后来有时间就会参与。印象最深的是疫情期间大雪天的一次核酸志愿者经历：我看到有医护人员因手指冻僵握不住棉签，但在短暂休息后重新投入时的坚毅面庞；看到有人明明自己也很冷，却依旧把热水袋让给其他人时的无畏眼神；看到志愿者们相互鼓励打气时的温馨氛围；看到西电学子在队列停滞时的耐心等待……慢慢地，我意识到除了"功成名就"做出一番大事业，也有别的东西值得付出和坚守。正是从那一刻起，我感到心中被关死的一把锁松动了，眼前隐约浮现出一条截然不同的路。

在老师们的引导下，我走上了另一条路，开始频繁活跃在各个社会实践、志愿服务平台，主动参与学生工作、校园活动，我能感受到自己的心境有所改变，慢慢淡化了对"锋芒毕露""人前显圣"行为的渴望，走上了一条与自己和解的道路。我认识到所谓成绩、竞赛并非大学生活的全部，我对自己的能力也有了更全面的认知，知道自己擅长什么、不擅长什么、想要做什么。我做不到的，顺其自然就好，我只需在自己的世界里过好便可。自我定位的调整让我对日后要走的路有了一个清晰的印象，随后一步一个脚印，在最后两年的大学时光里，我体验了不同的生活，也实现了许多此前未竟的事，并且成功找到了自己的兴趣爱好。

如果说给我一张大学物理试卷，答出的成绩可能勉勉强强，但是要说怎样去做学生工作、志愿服务，怎样去培养个人爱好、规划自己的生活，我能滔滔不绝聊上好久。曾有一位老师说我平时挺内向的，但是一提到"跑步"这个话题就像变了个人似的，充满自信、眼里有光。也是在那一刻，我瞬间有了一种大梦初醒的透彻，自己竟已在一件件平凡小事的潜移默化中有所改变。

于我而言，这种改变正是所谓的"成长"，从初入大学时的刚愎自用、咄咄逼人，到四处碰壁后的心灰意冷、自暴自弃，再到最后在老师们的帮助下与自己和解，我没有什么惊天动地、荡气回肠的壮举，有的只是一个普通学子在自己的世界里一次次摸爬滚打的平凡的"自我感动式"日常，一点点尝试，一点点改变。成长的意义更多在于找寻自我，不是所有人都具备改变时代的能力，也不必去做那个想象中的人物，重要的是认清自己、接纳自己，寻找自身的价值，用喜欢的方式活出自己的人生。

王怡丹

勇敢尝试，在探索中蜕变成长

王怡丹，西安电子科技大学机电工程学院 2020 级本科生。

回想起 2020 年的那个 9 月，我第一次踏入西电的校园，对未来四年的大学生活充满了憧憬。和早早就做出规划的同学不同，我更多的是以一次次的尝试和摸索度过了大学四年。

初遇——勇敢带来的惊喜

当突然接到大学生艺术团合唱团的电话时，我仿佛听见了自己激动的心跳声。尽管我对自己的专业水平缺乏信心，但内心的渴望使我毫不犹豫地答应了试音的邀请。踏入排练室的那一刻，我仿佛融入了一个充满希望的世界，梦想在每个人的眼中闪烁。在筹备大艺展的加时训练中，我尽自己最大的努力，不知不觉间，对音乐的理解和表达都得到了极大的提升。当我看到数模比赛的通知时，作为新手，我知道挑战不小，但我深信只要有勇气去迎接，就一定会收获惊喜。我开始夜以继日地学习，思维在数字间舞动，仿佛每个算式都是一个未知的密码，等待我去解开。比赛的过程充满了曲折和挑战，但正是在挑战中，我找到了前进的动力和坚持的勇气。最终，当裁判宣布我们的名字时，那种喜悦之情犹如冲破云层的阳光，照亮了我心中的每一个角落。而当我得知专业班需要配备班委时，内心不仅是激动，更多的是责任与使命。虽然我缺乏担任班级学生干部的经验，但我深信，每一位管理者都是从毫无经验的新手成长起来的，我愿意用自己的努力和智慧，去成为班级的中流砥柱，为同学们创造更好的学习和生活环境。

正是这些看似冲动的决定，让我不断学习成长，发掘自己的潜力，充实了四年时光。进入大学生艺术团，我不仅提升了个人艺术素养，更结交了一群同样热爱音乐的朋友。担任专业班班长的三年，我不断锤炼自己的管理能力，体会到了责任与担当的真正含义。在一次次参加数模、"挑战杯"创业大赛的过程中，我不仅学到了专业技能，更重要的是，体会到了团队内相互配合、并肩作战的深厚情谊。这一路走来，虽然曲折坎坷，但每一次的奋斗都是值得的，因为每一次的努力都让我变得更加坚强、更加勇敢，并为我的生活带来了无尽的惊喜与可能。

成长——困难带来的蜕变

成长的道路从来不是一帆风顺的，总是充满了曲折和挑战，但也孕育着无数的成长与蜕变。回首往昔，我仿佛置身于一幅画卷中，看到了那些点点滴滴的成长痕迹，也感受着困难带来的蜕变。

大一的我，刚步入大学校园，满怀对未来的憧憬和不安。每当走进排练室，那种初次尝试的紧张感便如潮水般袭来，我担心自己的音准是否够好，担忧自己能否达到要求。

大二时，我面对竞赛指导老师布置的任务，感到手足无措，比赛的压力让我几乎想要放弃。但正是在这些困难的时刻，我开始明白，成长需要勇气去面对，需要坚持不懈地努力。

每一个夜晚，我都在排练室里默默地练习，标记着乐谱上的每一个细节，向老师请教，努力提升自己的表现水平。在老师们的指导和同学们的帮助下，我逐渐克服了不安和困惑，拥有了更多的自信与勇气。终于，我迎来了在大艺展舞台上演出的机会，那一刻，我仿佛看到了自己的成长轨迹在舞台上绽放。

担任班长时，我曾因自己的不熟练而手足无措，但我并没有退缩，而是积极向其他班的班长请教，与班级其他班委共同商议，不断完善自己的工作。如今，我可以自豪地说，我是一名尽职尽责的班长，在班务的管理与组织中展现出了自己的能力。

在数模比赛中，困难曾一再找上门，但我们团队紧密合作，共同克服了一个又一个难关，最终取得了不俗的成绩。在团队成员的鼓励和支持下，我逐渐找到了解决问题的方法，克服了困难，收获了成长与喜悦。

生活中的每一次困难都是一次蜕变的契机，正是在挑战与困境中，我们才能够发现自己的潜能，展现出真正的实力和勇气。每一次的蜕变都值得我们珍视和铭记。

现在回想，从大一"萌新"到如今的研零"小白"，我因为热爱而选择尝试，在一次次的尝试中，我磨砺了自己，收获了成长。希望大家在面对大学生活时，不妨从试一试开始，在一次次的尝试中，解锁自己的人生新篇章。

甘文姬

跨越千里，拼搏成长的四年

甘文姬，西安电子科技大学网络与信息安全学院网络空间安全专业2020级本科生，后保送至西安电子科技大学网络与信息安全学院读研。

大学四年之旅行至终点，回顾在西电学习生活的这四年，我不禁感慨万分。这四年的时光，如同一幅绚丽多彩的画卷，我们走过的每一步，都是成长的印记，每一次的经历，都是心灵的磨砺。我的大学生涯，是一段拼搏与奋斗、蜕变和成长的历程。

跨越千里，从迷失到成就：我的西电求学之旅

我来自海南省东部沿海的一个城镇，来西电上学是我第一次离开海岛。从南到北，从沿海到内陆，从悠闲小镇到繁忙都市，巨大的环境变化让我一时感到无所适从。在较快的生活节奏和水土不服的双重压力下，我感受到了前所未有的挑战。然而，最让我感到无助和孤独的，是身处一个完全陌生的城市，这里没有我熟悉的街道，没有我熟悉的面孔，也没有那些曾经与我朝夕相处、分享喜怒哀乐的亲密朋友。我仿佛是一只在茫茫大海上迷失了方向的小舟，找不到前进的方向，也找不到可以依靠的港湾。但我知道，孤独和无助只是暂时的。我需要学会适应陌生的环境，学会独立面对生活中的各种挑战。我需要勇敢地走出舒适区，去结识新的朋友，去探索这个未知的城市。

适应新的生活节奏和学习环境，成为我面临的首要任务，但过程并不如

我所期待的那样顺利。在大一期间，我的学习成绩堪堪中游，这样的结果让我感到失望和沮丧，开始怀疑自己的能力和价值。我陷入了深深的思考，开始反思自己的学习方法和态度。我意识到，仅仅依靠死记硬背和应付考试是远远不够的，我需要更加深入地思考和探索，学会将所学的知识与实际问题相结合，培养自己的创造力和分析能力。只有这样，我才能真正地掌握知识，提高自己的学术水平。

于是，我开始调整学习方法。我不再满足于课堂上的被动接受，而是主动参与到课堂讨论中，积极与老师和同学交流。我开始认真地预习和复习，深入地思考每一个问题，努力地寻找问题的答案。我还参与一些科研项目，学以致用，在解决问题中进行思考，以帮助自己更好地理解和掌握知识。同时，我也意识到，学习并不是一蹴而就的过程，需要持之以恒地努力，才能够取得进步和提高。在心态调整后，我更加积极向上，成绩也在不断提升，最终如愿以偿地获得了推免资格，留在本校继续攻读硕士学位。

篮球与友谊：我在校女篮队的多彩生活

除学业逐渐步入正轨之外，我的课余生活也迎来了新的篇章。在大二那年，学校组建了女子篮球队，我非常荣幸地成为其中一员。这不仅是一个锻炼身心的机会，更是一个结交朋友、体验团队协作的平台。在篮球场上，我与队友们挥洒汗水，共同分享胜利的喜悦，也一起面对失败的挑战。这些经历让我更加深刻地理解了团队精神和坚持不懈的意义。

篮球于我而言不仅是一项运动，校女篮队对我的意义也不只是一个普通的运动队。通过篮球队的活动，我更加明白了平衡学业和兴趣的重要性。我开始学会合理安排时间，既保证了学业的进展，也享受了篮球带来的快乐。这种平衡让我的大学生活更加完整，也让我在各方面都得到了成长。

参加校女篮队还让我结识了很多志同道合的好友，在失落时她们会给我安慰与鼓励，日常中会与我分享喜怒哀乐，这让我感受到了温暖和归属感。在球场上，我们团结一致，全力以赴，互相支持，克服困难，获得了陕西省大学生女子篮球联赛的冠军和季军。离开球场，我们依然是形影不离的好朋友，一起吃饭、玩闹、出游。有了朋友的陪伴，我感到生活充满了乐趣和希望。

心灵的蜕变：在挑战与支持中寻找自我

在这段旅程中，我遇到了诸多良师益友，他们的支持和鼓励是我前行路上最大的动力。在我遇到困难、面对挑战时，他们总会陪伴我，让我感受到温暖和力量，让我知道自己并不是孤军奋战。是他们的支持，让我在困境中找到了前行的动力，在挫折中看到了希望；是他们的陪伴和鼓励，让我能够坚持不懈地追求梦想，不断地成长和进步。

大学四年，是我人生中最珍贵的时光，也是我成长最快的阶段。这四年，我不仅在知识的海洋中遨游，更在生活的舞台上演绎着属于自己的精彩。我相信，只要坚持不懈，勇往直前，就一定能够在未来的生活中，创造出属于自己的精彩。我期待着那一天的到来，期待着自己在人生的舞台上，绽放出更耀眼的光芒。

胡 源

云破月来，是以倔强装裱的绝景

胡源，西安电子科技大学光电工程学院 2022 级本科生。

我来自湖南的一个小乡村，自求学以来一路上踽踽独行，经历家庭变故，面对学业压力，带着家人的期盼，最终来到了西电。不知不觉中，我的大学生涯已经过去了一半。我的大学生活，可以说是一部平凡学生的奋斗史。

大一得过且过，恰似夜行了无月光——迷茫失措

上大学之后，没有了高中那样的外在约束力，我变得放任随意起来。面对大学的丰富多彩、自由自在，我没能收住心，放任自己的散漫，对未来没有计划。这样导致的后果就是——大一上学期结束仅仅拿到了勉强入眼的成绩，C 语言幸运地踩着及格线过了，均分只有 75 左右。此外，来自五湖四海的同学大部分都比我见识高，面对他们时，我有点自卑，因此彼此间的交流不太自然。这些导致我大一上学期大部分时间都很焦虑。

大一下学期开始，我想着改变，但不知从何下手。好在机缘巧合之下认识了一名材料院的学姐，她说，她喜欢玩游戏但不沉迷，清楚游戏设计出来的目的是什么——放松心情，释放压力。她在边玩边学中保研去了南大。她建议我调整好心态，一定要规划好娱乐和学习的时间，确定好自己的方向，朝着目标全力以赴。

大二开始蜕变，正如是夜月色朦胧——眼底有光

大类专业分流后，我来到了新的环境，这是新的开始，也是我转变的契机。于是，我一改大一时期的颓废，开始积极融入大学生活。从军训时主动交流到成为学院办公室助理，我积极工作；从课堂上积极与老师互动活跃气氛到课后与同学协作一起完成大作业，我体会到除游戏外的快乐，获得了一种精神上的富足感。

当然，改变的过程不是一帆风顺的。因为大一、大二所学的基础课之间是有连贯性的，自己大一的基础不是特别扎实，所以学起来比较吃力。同时，因为家庭条件的原因，我常常在遇到一些事情或某些情况时会有退却和自卑心理，所以大二的一段时间，我经历了非常难受的转变期。然而，受湖湘精神的影响，我觉得自己有一股倔强气——事在人为，遇到问题就解决它。于是，在完成办公室助理工作之余，我就找机会和辅导员谈心，和优秀的同学一起学习。在同学们的帮助下，我加深了对知识的理解。难啃的学科一步一步来，难做的题库一点一点积累经验，我相信总会有好的结果。此外，我积极参加学院组织的活动，认识了很多同学。

转变带来的感觉是显而易见的——大二上学期，我的均分提高到了80。同时，我不再因家庭情况而自卑了，我乐观自信的性格还收获了许多伙伴的友情，平时同学们也愿意找我帮忙，辅导员更加信任赞赏我。我改变了很多，成长了许多，我开始试着帮助身边的人，希望通过自己的努力，让大家一起进步。正如青年作家卢思浩所说的："时间带不走的有两样东西：一个是跟自己相处的能力，一个是跟我步调一致的人。我们独立，在自己的道路上奋斗，彼此看一眼都是安全感。"

如今我成了一名预备党员，所承担的责任更多了，更重了，但这是我乐意的，因为我知道自己正朝着想象中的大学生活靠近，虽然前路未知，但充满希望。

袁家骏

从迷茫到奋进——我的大学"变形记"

袁家骏，西安电子科技大学光电工程学院 2022 级本科生。

2022 年进入大学以来，我的学习和生活遭遇了前所未有的迷茫。从高中到大学，紧绷的弦突然松开，我感到了从没有过的自由。"高三都这么累了，大学我就先放松一小会儿。"怀揣着这种想法，我不知不觉地度过了整个大一。

人们常说："话教人百次无用，事教人一次入心。"我到现在仍然记得大一下学期的期末考试前，我花了三天三夜的时间从头开始刷各个学科的速成课，最终也才落得个刚好及格的成绩。看着门门六十多的成绩和惨不忍睹的排名，我闲散已久的心终于泛起了阵阵悔意。看着其他忙于竞赛和项目的同学一天天那么有干劲，再回过头来仔细想想自己的大一生活，好像除了睡懒觉、玩电脑，就没有什么充实的回忆。

这真是我想要的放松吗？这真是我想要的大学生活吗？我一遍又一遍地问自己。就在这时，爸妈提醒我可以查六级成绩了。怀抱着些许希望，我登上网站一看，比预期少了一百分。

转变的契机

挫折带来的巨大打击虽然沉重，却也成了我大学生活的转折点。转变大概就是从那个暑假开始的吧。我开始预习各个学科，开始刷六级听力和阅读题。尽管每天仍旧是玩得多学得少，但我开始感到了一丝进步的乐趣——"比昨天会的更多"这件事，好像比游戏更有意思。

203 ┃

大二来到光电工程学院，我第一件事就是找到学院的辅导员老师，和她说明了学习上的困难和想要改变的决心。辅导员老师非常温柔，不仅安慰我说迷茫的时刻人人都有，还鼓励我利用英语上的优势，去重塑自信。

自己的决心和老师的指引，让我的道路不再迷茫。从军训开始，我便认真训练，积极争取，不仅作为军训学生代表在学院发表了一篇军训心得体会，还获得了军训"优秀标兵"的称号——好像优秀也没这么难，不是吗？相比于遍地开花的模范优秀学生，我更需要的可能是一步一个脚印，踏踏实实地朝自己的目标前进。预习、写作业、复习、学英语……这些看似简单的每日任务，坚持完成后让我成就感满满。考六级、参加院媒体工作小组、参加高党班、参与研学项目……在不知不觉中，我竟然把这些事全部完成了。只是心态的改变，就让我的大二生活如此多姿多彩。

成长的喜悦

再到查成绩时，我的学期平均分竟然达到了专业第三，这让我感到无比欣喜和自豪。曾经困扰我的六级考试，这次也如愿以偿地考到了620分。那一刻，我深刻体会到了"路虽远，行则将至；事虽难，做则必成"的含义。努力和坚持最终带来了回报，这让我对未来充满了信心和希望。

我想说，一时的失利从来都不是颓废的理由，塞翁失马，焉知非福？从现在开始改变，从小事开始改变，只要能够长久坚持，你会发现自己不知不觉就成长为理想中的模样。

夏　威

按部就班往前走，此路平凡亦灿烂

夏威，西安电子科技大学网络与信息安全学院网络工程专业2016级本科生，现就职于美团。

第一次选择：怎么过自己的生活

大一结束后，我选择留在学生组织，继续参与活动。同时，我和室友开始了夜猫子生活，在熄灯后也要玩游戏到很晚才休息，这直接导致白天上课时我都在补觉。不得不说，玩游戏和在学生工作中与人交流比学习更有意思，因此我逐渐沉迷，越来越觉得这就是我想要的大学生活。但是，期末考试打破了这个"美好"的局面，刺目的绩点撕破了虚幻的美好。看着周围收获满满的伙伴，我仔细回顾了这一学期的生活，日子好像在亢奋的黑夜和疲惫的白天中过去了，没有留下一点踪迹。突然间，我的内心充满迷茫和焦虑。

痛定思痛，我决定做出改变，可是我应该往哪个方向改变呢？这是我从没有想过的事情。我环顾四周，虽然才大二，但是同学们已经有了各自的方向，有的在准备竞赛，有的在专注计算机知识，有的在准备语言考试。我最终选择了最简单的道路——按照专业的培养方案，尽量学好计算机基础相关的课程。这样既能获得不错的绩点表现，也能贴近最初的"好就业前景"的目标。尽管最初有些难以习惯，但在好朋友的带领下，我逐渐过上了泡图书馆的日子，也逐渐爱上了早上听着音乐进馆，在闭馆广播下收起书包离开的日子。虽然逐渐远离了游戏和缤纷多彩的社团活动，即时满足变少了，但我却时常能感受到内心深处的轻松和惬意。我想，这可能是因为我及时做出改变，开始按照自己的想法有计划地生活了。

第二次选择：读研还是就业

就这样，我轻松地过了一年，从大二来到了大三。不同于其他同学积极规划未来的道路，我依旧按照自己选择的方向每日在图书馆学习，两耳不闻窗外事。可是在大三下学期开始时，我发现身边的同学好像不太一样了，我看到有同学在刷算法题（彼时的我根本不知道这是什么），有同学在为竞赛做准备，有同学在联系老师进行科研项目……好像一瞬间，大家都知道自己剩下的路该怎么走了，而我又迷茫了。

是的，我即将面临毕业前的选择——就业还是读研。而我该往哪个方向走呢，是就业吗？可是就业市场是何情况，求职需要准备什么，我一无所知。读研吗？我感兴趣的研究方向是什么？我能考上研究生吗？面前的两条岔路，让我彷徨失措。最终，我选择了读研。

有了选择之后，我在当年4月开始着手准备。由于先前保研失败，我被悔恨感和挫败感反复折磨。悔恨，是因为真的只差了一点点，如果我一开始好好学习，一定可以保研成功。挫败，是因为我开始自我怀疑，是否我真的就很差呢？面对这无法改变的事实，我只好鼓起勇气继续准备，争取"上岸"。但事不遂人愿，10月我患上了胃病，吃饭必吐，加上备考的情绪压力，我身心俱疲，感觉在崩溃的边缘了。不得已，我只好回家一边调养一边备考。在家备考时，我逐渐不那么焦虑了，走进考场前，我意外地平和。我想，我认真地备考，现在我来认真地考试了，仅此而已。很幸运，我最后考上了研究生。

亲爱的学弟学妹们，请记住三点：要多去尝试而非空想，无论是竞赛、科研还是支教实践，别因"不敢"而错过机会，真正的成长不在表象的热闹，而在行动后的蜕变；不要焦虑于他人的"快"，专注脚下的人，终会遇见属于自己的时区；请记住青春不是独行赛道，别吝啬分享困惑，也别害怕暴露脆弱，真正的伙伴会与你并肩破局，让难题化作共同的勋章。

　　愿你们以勇气为笔、以坚韧为墨，在这段不可复制的时光里，既敢在实验室为一串代码较真到底，也能为山野间的一盏孤灯驻足；既能享受星夜奔赴理想的酣畅，也不忘跌倒后拍拍尘土继续奔跑。未来某天当你回首时，定会发现：所有认真走过的路，早已铺就了"精彩未来"。

04

求职 | 探索与抉择

龚 颖

从三秦大地重返边陲家乡，
考取选调生是我最正确的选择

> 龚颖，西安电子科技大学人文学院汉语言文学专业2018级本科生，云南省2022年定向选调生，中国共产主义青年团第十九次全国代表大会代表，目前在云南省德宏傣族景颇族自治州盈江县油松岭乡营庆村工作，担任盈江县自然资源局派驻该村的乡村振兴工作队队员，并兼任营庆村村民委员会主任助理。

从祖国最西南与缅甸接壤的德宏到十三朝古都西安，我跨越上千公里的距离奔赴西电求学。从层峦叠嶂的少数民族地区到一马平川的关中平原，十八岁懵懵懂懂的我，独自远行来到西电，拖着沉重的行李跨入校门。

回看这四年的轨迹，我可能并非传统意义上学习优异、荣誉加身的优秀学生，也并未就读于学校的优势专业，迷茫和焦虑时常伴随着我，但我从未停止探索，进无止境。在不断挑战、坚持思考的过程中，我发现自己能够更加坦然从容地去学习，并不断坚定信心、树立起自己的优势。四年来的一切努力，都为我后来走上工作岗位，顺利转变角色打下了基础。

伸出"触角"，在实践中提升自己

大一、大二的时光可以说是一场充满挑战与探索的旅程。面对学习成绩与自我期望之间的巨大差距，我感受到了前所未有的压力。成绩排不到最前面，一度让我有些苦恼和气馁，但后来慢慢发现，"最高的分数"并不是衡量自己能力的唯一指标，我在学习之余，积极地向学校多个学生活动组织伸出"触角"，希望能够通过这些平台锻炼自己的能力。

我加入了学校校团委组织部，成为其中的一员。在这里，我从零开始，学习如何组织活动，如何协调人员，如何保证活动的顺利进行；用心感受每一个细节，体验每一次挑战，不断地在实践中积累经验，提升自己的组织能力。在这段时光中，我逐渐跳出舒适圈，尝试新的事物，挑战自己的极限。虽然过程中充满了艰辛和困难，但我收获了宝贵的经验，得以快速地成长，也为今后踏上基层工作岗位打下了非常坚实的基础。

考取选调生，问问自己最真实的想法

云南省选调生并非我最初的选择。2022 年 10 月底，考研进入了冲刺阶段，我和很多同学一样，平淡乏味地过着从宿舍到图书馆之间往返的生活。

当时正处于疫情防控的关键阶段，我的家乡——中缅边境德宏，面临着艰难的守边任务，家乡的情况牵动着一千多公里之外游子的心。就在这个特殊时期，我收到了辅导员陈春晓老师转发的云南省定向选调生招录考试通知，面对考研前途未卜的压力，我在考研与考取选调生之间摇摆不定。

面对选择，我并未轻率地做出决定，而是静下心来，叩开自己的内心，问了自己三个问题：未来究竟想走怎样的路？想成为怎样的人？未来的生活是否会与自己想象的一样？在思考这三个问题的时候，一方面，我回顾了自己的成长历程，明确自己想要的是能够深入社会，成为一个有责任心的人；另一方面，我开始预设自己读研与工作以后的生活是否会与自己想象的一样。我希望能够找到一个既能满足自己内心需求，又能适应外部环境的人生方向。在得知家人也参与了边境一线的守边工作时，我意识到，家乡需要我这样的新鲜血液来为边境发展做出贡献。

于是，我在短短三天时间内做出了考取选调生的选择，这意味着我需要立刻转换赛道，开启为期一个月的备考之路。虽然时间紧迫，但我没有犹豫，而是坚定自己的信念，勇敢地迎接挑战。终于，经过艰苦的备考，我如愿以偿地回到了那个充满挑战和机遇的起点——家乡云南省德宏傣族景颇族自治州，成为一名选调生，目前在基层一线参与乡村振兴工作。

打破信息差：学会站在前人的肩膀上看问题

我在基层工作已经两年多，收获是满满的，我不止一次庆幸自己做了这个选择。现在回头看，选择考取选调生实际上是一次对信息壁垒的勇敢挑战。大学时的一些选择，有时会影响一生的走向和发展，如何有效地打破信息差，是我们要学会的一个重要技能。

首先，要认识到社会实践的重要性。在大学期间，要勇敢地走出宿舍的小天地，更多地融入社会的广阔舞台。可以积极参与学校组织的各类学生活动与志愿服务，通过这些实践机会，与同学及学长深入交流。这样不仅能够增进彼此之间的了解与友谊，更能够在互动中锤炼自己的沟通技巧，拓宽自己搜集信息的渠道。

其次，要认识到搜索信息能力的重要性。有时候，我们不能仅仅局限于身边人的看法和意见，而应当学会辩证地看待各种经验与建议。在信息爆炸的时代，我们需要具备一双慧眼，能够筛选出真正有价值的信息，为自己的选择提供有力的支持。

最后，一定要吸纳和借鉴前人的经验，即站在前人的肩膀上看问题。这种借鉴并非简单地模仿，而是把他们的智慧和经验作为我们看问题的基石。比如，在大学期间，我的专业课老师朱佳宁会邀请本专业优秀的学长来分享个人经验，进行现场互动。通过了解前人的足迹，我们能够避免重蹈覆辙，减少错误，更高效地探索未知的领域，为未来的道路铺设更加坚实的基石。

初入学校时，我被西电东门口的"全心全意为人民服务"这几个大字深深震撼，现在觉得这几个字也奠定了我的人生基调与走向。赓续红色基因，奋斗砥砺前行，我始终不渝地相信，只要保持初心，便能够在人生的道路上不断进步，从而为社会贡献自己的力量。

余星星

放弃互联网高薪岗位，做选调生驻村干部

余星星，西安电子科技大学计算机科学与技术专业 2017 级本科生，2021 年经贵州省委组织部选调到贵州省遵义市习水县工作，2021—2023 年任习水县土河村驻村干部，现为习水县纪委监委工作人员，2021 年获"扎根基层，建功立业"荣誉称号。

习水县位于贵州省西北部。1935 年，中国工农红军长征四渡赤水河，中央红军在习水境内转战 62 天，在习水留下了宝贵的红色文化和传奇故事。生长在这片红色的土地上，我听着红歌、唱着红歌长大，红军长征的精神从小伴随着我成长。2017 年高中毕业后，我被西安电子科技大学录取，自此，"根正苗红"的我与具有红色基因的西电结下了不解之缘。

当我 2017 年 9 月第一次踏入学校时，首先映入眼帘的就是毛泽东主席给西电的亲笔题词——全心全意为人民服务，这作为学校的办学宗旨，一直激励着每一位西电人。当时，第三届中国"互联网 +"大学生创新创业大赛总决赛即将在西电举行，IT 行业的众多知名企业纷纷前来观赛，这使我认识到西电不愧是中国电子信息领域科学研究和人才培养的核心基地。这些都给我留下了深刻的第一印象：西电很红，很强。

入学后，我除了认真投入到各类基础课程学习中，还积极学习了习近平总书记给第三届中国"互联网 +"大学生创新创业大赛"青年红色筑梦之旅"实践团全体成员的回信内容。受红色文化的熏陶与西电红色基因的影响，"在为党为国为人民服务中体现各自的人生价值"的思想逐渐入脑，"全心全意

为人民服务"的宗旨也逐渐入行。于是，我郑重地向党组织提交了入党申请书，争做"三有西电人"，追寻永不消逝的红色电波。

大二的暑假，我和11名同学组成了暑期社会实践队伍——红星第三大队，重走长征路，体验四渡赤水河的艰难与壮丽。7月的赤水河畔酷热难耐，我们顶着烈日，沿着红军走过的路，开始了"四渡赤水"。7天下来，红星第三大队走过4个县（市）、8个乡镇、10余个村，对红军四渡赤水和长征有了更直观的体会和更深刻的认识。我们边走边调研，还了解了党的十八大以后当地老百姓生活的变化。这次暑期实践，成了红星第三大队11名同学一段难忘的记忆，也为我毕业后选择回乡工作做了铺垫。

从大三下学期开始，同学们纷纷开始了各自的升学、就业准备，我也加入实习的队伍，积极学习计算机技术，为就业积攒工作经验。通过稳扎稳打的锻炼，我在完成上海暑期实习后，顺利在2021届秋招中拿到了一家互联网公司的offer并签订了就业协议。然而，当我以为一切都尘埃落定，等着毕业前往深圳工作时，12月的一场政策宣讲会彻底改变了我的人生轨迹。

2020年12月初的一天，我听说贵州省委组织部到学校开展宣讲活动，老家来人了，我自然是要去撑一撑场面的。在宣讲会上，贵州省委组织部的同志们介绍了贵州这些年的变化，并告诉同学们有一个很好的机会，那就是回家乡到基层去工作，去绽放年轻人该有的风采。我当时就动心了，思考一番并和家里人商量后，决定放弃已经得到的工作offer，报考贵州省委的选调生项目。经过认真的准备，我顺利通过了选调生的笔试、面试选拔考核，开启了我在实干中传承红色基因的职业生涯。

2021年7月毕业后，我被贵州省委组织部选调到家乡习水县工作，并被安排到了习水县桑木镇土河村任驻村干部。从一个大学生到大学生村官，每天除了开展繁杂的工作，还要去协调群众的矛盾纠纷，跨度实在是太大了，这让我一时难以承受。但是来都来了，我想起了入学时学校领导和老师的殷切嘱托，下定决心坚持，终究把这些困难克服了。驻村工作的两年，通过自身不断地学习和努力，我在思想上、工作上和生活上都得到了很大的进步。看到做实事后老百姓满意的笑容，听到老百姓说这个学生领导"真行"，我由衷地感觉，自己没有走错路。

2023 年 7 月，我向本科辅导员黄彩红老师分享了土河村的自然风光，热情邀请计科院的学弟学妹前来开展暑期社会实践。学院组建了"小青柠志愿者服务队"投身乡村振兴一线，我配合学院协调土河村党委以及习水县农发行等部门，积极开展乡村振兴理论宣讲、惠民实事科普、乡村振兴调研走访、致富带头人采访、校友访谈等一系列志愿活动。这一次，我当年通过暑期社会实践种下的种子，神奇般得到了新生，在学弟学妹心中滋养出了新的传承，西电的红色电波永不消逝。

我来自农村，和大多数农村孩子一样，最开始有考上大学就出了大山，就再也不回来工作的想法。但是学校的暑期社会实践、就业指导服务给了我新的启蒙，西电的红色基因激励了我奉献家乡的坚定信念，不忘初心，赓续传统，到祖国需要的地方去绽放光彩。

目前，我已经结束了两年的驻村工作，回到了原来的单位县纪委监委，继续为自己当时的选择和入党的初心做着应做的、想做的事情。希望有越来越多的学弟学妹可以像我一样，回到自己的家乡，投身到乡村振兴工作当中。

赵仁玺

从边陲小镇来，再回到家乡去

赵仁玺，西安电子科技大学计算机科学与技术学院2016级本科生，本科毕业后就职于国家税务总局芒市税务局，在收入核算股会统核算岗位工作。

初入大学的落差感

我的家乡在祖国的西南边陲极边第一城——腾冲。我带着小县城"优等生"的自豪与期待进入大学，但是现实却狠狠地给我上了一课。我深知自己的基础比其他地区的同学要薄弱很多，也做好了认真学习的准备，但在面对计算机科学与技术专业复杂的算法和抽象的理论知识时，我还是感受到了巨大的落差与深深的无力感。大一时的高数、英语这些基础课，我还能通过高中打的基础再进一步努力强化，但是计算机专业知识我以前从未接触过，升入大二后，计算机组成原理、编译原理这些专业课让我很是"抓瞎"。我没有选择逃避，而是调整好心态，补足短板迎难而上。我像一块干瘪的海绵，不断地吸收着知识的养分。面对不懂的问题，我积极请教老师和其他同学，图书馆和信远楼成了我最常去的地方。通过不断地巩固旧知识，汲取新知识，我在汗水的浸润中逐渐蜕变，各科的学习成绩也逐渐稳步靠前。

人生十字路口的选择

大学毕业之际，站在人生的十字路口，我面临着重要的人生抉择。在刚进入大学时，我希望毕业后能去北上广深等城市，能去互联网大厂，那里有广阔的天地、对口的专业，可以让我发挥专业特长。因此在假期的时候，我积极去互联网相关企业实习，希望能积攒工作经历以便毕业后拿到更好的offer。

此外，我也积极参与了许多活动，通过这些活动我了解到基层工作的重要性和必要性。最开始，我跟随学院团委到蒲城县的一所小学开展微心愿活动，我开始接触到乡村振兴的相关工作。后来，通过学校暑期社会实践活动，我回到家乡，在村上协助村干部完成各项工作。这让我意识到云南的乡村和其他地区的乡村有很大的差距，想要缩小这种差距，就要有更多的年轻人积极参与进来，共同推动偏远地区的发展。通过越来越深入的了解，渐渐地，我的就业想法发生了变化。

大城市的繁华与机遇固然诱人，但家乡云南对我的呼唤更为强烈。于是，我放弃了那些互联网高薪岗位，在毕业求职之际，选择考公留在云南，从基层做起。因为我知道，我的根在云南，我的梦也在云南，我希望利用所学的计算机专业知识为家乡的发展做一点贡献。

在西电的四年，是我人生中最宝贵的时光。在这里，我不仅学到了知识，更学会了如何做人、如何做事。我相信，无论未来走到哪里，这段经历都将是我最珍贵的记忆。祝愿每一位学弟学妹都能在这里找到属于自己的精彩！

张慧宇

从迷茫"小白"到扎根基层，
我的选择质朴而壮阔

张慧宇，西安电子科技大学经济与管理学院工程管理专业2020级本科生。

面对自由与未知交织的新天地，应该做些什么？

初入大学，我最大的感受就是兴奋、好奇，新鲜感十足。开朗的室友当上了宿舍长，自信的同学应聘了班干部，有特长的朋友加入了各种社团。面对自己拥有的大把时间，"我该做些什么呢"这个问题一直萦绕在我的脑海中。

机缘巧合，在舍友的鼓励下，怀着探索欲与好奇心，我俩一起参加了竹园学生社区团工委组织的招募活动。我记得第一次到团工委时，老师说这是一个重要且有意义的组织，将服务于学生社区几千名同学。在老师的鼓励下，我加入了团工委这个大家庭，整理档案、转交团关系、策划活动，成了我业务生活的常态。从开始的陌生到后来的驾轻就熟，这些工作我一干就是四年。

为同学服务的"小点滴"，
逐渐汇成实现自我价值的"大江河"

在团工委这几年，虽然我并不是部门部长、骨干之类的学生干部，做的事情也都简简单单、微不足道，但在这个过程中，我的团队合作能力、组织协调能力、沟通能力等都有了提升，最重要的是，我在服务同学的过程中体会到了价值感。

这一切也和我的成长经历有关。我的爷爷是一名退伍军人，曾参加过珍宝岛战役。在入学前，爷爷常常教导我要积极入党，要多想着为大家服务，要心怀感恩。爷爷以身作则，教会了我做人、做事的根本原则——饮水思源，不忘初心。在爷爷的熏陶下，2020 年入学后我便提交了入党申请书，经过努力，成了一名中共党员。

在四年的大学生活里，我积极参与并推动各项学生或老师组织的活动，从策划到实施，每一步都充满了挑战与收获。这些实践经验提升了我的服务意识，我意识到只有深入基层，扎根一线，才能真正触摸到社会脉搏，找到解决问题的关键所在，从而更好地发挥自己的价值。

奔赴基层、回馈家乡、投身建设

当毕业的钟声悠扬响起，站在人生的岔路口，我该如何选择？

这几年的经历，使我逐渐理解个人的成长与进步不仅仅要体现个人价值，更要肩负服务社会、回报家乡的重大责任。怀着对家乡深沉的眷恋，我没有留恋大城市的喧嚣繁华，而是选择报名参加国家和省级公务员考试，希望以此为契机，回归那养育我的家乡小城，回到那片魂牵梦绕的故土。我知道，基层是最贴近民生的土壤，是国家大厦的稳固基石。因此，我愿意把自己在大学学到的知识和技能付诸实践，投入到家乡的各项建设工作中去，像播种者一样在家乡的土地上耕耘，用自己的努力与付出，为家乡的发展注入新的活力，促进家乡经济和社会的进步。

作为一名青年学子，我的力量尚显微薄，但正如每一粒种子都能破土而出，带来春天的绿意，我会始终满腔热忱，不懈奋斗，为家乡的未来播种希望，为中国梦的画卷添上一抹属于自己的色彩。

赵如茜

相比自诩平庸，我更想用平凡心态
找到"最优解"

赵如茜，西安电子科技大学人工智能学院智能科学与技术专业
2018级本科生，现就职于宁夏回族自治区某国有企业。

我很喜欢这样一句话："人可以平凡，但不可以平庸。"平凡的人知道
自己平凡，但依旧热爱生活、脚踏实地；平庸的人则容易随波逐流、得过
且过。于我而言，比起自诩平庸的推脱，我更想用平凡的心态找到"最优
解"，以平凡的心态做好每一件事，这样也能获得不平凡的生活。

想变得"不平凡"成了我的负担

随着人工智能、大数据、5G等技术不断发展，人工智能相关专业的就
业前景变得非常广阔。受此环境影响，加之我的舅舅研究生阶段毕业于西电
计算机学院，我从小就以舅舅为榜样，所以我也选择了西电，踏上了这条充
满挑战与机遇的道路，希望能够在人工智能领域探索出一片天地。

初入大学时，和每位同学一样，我也怀揣着追求不平凡的愿望，渴望在
各个方面都有所突破。大一时，我就常常参加各种各样的讲座，并将目标瞄
准到那些他人口中的"不平凡的事情"上，比如，参加全国竞赛拿到奖项，专
业考试名列前茅，等等。面对种类繁多的校园活动和学生组织，我也想积极
扩展自己的生活面，于是加入了学生会、社团等多个学生组织。正如"小马
过河"的道理，没有任何一条道路是可以完美复刻的。我逐渐在大量活动和

繁重的课业压力下感到心有余而力不足，常常感觉自己被强加了"锁链"。这样的状态导致大一整个学年都是在忙忙碌碌的假象中平平无奇地度过，我道听途说的那些"不平凡的事情"一件也没有完美地做成。

大二时，我重新审视了自己的大学生活，认识到没有方向、随波逐流地参加各类竞赛，或是参加各类社团活动并不能真正丰富我的生活。虽然学长们的建议十分中肯，但是尝试过后合理内化为自己的方法才是最关键的。我决定不如专心做好某一件事，以平常心对待课业、学生工作和日常生活。

坚持把一件事情做到极致就是不平凡

一次偶然的机会，我参与创建了人工智能学院融媒体中心。我认真考虑了自己的性格、特长与这项工作的适配度后，选择参与其中。现在看来，这次的选择对我来说意义非凡。

创建人工智能学院融媒体中心，首先面临的难题就是创建公众号。毫无经验的我在辅导员老师的指导下开通了"AI在西电"公众号，并发布了第一篇推文。该推文在全院的团结协作下，获得了1500多人次浏览量。为了丰富大家的课余生活，也为了让"AI在西电"公众号更有影响力，我和融媒体中心的小伙伴们集思广益，接连创办了"新生指南""学四史""访名企""毕业说""青春记'疫'"等专题栏目。让我印象深刻的是，我们精心挑选了"青春记'疫'"系列中的100篇文章，经过修改打磨后编辑成册，作为智能学子抗"疫"生活的纪念。此事获得了陕西省教育厅官微的专题报道。我很享受这种从0到1的过程，这个过程为我带来了巨大的收获和能力的提升，这种成就感在我大一时是很少有的。很多人可能认为这只是一件平凡的事情，但是"有能力提高、有真实收获、有富足内心"成为我评判大学生活的新指标。在大学有限的时间里，我们只要能在学习之余做好一件事情，我认为这就是不平凡。

从大学生活的"局部最优解"到职业选择的"全局最优解"

"谁的青春不迷茫？"到了大三，身边的同学有的开始准备考研，有的已经实习，我也不可避免地开始考虑毕业后的生活方向。我开始规划未来的方向选择。大二的经历让我清楚地意识到要在自己擅长的事情上"发光发热"，所以我决定直接就业。通过向学长"取经问宝"，我了解到大厂实习经历不可或缺，我也希望通过实习在实际工作中寻找方向。

经过努力，我获得了在搜狗实习的机会，而后又获得了在美团实习的机会。然而，事与愿违，两次实习经历让我明白，快节奏的生活并不是我想要的。经过尝试摸索，回看自己的大学经历，最终我选择返乡考公。经历了国考、省考、事业编考试后，我考上了一家国有企业。在这个过程中，我有过迷茫，有过动摇，想过回到考研大军的队伍中，也想过按部就班去企业工作，但最终说服我的，还是大二时在融媒体中心的那段经历。那段经历让我找到了自己的步调，更让我找到了当下职业选择的"全局最优解"。

在这里，我也和学弟学妹们分享一些求职经验。首先，大家可以根据个人的大学经历选择发展方向。我在融媒体中心培养了文字写作、项目规划等能力，而最终我也将个人能力的"高光点"与我的职业选择相匹配，以此来创造更大的人生价值。其次，要以 HR 的思维来制作简历，不需要过多的修饰语言或只罗列成果，最重要的是在简历中讲好"你参与了什么、扮演了什么角色、做了哪些事情"。最后，在考公方面，可以广泛调研后选择一家靠谱的教育机构来帮自己提升笔试能力，在跟学中掌握答题技巧，在刷题中积累实战经验。考公面试则更应该在日常积累和大量的模拟练习中形成一套自己的答题思路。总体来说，只要肯投入、不放弃，都会取得较好的成绩。

最后，我想告诉学弟学妹们，请时刻铭记"坚持把简单的事做好就是不平凡"。大学生活并不是参加丰富的活动，也不是时时刻刻埋头苦学，而是明确在什么时候做什么事，同时在不断尝试中专心做好一件自己感兴趣的事情。只要不因"自诩平庸"而放弃，做好一件平凡的小事就能为你带来不平凡的未来。

李育聪

从备战考研到秋招上岸，
方向选择与执行力都很重要

李育聪，西安电子科技大学人工智能学院智能科学与技术专业
2019级本科生，现就职于华为技术有限公司全球技术服务部，任
网络技术工程师一职。

从备战考研到秋招上岸，及时在随波逐流中调整方向

步入大三后，我也曾在考研与找工作这两个截然不同的选择中踌躇。那
一年，从寒假到暑假，我一直在复习准备考研，但随着秋招临近，几次与辅
导员老师的对话改变了我的想法。考研是一件"语言上容易，行动上困难"
的事，这不光体现在复习周期长，也体现在如果复习过程中不能很好地设置
阶段性目标，就会导致心态不坚定，复习效果大打折扣，这正是我在复习中
遇到的最大问题。

时间来到8月底，在复习效果不理想的迷茫之际，我萌生了找工作的念
头。一次去学院办公室提交材料的过程中，我跟辅导员老师反馈了自己当时
的状况，辅导员老师根据多年的经验，建议我在备考的同时准备简历，在秋
招时投递。他不仅指出我参加学生工作的经历将有助于就业，还向我介绍了
往届学长考研中途去秋招并且成功找到工作的案例，给我分析了他们在找工
作过程中所做的努力。

他的话极大地点醒了我，也让我认识到相比学习，自己在组织、沟通、处
理问题方面的能力更加突出，也更容易在就业中体现优势。经此一语，我在

心里暗下决心——选择就业这条路。

在秋招的过程中，我遇到了很多困难，内心也充满对未知与不确定的深深恐惧。大量简历投出，面试一次次从日出参加到日落，然而期盼的 offer 却迟迟没有出现。

在这样的困境下，我与同宿舍、同专业找工作的同学一起共享宣讲会信息，互相总结面试过程的经验与不足，并为对方模拟面试，向认识的 HR 推荐彼此的简历。我们迅速形成了一个找工作的"互助组织"，大家在互通招聘信息的同时，互相鼓励，不断总结笔试和面试经验，甚至主动担任校园大使，与不同企业的 HR 一起交流，促进他们对我们的了解……最终，我在 9 月底的秋招中成功上岸，并在 12 月签约华为，一起互助的同学们也都拿到了自己心仪的 offer！

国旗护卫队三年，培养了我的执行力和奋斗精神

我在国旗护卫队服役的三年，是我付出最多、收获最丰富的时光。在国旗护卫队中所培养的集体意识、执行力和奋斗精神，无疑成为我成长道路上最宝贵的财富。

"听吧，新征程号角吹响……"伴随着嘹亮的《强军战歌》，我在军训后成功通过选拔，开始了三年"周末两练+周内加练+周一升旗"的国旗护卫队生涯。这样的训练强度，要在课余时间坚持下来其实很不容易，但是这在不知不觉中锻炼了我的执行力。求职的过程和工作以后的经历，让我更深刻地感受到执行力的重要性，只要我们有恒心、有定力，不怕困难和压力，不管做什么都会有好的结果。所以，选择是一方面，另一方面自己也要不断奋斗，勇敢去做，这是极重要的。

这三年里，每次训练与"队列会操"都使我对集体的认同感得以提升，每次执行升旗任务也让我对"护卫国旗"充满使命感！每当整齐划一的正步声在礼仪广场响起时，我都感到自己的付出无比值得。虽然已经从母校毕业，但使命感与集体意识依然深深地镌刻在我内心。我踢出的每一步正

步，都帮助我脚踏实地地前进；我参加的每一项任务，都让我更加清楚自己的责任与使命！

最后，我想对学弟学妹们说："大家在这四年都要找到自己的发展方向，虽然过程中难免会对未知产生恐惧，但请相信西电具有的影响力，你唯一要做的就是'丰富自己的羽翼'，在母校这一广阔平台的支撑下，展翅翱翔，向自己的目标冲刺。四年的光阴转瞬即逝，身处其中时，我们都不曾感到时间流逝，可一旦真正告别学生生涯，我们都会无比怀念已逝的美好时光。因此，在这四年里，学好知识的同时，试试多抬起头，迈出脚步，去参加有意义的活动，去拓展自己的人际关系，培养真正的兴趣爱好，在实践中为你们自己的人生与未来走出一条最适合的路。我相信，在西电学到的科学文化知识，培养的家国情怀与国际视野，一定会是你们今后人生路上最宝贵的财富！"

张 港

在求职路上，带着伙伴们一起"逆风翻盘"

张港，西安电子科技大学经济与管理学院市场营销专业 2020 级本科生，目前就职于荣耀公司。

大学四年，我在学习上比较松懈，不是主观上想这样，而是各种原因交织在一起，结果就导致成绩一直垫底。

直到毕业，回看这四年，大概前三年和最后一年中间有一道明显的分水岭。

前三年在懒惰和茫然中得过且过

可能是从小地方出来的缘故，初入大学，没有了外在约束力，见识到大学的丰富多彩、自由自在后，我没能收住心思，一边放任自己的惰性，一边茫然不知未来。刚入校的时候，我缺少自主学习的能力和意识，大一下学期物理、高数就挂科了，这是一个不小的打击，但我也不以为意，大二一直翘课，整个大学的"基础"都没有打牢，直到大三才慢慢有所收敛。

最后一年的路口，在逃避和纠结中开启求职之路

大学前三年，我过得比较坎坷和茫然，也从来没有认真思考过出路，这让我在大四尝到了痛苦的滋味，最后一年过得极其难忘。在大三下学期的最初几个月，我每天白天浑浑噩噩，夜深人静的时候又辗转反侧、彻夜难眠，然后第二天继续浑浑噩噩，如此反复。

　　我知道不得不做出选择了，但是又在心里逃避面对未来。自己没法保研，在求职市场里也没有目标，我只能在心里安慰自己：没事，还有考研。考研对于其他人来说，是真真切切的希望，是翻盘的可能，但是对于当时的我来说，只是用来减缓心中绝望蔓延的"安慰"。

　　直到6月底我才下定决心准备考研，整整57天的暑假，我未走出学校一步。幸好学校在就业宣传方面下了很大功夫，早在大三下学期的时候就开设了就业指导课，给大家讲解了一些基础就业概念。此外，辅导员进行高强度"宣传"，不断给我们推送各种就业机会。最后，在2023年9月7日的晚上，我想，也不用非得考研，逃避也不是办法，我花了半小时写了份简历，正式开启了求职之路。

秋招路上逐渐找到方向，顺便带着同学们过关斩将

　　秋招一开始，我自然是四处碰壁，连小公司的海外销售岗位都可望而不可即。在经历了一番打击之后，我逐渐有了清晰的目标和方向，9月底的时候不仅收获了许多不错的offer，还通过秋招结识了很多朋友。在秋招中，我疯狂面试积累经验，在11月初，我收到了荣耀管培生的offer，终于迎来了属于自己的未来。以前摆烂的我、浑浑噩噩的我，在大四这一年成了帮着大家一起努力找工作的我。我专门创建了一个群和大家一起交流经验、共享信息，一旦有宣讲会和线下招聘会，我便会通知大家，动员大家一起去，这样既能共享机会还能鼓舞士气。

　　到了2024年3月初，许多事情都尘埃落定，大部分同学都已经有了自己的归属。然而，我周围宿舍的几位好朋友却没有那么幸运，考研都跟复试线擦肩而过，可还来不及难过，春招大幕就已经拉开。我动员他们积极参加春招，帮助他们修改简历。针对不同专业的同学，我会根据他们的未来规划和兴趣帮助他们完善简历、寻觅岗位。后来，他们的投递基本都收到了回复。由于他们没有面试经验，春招的机会又很少，所以一开始我就给他们每个人进行了针对性的面试模拟训练。针对每一个环节可能问到的问题，我都从"面

试官为什么这样问""他想通过这样的问题来获得你的什么信息"等角度入手，启发他们去思考面试中的逻辑。尽管每位同学的面试模拟都会持续三四个小时，让大家口干舌燥，但是大家都想再多问一些，再多模拟一会儿。有的同学面试时，我也会旁听，然后针对这次的不足进行探讨，争取让他们快速成长。最后，在大家的共同努力之下，一位同学也进入了荣耀，成了我的同事，其他同学也收获了不错的 offer。

春招快结束的时候，2025届秋招也开始启动，我受辅导员的邀请，去给学弟学妹们分享经验。其实，这四年从整体来看，有遗憾也有收获，前三年的遗憾在最后一年略有弥补，最后一年可以说是"绝处逢生"。

我想告诉学弟学妹们：不要逃避，有时候必须去选择的时候就得去思考，必须去努力的时候就得去拼一把，同时也要自信，不管学业成绩如何，都要对自己有坚定的信心，什么时候开始改变都不晚，而且，自己其实并不差！

杨 超

考研失败后投100份简历，是一种什么体验？

杨超，西安电子科技大学机电工程学院自动化专业2020级本科生，就职于OPPO公司，任射频工程师一职。

很多人把读研作为自己大学时期的目标，但是如果考研失败，那是该从头再来还是另辟蹊径？我想，我的经历会给大家一个启示。

随波逐流 名落孙山

回顾这四年，其实直到大三，我还不知道自己将来想做什么。当时，周围的世界仿佛被"考研"这两个字所笼罩，考研成为一种默认的、看似理所当然的选择。我被这种氛围所影响，选择了盲目跟随，但我实际上对考研并没有多少热情。因此，在备考的过程中，我并没有投入足够的精力与时间，等到周边人已经进入二轮复习阶段的时候，我才突然意识到时间已经所剩无几。面对堆积如山的考研资料和日益临近的考试日期，我开始焦急地翻阅各种备考资料，试图在短时间内弥补不足。但是，由于缺乏合理的规划和充足的准备，加之没有全身心投入，最终的结果没有任何意外，我考研失败了。

正视内心 修炼内功

考研失败于我而言是一场蜕变，我开始认真审视自己失败的原因，并意识到稀里糊涂做得再多，对自己的成长也是无济于事的。于是，我在心里问自己："你是要继续'二战'还是选择就业？你真的想'二战'吗？"

最终，我遵从内心的选择，积极投入就业市场。为了找到一份理想的工作，我在网上查询了各个心仪公司的岗位需求，了解了这些岗位对应聘者的具体要求。我发现，除了基本的学历和专业背景，很多公司还很看重应聘者的专业能力和项目经历。为此，我重新学习了数电、模电、电力电子等在职场面试时考查频率较高的知识，在了解到很多大厂的硬件岗位对应届生有项目经历要求时，我有意识地参与了一些有竞争力的项目，丰富自己的经历，提升自己的能力。

大胆投递 积极调整

"100"这个数字深深地烙印在我的心中，这是我投递简历的数量，见证了我为找到理想工作所付出的努力与坚持。为了在就业市场不景气的环境下找到理想的工作，除了打磨自己的专业技能，更多的是不断地尝试与调整。

一开始，每次应聘总是碰壁，不是投递的简历石沉大海，就是在面试阶段惨遭淘汰。但是，这些挫折并没有击垮我，反而成为我前进的动力。我开始向已有offer的同学请教面试技巧，学习面试经验，了解公司面试的关键点，反思自己在以往面试中的不足，分析线上线下面试的区别，剖析简历中存在的问题，并针对不同的岗位需求制作不同的简历。同时，我不断调整自己面试时讲话的节奏，确保语速适中、条理清晰；锻炼自己将项目表述清楚的能力，准确介绍自己在项目团队中的工作与成效；提前设想面试官可能会提出的问题，结合已有的面试经验，不断调整完善答案。我坚信，只要我踏踏实实做好每一个细节，就一定能抓住机会。

无心插柳 终得圆满

当我最终签约成为OPPO的射频工程师时，不由得想起了大三时选择专业选修课的情景。当别人都在讨论哪门选修课比较好过，哪些课的老师给分比较慷慨的时候，出于对射频电路课程的兴趣和对主讲教师郭金维老师的喜爱，我选择了仅四人选修的射频电路课，并在课程结束时取得了第一名的成绩。当时的我，并没有预料到这门课的学习经历最终会成为我应聘成功的敲门砖。有时候我不禁在想，当我随波逐流，跟大多数人一样选择考研的时候，我并没有取得成功，可当我"特立独行"地选择自己感兴趣的课程时，反而在以后取得了更多的收获。

回首我的大学经历，考研失败的阴霾早已不见踪影。人总会面临很多的挫折，在不好的事情发生时，自我怀疑、自我埋怨都是毫无意义的。只要正视自己的内心，明确自己的需求，坚持不懈地努力，总会找到最适合自己的路！

林嘉佳

如何做到不盲从，坚定就业方向

林嘉佳，西安电子科技大学微电子学院微电子科学与工程专业2020级本科生，本科毕业后就职于珠海格力电子元器件有限公司，任测试工程师一职。

刚踏入校园的我和许多新生一样，对未来充满了期待，同时也对即将到来的挑战感到一丝不安，对专业的选择、未来的职业方向感到茫然。但是我并没有消极面对学习和生活，而是认真学习专业知识，积极参加各种社团及活动，探索着自己的兴趣爱好。

第一步：找到并发展自己的兴趣

初入大学时，在科协招新宣讲会上，一位学长分享了他如何用机器学习技术解决实际问题的经历，他的生动讲解深深吸引着我。后来，我加入了科协的竞赛组，结识了一群优秀的人，我们一起负责组织、宣传科技创新类的比赛，从策划方案到现场组织协调，每一个环节都付出了很多的时间和精力。其间，我在现场近距离观看了每一场答辩，了解他们的项目，学习他们的经验，渐渐地，我对自己的职业规划有了初步的想法。

第二步：努力学习专业知识打好基础

我的专业是微电子科学与工程，专业的每一门课程都如同一个全新的世界等待我去探索。记得在大二时，我们学习了一门抽象的课程——量子力学。面对那些晦涩难懂的概念，我曾一度陷入困境，好在我和同学相互鼓励，互发习题和资料，共同讨论如何解决难题。经过一段时间的努力，我逐渐掌握了学习方法，慢慢建立起了信心。我也明白了，只有通过不断地学习和探索，才能遇见更好的自己。进入大三后，每周都有满满的课程和实验，时间非常紧张，有时候压得人喘不过气来，但我清楚地意识到"我们最大的弱点在于放弃和逃避，成功的必然之路就是不断地重来一次"，所以，我在这段时间里一遍又一遍地激励自己，最终顺利完成了全部课程的学习。

第三步：选择一条适合自己的道路

升入高年级后，我也面临着是继续深造还是直接就业的抉择，经过思量，比起学术研究，我更渴望在工作实践中成长。后来我向几位老师咨询过，他们都鼓励我选择自己喜欢的路，不必被外界左右，于是我选择了就业。为了实现这一目标，只要有面试和实习的机会，我都会去尝试一下。在一家集成电路企业实习期间，我了解了职场规则，提前积累工作经验，对自己的职业规划有了更加清晰的认识。大四时，周围的同学纷纷投身考研，当我看到他们为了考研而日夜苦读时，我也动摇过，毕竟，在这个社会中，高学历往往意味着拥有更多的机会，但我意识到每个人的人生轨迹都是独一无二的，我希望能选择一条适合自己的道路。于是，我继续投入到求职中，积极地参加校园招聘会，投递简历。

记得第一次收到面试通知的那一天，我感到兴奋的同时也十分紧张，拿着自己的简历从头到尾顺了一遍，复习了与专业相关的知识点，也对面试中可能会被问到的问题做了一些准备。面试过程中，由于紧张，我对参加过的项目描述得有些不清楚，但好在总体上还算流畅，第一次面试就顺利通过了。在随后的几次面试过程中，我不再感到紧张，多了几分从容和自信。经过多次的尝试和努力，我最终找到了心仪的工作。

在西电的几载春秋，我收获了无尽的知识与成长。这些经历让我感悟到：成长并不只是学会知识，更要培养不畏困难的勇气、团队合作的能力，以及对社会的责任感与奉献精神。每当站在人生的转折点时，我一开始总会感到焦虑和迷茫，会质疑自己的选择，怀疑自己的能力，后来经过不断地磨炼，我明白了"最好的事情总在不经意的时候出现，所以不必慌张赶路，按自己的节奏，步履不停地走过每个今天"。

李 治

大三结束就拿到多个offer，我做了哪些准备？

李治，西安电子科技大学通信工程学院信息工程专业2018级本科生，现就职于美团。

有自主规划的意识，选择有兴趣的领域深耕

我出生于吉林省白城市通榆县，一个刚刚在几年前摘掉贫困"帽子"的小县城。在教育方面，我就读的高中是县里唯一的一所重点中学，我们并不拥有像发达地区一样先进的教育资源。

虽然这里的资源和获取信息的渠道都没有大城市丰富，但是我从高一开始，就一直尝试对自己的人生做出规划，也一次次和家人讨论未来的发展方向。我发现自己对电子信息行业有着浓厚的兴趣，在了解到通信专业的"两电一邮"后，我的目标变得更加清晰。虽然身边的大部分同学都会选择省内的吉林大学作为自己的目标，但我觉得只有专业性更强的院校才能支持我在信息领域持续深耕。于是，我选择了西安电子科技大学。

在大三上学期临近尾声的阶段，同学们都着手规划自己的未来。一些优秀的同学拿到了保研资格，其他同学也开始研究考研的学校和专业课程。在这样的一个关键节点，我也面临选择：父母希望我在西电读研深造，取得更高的学历；而我觉得工作更适合自己，在公司实践相较于在学校学习理论更让我感兴趣。很多同学在父母的期望和自己的想法之间摇摆，我觉得可以根据自己的兴趣、性格特点和特长来做出决定。

早立目标，全面准备，稳扎稳打求职

我决定遵从自己的兴趣，选择就业，在实践中成长。当然另一个问题也随之而来，那就是我对各大公司的岗位完全不了解，哪些是技术岗，哪些是非技术岗，各个岗位都需要具备什么样的技术和能力，只关注专业学习的我对此一无所知。因此，我开始有针对性地进行各项准备工作。

首先，确定求职方向。从决定求职开始，我便上网搜索各类岗位的信息，积极与辅导员沟通，并参加学校组织的就业分享会。因为对编程很有兴趣，我很快就确定了自己的岗位目标，那便是服务端测试开发工程师。这个岗位不仅要求求职者具备代码编写能力，还要求对代码漏洞有排查、定位和解决的能力，这正好和我喜欢创造、喜欢发现的性格相匹配。

其次，针对岗位需要的技术能力进行自学。因为学校的公共课和学院的专业课涵盖了部分与编程相关的课程，所以我在学习时水到渠成，很快便掌握了这个岗位需要的基础技术能力。在接下来的时间里，我又对自己薄弱的板块进行了补习，从图书馆借阅专业书籍，在学校论坛了解技术难点，向老师和同学请教知识，最终让自己的实力又提升了一个层次。

再次，在招聘季到来前先尝试实习。随着各大厂春季实习生招聘的开始，我向多家大厂投递了简历，也迎来了人生中的第一次笔试和面试。我仍记得第一次面试时，因为面试官的压迫感和自己对知识了解的深度有限，所以面试最终失败了。但是，凭着自己的信念和室友的支持，我没有气馁，反而带着更坚定的勇气继续面对接下来的面试。最终，我如愿以偿，拿到了实习 offer。在实习期间，我一边学习学校的课程，一边在公司努力提升自身岗位能力，既通过了那个学期的结课考试和实验考核，也在实习结束后顺利拿到了公司的校招 offer。

最后，有一定实践经验后集中发力。在随后的秋招中，我继续投递多家公司，在面试中，我对技术问题能游刃有余地回答，对参加过的项目也能更流利地讲述，最终在大三结束的暑假顺利拿到了多个 offer。

锻炼综合能力

除了专业知识的储备和在求职过程中全方位的准备，我觉得个人综合能力也是企业比较关注和重视的。我是一个"闲不住的人"，也正因为我的"闲不住"，在大学期间各方面都得到了锻炼和提升。

承诺当四年班长，我坚持下来了。在成为班长前，辅导员告诉我，曾经有多任班长都因为工作繁杂选择了放弃，希望我能坚持四年，把这项工作做好。我履行了承诺，恪守自己为同学服务的职责，直到毕业。

记得大二时，我们班代表学院参加学校"优秀标兵班"的答辩，需要在几天的时间里完成材料的准备、PPT的编写、演讲稿的背诵。尽管其他班干部提供了很多帮助，但要求较高的我还是不断修改PPT和演讲稿。在答辩前几晚夜深人静的时候，我都会在阳台上一遍遍地模拟答辩、熟悉文稿。最终在答辩现场，我发挥出了应有的水平，带领班级得到了"优秀标兵班"的称号。

我积极参加各种学生组织，在大一时，加入了学生会、校团委、通院科协。尽管因为时间和精力有限，我在大二便相继退出了这些组织，但大一这一年从中收获了很多活动经历和同学的友情。我还是一个资深"摇滚青年"，在大学期间和来自不同学院的同学组建了乐队。这些经历带给我快乐，带给我成长，让我在学业之外也能与一群志同道合的人共同享受西电的课余时光。我觉得可以在大学有选择性地加入一些组织或社团，平衡好自己的时间，在各种"折腾"中总会有所收获。

回顾整个大学四年，我觉得自己在全方位地成长，这不仅仅体现在价值观、人生观和世界观上，还包括为人处世、主观能动性、执行力等方面。入学前懵懵懂懂的小孩儿，现在已变成可以在社会上独当一面的大人了。

希望学弟学妹们有勇气出发，为自己制订明确的目标，在行动之前，多思考事前准备、事中执行、事后反思及潜在的收益，做好规划。希望你们也可以在西电收获成长，享受属于自己的多彩人生。

代晓辉

内向的农村小伙，成了大城市外向的销售总监

代晓辉，西安电子科技大学外国语学院英语专业 2010 届本科毕业生，现就职于深圳比克动力电池有限公司，担任销售部门总监。

2006 年 9 月，来自河南农村的我踏上了开往西安的火车，开启了在西电四年的学习生活。这四年对于我的改变，可能远远超过了我走进西电校园那一刻的想象和期待。

腼腆内向的小伙，在很多机会面前"望而却步"

初入西电时，由于长期受高中应试教育的影响，我总是循规蹈矩、按部就班，再加上是农村来的，不免带着一些自卑与胆怯。在平时和同学们的交往过程中，我往往表现得比较被动，看到其他同学表现自如，总会因自己与人交流时略显局促而纠结。大学刚开始的那段日子，我过得有些拧巴，既渴望拓宽自己的交际圈，渴望拥有精彩的大学生活，又总是被动地等待别人来接近自己。内心的不安和自卑感让我难以自如地融入集体。

我其实也有"逼一逼"自己，努力尝试走出舒适圈，比如，报名加入学生会锻炼自己。不过，在加入学生会后，内向的性格还是让我没有办法做到像其他人那样积极主动，而更多的是老实本分地做好自己分内的工作。当竞选学生会干部的机会来临时，我觉得自己似乎缺乏能言善辩的口才，内心深处的自卑和胆怯再次占据上风。面对激烈的竞争，我觉得自己似乎并不具备与他人一较高下的能力，最终选择了不参与竞选。

现在回想，除了放弃学生会的竞选，当时很多机会自己都没有抓住，这让我后来非常后悔。交际是我的短板，在学校里如果能利用机会加强补齐，参加工作后其实是可以少走很多弯路的。工作以后我也时常想，若是当时再勇敢一点，迈出参加干部竞选的这一步就好了。

专业学习和职业发展一波三折

我是被调剂到英语专业的，由于农村教学条件有限，我的英语水平很差，与城市同学的差距让我非常受挫，较差的口语水平更是严重打击了我当时本就不堪一击的自信心。不过尽管如此，我也没有轻易放弃。我明白，自己需要努力克服不足。于是，我开始积极提升自己的英语能力，经常泡在当时设在 B 楼的临时图书馆学习英语，期盼着厚积薄发。

大三结束后，我起初决定和许多同样是调剂到英语专业的同学一样，加入考研大军，希望借此机会实现专业的转变，为大学时期略显消极的自己提供一个值得展望的新起点。然而，跨专业考研的难度确实不容小觑，尽管付出了巨大的努力，但考试结果并未如我所愿。

面对考研失败的挫折，我有些失落和沮丧，思考着是否应该继续考研？再坚持一年是否可以为自己争取更多的机会？然而此时，我想起远在农村老家的父母，他们为了养育家里的几个孩子，即使年岁已高，依然不辞辛劳地从事着繁重的体力劳动。沉甸甸的孝心促使我做出了决定，早些步入社会，用自己的努力与拼搏来为家庭减轻负担，早日将父母从繁重的劳作中解放出来。

放低姿态，坚韧、勤勉，比别人更努力一些

在 2008 年经济危机的次年步入职场，又是非技术类的就业方向，我在求职过程中遇到了不小的挑战。后来，我拿到新飞公司的 offer，以为自己的求职季终于画上了一个完美的句号，然而，两周的考核期过后，我却收到了不能转正的消息。由于新飞公司的销售面对的多是个人终端客户，在同批

入职的新人中，与其他能说会道、为人大方的外向型同事相比，我明白以自己的性格确实很难脱颖而出。离开新飞公司后，受到打击的我陷入迷茫和消沉，对就业的前景产生了深深的怀疑："难道我真的不行吗？"但是回想起自己找工作的初衷，加上作为农村孩子有较强的适应力和接受力，我及时调整了心态，在失败后积极着手计划下一步。

虽然无缘回到家乡工作，但功夫不负有心人，春季校招时，深圳比克动力电池向我伸来了橄榄枝。动力电池的销售对接的多是企业客户，因此面试官更偏重考察候选人的理性思维与逻辑能力，这让我抓住了机会。公司的销售团队一下子来了8个新人，在淘汰制考核体系下，我明白自己必须把姿态放低，要比别人更加努力。一开始工作的时候，我不太计较得失，心里只想着要认真完成领导安排的任务，还主动寻找事情去做，不让自己闲下来。

在与团队一起拜访客户时，领导滔滔不绝的口才让我十分羡慕。因此，我保持谦逊态度，时刻准备着向领导和老同事请教。每当前辈们分享销售经验时，我都生怕错过任何一个细节。通过不懈的努力和虚心的学习，我逐渐在销售部门赢得了领导的赏识，勤劳踏实的态度也给大家留下了深刻印象，老同事们都非常愿意和我这个寡言但踏实的年轻人交流经验心得。刚工作的我，不惧疲惫，不畏拒绝，不断地登门拜访，以期最终能够打动客户。面对挑战，我逼迫自己突破舒适区，以适应工作的节奏和环境的变化。虽然，我还是算不上外向，但是我运用逻辑思维，在复杂的商业环境中精准地寻找销售突破口，同时以真诚和坚韧不拔的毅力赢得了同事及客户的广泛认可与尊重。

从河南农村到西电校园，再到深圳，最终成为销售部门总监，我经历过失败，陷入过迷茫，甚至为自己不善言辞而感到自责，埋怨自己为何不能多积累一些知识和技能。然而，在经历了这些后，我开始拥抱自己，能坦然接受自己的内向性格和短板。虽然性格较难改变，但这并不意味着内向的人就无法在社会中立足，我们更要以行动来弥补自己的不足，更加努力地学习和工作，通过多做一些尝试来适应社会。

我相信，只要付出足够的努力，即使性格内向，也能在人生道路上取得属于自己的成功。于是，我告诉自己："既然性格无法改变，那我便多做一些，再多做一些。"

李 想

在一次次抉择中探索成长之路

李想，西安电子科技大学集成电路学部 2019 级本科生。

站在人生的岔路口，做出正确的选择是每个人的必修课。是紧随众人的脚步，还是努力探寻属于自己的道路？我们都有适合自己的方向，向左或向右都能收获美丽独特的风景。

考研 or 就业，听从内心还是被环境裹挟？

根据历年的统计数据，微院的大多数同学都更倾向于读研深造。在我看来，大多数学生是被环境所裹挟的，认为读研深造才算完整的学习经历。说实话，得知自己无法保研后，我也陷入了是工作还是考研的纠结之中。和学长、老师们沟通后，我觉得直接就业也不失为一种继续学习、积累经验的方法与途径。在工作的过程中，我们会发现适合自己的方向，从而更能明确目标，为自己的未来制订出更加合理的发展规划，这也是我工作之后才领悟到的。我认为，不是只有升学才能继续学习，在工作岗位中，拓宽思维、积累实践经验、提升解决问题的能力，收获的会是更有实效性的知识与能力。无论是读研还是工作，我们都应该保持持续学习的心态。

我在本科期间参加了许多竞赛，记得有位学长曾说："本科生做的东西比较简单，科研和竞赛对未来的工作或者学习帮助并不是很大。"但我并不这么认为，我觉得一项竞赛的成果和最终的获奖情况往往能代表这个学生的短期学习能力和个人综合能力，参加竞赛本身也是一种持续性的学习。其实，很多企业也会在面试的时候询问相关竞赛情况，比如竞赛的具体细节及灵感来源，以此对应聘者的个人综合能力进行分析与判断。参加竞赛的过程，也是一个实践探索的过程，有利于找到自己的兴趣点，从而确定自己的专业发展方向，为以后的职业规划奠定基础。

岗位 or 公司，求职目标该瞄准哪个焦点？

在求职过程中，我遇到的第一个问题就是如何选择岗位和公司。作为即将毕业的本科生，我对职场和公司并没有很详细的了解，所以这个问题一开始确实给我造成了很大的困扰。那我是怎么解决的呢？多跟老师和学长沟通。在这段迷茫的时期，微院的辅导员刘博文和李欣芮两位老师给予了我很大的帮助，他们帮我分析了每个公司的优势，并提醒我及时参加学校的招聘会，让我能够有更多的机会和途径来面试不同的公司。在多次面试的摸索中，以及与学长、老师的沟通中，我最后确定了选择。

第二个就是关于面试的问题。其实对大多数学生来说，刚开始面试难免会感到很困惑，所以我们要根据老师和学长们传授的经验，先对岗位需求有大致的了解，并对专业课进行针对性复习，然后投几家保底的小公司试试水，积累面试经验，等面试水平有所提升之后，再去投自己心仪的公司和岗位。但是，这个战线建议不要拉得太长，大致一两周，这期间我们自身的水平和面试技巧差不多能够让我们从容应对面试。关于岗位、公司和城市的选择，很多同学都会选择北上广深及成都、西安、珠海这些城市，但我还是觉得同学们不要只专注于某个城市，更应该关注目标岗位，尽量多尝试一下，多投递几个城市，这样才有更多机会找到心仪的岗位。

被动规划 or 自主学习，如何成为独当一面的设计工程师？

对于工作和学习的不同，工作一年后我还是有很多感触的。学校的培养方式是给我们进行课程规划，会有老师来带领我们学习相应的课程。对于课程外的其他知识，学校则鼓励学生自学，不做强制要求。但是，企业更看重个人的自主学习能力。在企业工作时，个人的成长和对技术的掌握是靠自己不断学习获得的；在解决问题的过程中，你需要自主查阅大量专业书籍，拓展思维，持续实践探索，与团队合力完成项目。这是两种完全不同的学习状态。

对于一个本科学生来说，我们最核心的目标就是学好专业知识，获得一个好成绩是展现我们个人能力最好的方式；此外，就是找到我们想要从事的岗位，尽力补充岗位所需的专业技能，利用各种途径提升个人能力，以便在简历和面试中展示自己与岗位的适配度。

对我来说，最大的机遇就是能在心仪的广东赛微微电子股份有限公司的模拟IC设计岗位上工作、锻炼、提升；最大的挑战是模拟IC设计岗位大多数都需要硕士及以上学历，我在专业技术和知识上的积累相较于同事们还有所欠缺。我现在计划以最快的速度去补充自己的专业知识并提升专业技能，然后在公司前辈们的指导和带领下，努力学习他们的设计经验与技术，争取早日成为一名能独当一面的模拟IC设计工程师。

在一次次的抉择中，我懂得：不要在自己没有对未来人生制订出很好规划的时候，就盲目做出和大家一样的选择，因为别人的路不一定适合自己，只有适合自己的路才是最好的路。在大家都选择读研的时候，我选择了工作，就目前来看，我很满意这份工作，也相信这是一条能够实现自我价值的正确之路。

李能卓

考研失利后的选择

李能卓，西安电子科技大学数学与统计学院信息与计算科学专业 2020 级本科生，毕业后就职于深圳华为技术有限公司。

想继续深造却考研失利

我在进入大学之初就曾梦想成为一名优秀的科研工作人员，希望能够利用自己的学识在未来的技术领域探索创新。我对数学充满了热爱，在大学期间，积极参加课外竞赛，自学相关编程语言，并在老师的悉心指导下完成了编程项目。临近毕业，我深知仅凭对数学的热爱和浅薄的编程积累还不足以支撑我去实现自己的理想，于是决定考研深造。

经过半年的复习准备，我满怀信心地走进了考场，期望取得优异的成绩，给半年来努力的自己一个满意的结果。但是人生哪有一帆风顺，尽管我每天认真复习，刻苦钻研，最终还是没有取得一个满意的成绩。就这样，我错失了一次读研深造的机会。我很后悔，责怪自己为什么不再多学点，不再细心点，把该拿的分都拿到！但是，失利已是无法改变的事实，犹如一盆凉水泼到满怀信心、憧憬继续深造的我的头上。

来不及难过，人生岔路口做新的选择

考研失败后，我对未来感到迷茫，失去深造的机会让我感觉自己好像更难以实现梦想了。在与父母的沟通中，他们建议我继续考研，争取把学历提升上去，他们认为学历的提升一定能让我找到更好的工作。不可否认，高学历确实能带来更多的就业机会和高薪酬，但是在与就业指导老师的交流中，我了解了本院研究生和本科生的就业情况，发现他们的就业区别不大，甚至有部分研究生毕业后找到的工作福利待遇和发展前景远不如本科生。这些我之前不太了解的信息动摇了我读研的执念，面对当下严峻的就业形势，我决定先放下读研事宜，在三年深造与三年工作经验中，选择了先工作。

刚开始找工作时，我在公务员与企业之间犹豫不决，不知道是选择稳定的工作还是高回报的工作。通过与父母、老师沟通以及自我思考，我逐渐明白：首先，我不是一个渴望安稳的人，我希望自己的未来是精彩的；其次，我发现凭借学校的专业实力和在很多企业中的好口碑，我有很多进入优秀企业的机会。所以，我最终选择了进入企业工作。

从焦虑恐慌到明确求职目标

我根据自己的学习经历，首先考虑了后端开发相关的技术岗。在经过几次简历投递和面试后，我发现自己现阶段掌握的技术知识还不够，但是由于春招即将结束，我已来不及学习更多的技术知识，不免陷入了焦虑恐慌。幸运的是，在找工作的过程中，我遇到了同样来自西电数统院的学长。学长已经工作多年，有着丰富的经验，并且学长本科阶段和我有着部分相似的经历。于是，我向学长求助，希望能从他那里得到一些就业指导。学长不仅详细分析了目前的就业现状和趋势，还分享了自己求职过程中的心得体会，尤其是在专业不对口的情况下，如何通过转换技能找到合适的岗位。另外，学长结合我们大学相似的经历，给出建议，让我不要执着于技术岗，可以利用自己善于沟通交流及具有组织能力的特点去尝试一些负责管理、交付、分析相关的工作。

根据学长的建议，我开始重新思考自己的职业规划。我意识到，求职仅仅限定在特定的技术岗位上可能并不是唯一的出路。于是，我逐步改变就业规划，开始拓宽视野，尝试了解和学习与数学相关但应用领域更广的技能，如数据分析、市场调研等。我还报名参加了一些在线课程，提升自己在商业分析和项目管理方面的能力。

在转变的过程中，我逐渐发现自己对解决实际问题、与人沟通、提出解决方案等非技术性工作同样感兴趣。这个发现成为我求职之路的转折点，我开始针对性地准备面试，调整简历，突出自己的学习能力和对业务的理解能力。

经过一段时间的学习之后，我在同学的推荐下了解到华为公司的客户经理一职，虽然这并非我最初梦想的技术岗位，但我决定尝试一下。首先，我调整了简历，补充了部分大学期间的活动项目，充分突显自己的组织能力。其次，我充分利用自己在数学分析、项目管理和沟通协调方面的技能，成功地展示了自己如何将这些技能应用到客户管理和业务发展中。最后，我认真学习和锻炼英语口语，做到在面试过程中与 HR 交谈自如。

最终，我以不错的表现获得了这份工作。虽然这份工作与我最初的预期有所不同，但它开启了我全新的职业旅程。在这段艰难的找工作历程中，我明白了，当我们在职业道路上面临挑战和困惑时，不妨拓宽视野，勇于尝试。有时候，转变思路，敢于跳出舒适圈，会发现更多意想不到的机会，我们要不断学习，积极适应变化，用开放的心态面对每一个可能！

史晨阳

我的求职路从兴趣入手，用信息破题

史晨阳，西安电子科技大学机电工程学院测控技术与仪器专业2020级本科生，毕业后就职于北京完美世界游戏公司。

迷茫困难面前：勇敢开口

大三是我压力最大的时期。这个学年有许多专业性极强的课程，占据了我大部分的时间。同时，我还面临着关于研究方向的选择——想要从事或者感兴趣的研究方向究竟是什么？这个选择对我来说非常重要，将影响我未来的发展和就业。但当时，我对专业内容和预期工作方向都没有明确的想法，更无从抉择。于是，我直接与学长及老师们交流，向他们咨询如何应对我遇到的困难。如我所想，他们都给我提供了一些值得参考的建议和信息。

我特别感谢我的授课老师们，当我有疑问向他们请教时，他们都会给予我回复。其实很多时候，我们不必担心教授有没有时间，会不会回复，或者"我只是个本科生，老师会不会不理我"这样的问题，只要勇敢地迈出那一步，就已经超越了很多人。

从兴趣到职业：收集信息能帮我们做出更好的选择

我目前在北京完美世界游戏公司任职，这份工作和我所学的测控技术与仪器专业本质上没有交集。当初我选择这份工作，是因为个人兴趣所在，我对游戏比较了解。

此外，我对工作相关信息的掌握比较充分。一方面，我有学长在游戏公司工作，让我有机会了解到相关的工作内容，包括游戏策划需要的知识储备、对相关知识的应用程度、掌握相关知识所需的时间，以及策划过程对游戏的理解、逻辑思维、表达能力等。在了解这些具体信息并对自己进行评估后，我才开始向游戏公司投递简历。另一方面，我的实习经历也为我找到这份工作提供了有效信息。我从大二暑假就开始找实习机会，在毕业前至少有三个假期参与了实习，这样可以帮助我更好地判断这份工作是不是我想要的，给了我更多试错的机会。同时，求职过程中，我也主动收集、整理、分析了大量关于公司和岗位的信息：对于我喜欢的岗位，我会去了解哪些公司提供这个岗位；对于我喜欢的公司，我会搜索它有哪些岗位适合我，以及我需要达到什么样的要求。

步入大学后，我们已经不再是应试教育下单纯为学而学、为分而学的学生了。大学更注重个人的综合能力发展，需要我们有目标、有规划、有行动。因此，大家要结合个人实际情况，及早找到自己的人生航向标，不要浑浑噩噩地度过大学四年。此外，大部分理工科的学生表达能力可能稍弱，因此我建议大家有针对性地多参加一些活动，锻炼自己与人交流的能力，学会适时、准确、清晰地表达自己。

周鑑清

我的大学是一场奇幻冒险

周鑑清，西安电子科技大学空间科学与技术学院 2020 级本科生，毕业后就职于华为数字能源技术有限公司。

大一，迷茫中找寻出路

进入大学，自我成长成了我的核心诉求，所以我参加了很多组织和活动：朗诵与主持人团、通信工程学院科技协会、三自总队、旋风排球社、大学生电赛实验室、氮化镓新型半导体课题组、演讲比赛……

相比之下，大学课程对我来说是枯燥无味的。高中时期的学习靠的是坚定的目标，但如今没有了目标，枯燥无味的课程让我无法安分。课是想好好上的，但催眠效果实在太好了，作业是不可能好好做的，不过还是会在抄答案的时候研究一下。

忙碌而迷茫的异常状态，自我成长的核心诉求，想掌控命运的斗争精神，这三个因素的共同作用下，我开始审视循规蹈矩的大学生活。最后，我得出两个结论：一是我不喜欢科学研究和工程实践，好好学习并参加竞赛然后读研的常规路线不适合我；二是我需要找到自己的成长路线。继初中、高中之后，在大学，我第三次遇到了同一个问题——常规路线不适合我，想要逆袭，只能走出一条属于自己的路。在大一结束之际，我明确了自己寻找出路的方向，果断排除了科学研究和工程实践这两个方向。通过不断认识自我，我找到了自己热爱的事业——我确定是商业方向，目标是成为商业领袖。

在此，我想特别感谢我的行政班辅导员黄云老师，在担任辅导员助理期间，黄云老师时常带我参加各种活动，时不时也会启迪我去思考。虽然犯了不少错误，但我也学到了很多，组织协调能力和眼界都不断得到提升。

大二，经济独立之路

大二专业分流，我选择了空间科学与技术专业，一是为未来进入航天商业领域做铺垫，二是所学内容主要还是电子信息，三是因为"卷王"都去了更大的学院，所以竞争压力小，有更大的空间探索自己的道路。

我是客家人，文化因素和家庭原因塑造了我独立的性格。在对大学生活有了一定了解后，我便正式走上了经济独立之路，在独立的过程中也锻炼了自己。我参与了学校的勤工助学，担任了空间院辅导员助理、信息化推进办公室助理，做过假期兼职，做过考场技术支持人员和西电桶装水销售员。

在此期间，我还考虑了自媒体创业方向，做过知乎心理答主。但由于无法持续产出内容，并且没有找到理想的商业模式，以及工作中能够锻炼的能力和目标能力不匹配，我最终选择了放弃。

大三，财富自由的幻想

在大二兼职桶装水销售员时，我轻松地做到了销冠，同时敏锐地发现了供水商的痛点和学生的需求，在进行市场调研之后制订了全新的营销方案，通过和供水商的多次谈判，最终拿下了独家代理权。

由于取得的显著成果得到了供水商的认可，颇具雄心的我计划扩大市场规模，并发展第二业务增长曲线。于是我撰写了商业计划书，并组建了初创团队，幻想通过数字科技和专业营销颠覆传统 C 端市场的渠道销售模式，并逐渐开拓一个庞大的"商业帝国"。

然而，创业历程颇为不易。我发现了市场差异太大、行业周期缓慢、核心竞争力弱、个人能力和可用资源有限等重大问题，最后得出此次创业项目的投入产出比低的结论，于是解散了团队，创业宣告失败。

经此一遭，我确定了直接创业的路线是不可行的，我需要进入职场来提升自己的能力，积累人脉和资源。同时，经过三年的实践和思考，我对自己有了充分的认识，确定了以商业作为终生事业，以商业领袖作为职业目标，从大客户销售起步的职业规划。

于是，我立刻去做了职场调研，了解大致有哪些公司可以加入，岗位要求分别是什么。我将目标能力模型和现有能力模型进行对比，确定了自己需要提升的模块，并根据竞争规则和形势，确定了需要补足的板块，决定找一份相关度较高的实习工作。

大四，闪着月光的六便士

从华为2023年3月的春招宣讲会开始，在充分了解了华为后，我便将其作为目标。2023年7月，我从西安前往广州，成为广州视源股份有限公司MAXHUB直销部门的营销实习生，但由于初入职场懵懂无知，而公司要求也比较严格，一个星期后我便被优化。虽然只有一周时间，但我仍然非常感谢这段经历让我认识到了许多问题，并因此得到成长。

随后的半个月，我对此次实习进行了全面复盘，进一步明确了需要提升的内容，于是决定再找一家公司继续实习。此时，我收到了成都四方伟业软件股份有限公司的面试邀约，随后顺利成为营销体系的大客户销售管培生，开始了为期6个月的市场实战。

在此期间，我去了很多城市——成都、南京、深圳等；遇到了很多人——四方伟业管培生班主任（我的同村老乡），邀请我合伙的年薪百万的朋友等；发生了很多事——混进上市公司的生态会议淡定自若地发言，带着大区总经理拜访华为某地市公司的副总裁等。

带着满满的收获，我回到学校，开始了我的春招之旅。在实习时认识的上市公司人力总监的指导下，我做好了简历，将目标公司根据意向度排序，从意向度最低的开始投递，在把控时间进度的同时，完成了"打怪升级"。加上实习的四方伟业，我总共投递了17家公司，获得了12次面试机会，拿到了6个offer，其中包括慧图科技营销管培生（总经理邀请）、四方伟业营销管培生（实习的同时收到 offer)、佰维存储营销管培生、成谷科技市场部办事处主任、OPPO 市场管培生、华为数字能源 BD，最后我选择了华为。

回首大学四年，我的职业规划并不是一次性想好的，而是在实践过程中不断修正方向，真正认清自己，从而规划好人生道路。正确的规划是从金字塔尖的总目标开始，不断向金字塔底细化，直到确定金字塔底的可执行目标。而规划的重心在于试错迭代，不在于想，而在于行动。这是所有规划的底层逻辑。

我会把自己看作一家公司，我是自己的 CEO，每次选择都是在投资，时间、机会、资金等资源都是有限的，需要理性地思考投入产出比。同时，一家公司要找到自己的核心竞争力，模仿是永远竞争不过的，因此我们应该找到自己的特点，不要随波逐流。在此，祝你我都能做一名成功的"CEO"。

05

实践 | 奉献与提升

孙柏川

当好"小记者"，和新闻共成长

孙柏川，西安电子科技大学经济与管理学院 2021 级本科生，党委宣传部融媒体中心 2023—2024 届学生负责人，曾担任西电"未来雪社"社长、第十五届中青校媒陕西地区学生主席、微博校园大使。

同学们的"小喇叭"：在互联网传递西电之声

在拿到西电录取通知书的那一刻，我知道自己的人生即将翻开新的一页。这所将培育我四年的高等学府，会是怎样的呢？怀抱着对西电的好奇，我打开微博关注了学校的官方账号。官方账号上一系列校园宣传视频抓住了我的眼球，每一个镜头都恣意展示着校园的生命力。我不禁对这所学校充满向往，古都西安与西电，会碰撞出怎样的火花呢？

2021 年入学时恰逢 90 周年校庆，我穿梭在各大社团招新的队伍中，猛然看到了西电融媒体中心的纳新海报。我鼓起勇气上前与学长交流，并成功通过面试，成为西电官方微博团队的一员。当时，团队交给我一项任务就是在微博上发送海内外高校、校友和知名人士对我校办学 90 周年的祝贺。作为一个"媒体人"，我善于抓住大家对文字的敏感性。记得 10 月 31 日校庆那天，我负责发布早上八点钟的早安微博，那天的内容我写了："早安，步入第十个十年的西电。"这条微博获得了 70 万次的浏览量。当天，我们团队还发布了"西安电子科技大学 90 周年校庆"的话题，该话题登上了微博热搜总榜的第四位。看似简单的一句话，却凝聚了我对母校美好的希望和深沉的热爱。那些参与话题的校友发布的简短话语中，承载着他们对母校的殷殷祝福。

我发现，我是真的热爱新媒体运营工作，并能从工作中收获自豪与快乐！一次次的锻炼，一篇篇内容的发布，也使我增长了更多经验。大一结束时，凭借自己的热情和能力，我成功竞选为西电融媒体中心运营中心的部长。

运营中心的工作看似简单，其实很有门道，我们不仅要服务好学校的宣传工作，更要提升抓热点、定方向的能力。活泼开朗的性格使我带领团队策划出许多独具特色的校园活动。在运营中心的努力下，西安电子科技大学官方微博和"西电小喇叭"平台粉丝量不断创新高，成为校园里最活跃、最具影响力的声音。

脚踏实地：在实践中发展自我

在融媒体中心的三年没有片刻荒废，我在此遇到了关心我的老师，也遇到了很多朋友，拥有了很多美好的故事。我们精心策划和编辑内容，确保每一条微博都能在吸引同学们注意力的同时又传递有价值的信息。从及时更新校园新闻，发布学术讲座、文化活动等预告，到在不同的日子里策划不同的主题内容，我们始终在网络上传递来自西电的温暖与活力，传播西电在社会上的声音与影响力。

大二时，我被党委宣传部推选为微博校园大使，这大大提高了我的"出镜率"，镜头面前的流畅表达也让我更加自信，给了我莫大的激励。我负责运营的西电官方微博粉丝量也一路"狂飙"，多次登上微博热搜总榜及同城榜单，并荣获"2023最具成长性校园微博"等称号。后来，我有幸成为第十五届中青校媒陕西地区学生主席，得以站在更大的舞台上讲述西电青年的故事，传递青年之声。

2023年开学季，西电融媒体中心开展了面向新生的南北校区地图打卡盖章活动，我作为运营中心的负责人，承担起了活动的组织工作。从前期近二十个点位的工作人员安排和排班，到两天活动的物资清点与供应，我骑着"小电驴"在各个打卡点之间"飞驰"。两天下来，我们共为新生发放学校卡通地图册近万份，学生志愿者累计志愿服务时长近千小时。当我将奖品送到学弟学妹们手中时，心中的自豪感也油然而生。在此之后，我们又成功组织了几次面向师生的线下活动，在提升校园文化风貌的同时，我的工作能力也在不断提升。

进步与成长：在广阔舞台书写青春篇章

在成都大运会期间，我报名成为由成都大运会执委会和中国青年报（中青校媒）联合选拔的校媒记者，以青年媒体人的视角观察并记录赛事故事。我参与制作的多项作品发表于中青系媒体，给予了我莫大的鼓励。

在中青校媒工作，除了做好日常的宣传工作，我还随中国青年报的记者先后赴北京、上海参加了"媒体融合下的校园传播话语创新会议"和"高校校园媒体创新发展路径探析交流会"，与全国校媒伙伴一起学习和交流运营经验，提升专业素养。这些会议让我收获颇丰，在拓宽自身视野的同时，也为学校校园媒体的发展贡献了许多新的思路和方向。

令我最自豪与感动的是，一张署名为"西安电子科技大学孙柏川"的照片有幸被刊登在2024年2月19日的《中国青年报》第6版上。三年来的点点滴滴浓缩在这张报纸上，见证着我与西电的故事。

通过不懈的努力，我在西电找到了属于自己的舞台，书写了属于自己的精彩篇章。我的故事，是西电青年积极进取、勇于实践的缩影。甩开手，迈开腿，去做吧！山高自有客行路，愿你我都能在一次次的实践中提升自己，找到自己的热爱与专长。

张丛笑

第一桶金的自我满足之后，
学会看"短期获利"与"长期发展"

张丛笑，西安电子科技大学物理学院电子信息科学与技术专业
2019 级本科生，后攻读西安电子科技大学无线电物理专业研究生。

我的四年大学生活，可能要比很多同龄人更丰富。在大学，我赚了人生
的第一桶金；在大学，我通过自己的特长实现了经济的"自给自足"；在大
学，我收获了用爱好和特长"变现"的快乐；在大学，我比同龄人更早学会
辩证地看待爱好、特长和梦想的区别，辩证地看待短期获利与长期发展的
关系……

不得不做的事，我选择认真去做

大一时，我加入了学生会，在学生会参与了一些联欢活动的策划与实
施。那时，还是一名"小白"的我，由于没有任何经验，面对艰巨的任务时
常感到手足无措，也犯过很多错误，并一度因自责、焦虑等消极情绪而痛苦。

大一下半年受疫情影响，一年一度的校舞赛不得不在线上举行。当时，我
初学剪辑，在学长的严格要求下，不厌其烦地工作，终于做出了校舞赛的宣
传片和开场视频。我还负责赛场直播和评委打分环节，并将活动视频转播到
B 站，这是我在学生会的最后一项工作。之后，我选择退出学生会，想把时
间投入到真正喜欢和热爱的事情上。这些经历也是值得纪念的，当时我心中
自然而然地发出感慨：如果一项任务不得不做，那就要认真去做，浑浑噩噩

地干不但浪费了精力，而且不会有任何收获。

通过特长，赚取人生的第一桶金

在每个暑假，我都会去做家教，我认为这是非常宝贵的人生经历，一方面培养了我对知识的理解和表达能力，另一方面也补贴了日用。高中毕业时，我一个月的酬劳只有一千多元。由于学生们的喜爱和认可，之后几年里，我的酬劳每年都会翻一番。到大四毕业时，二十五天每天两小时补习，我的酬劳已经有一万元了。拿到酬劳后，我做的第一件事就是为父母换上了新手机。

真正帮助我赚到第一桶金的特长，应该是建模。从大一时，我就对工程制图这门课程产生了兴趣，并自认为在这方面有些天赋。当老师提及竞赛报名时，我便毫不犹豫地加入相关群组了解详情，虽然我是物理学院的学生，但天天与一群机电院的同学一起参加集训。大二时，我获得了国赛团体和个人全能两项奖，那段时间过得很充实。那次经历让我学会了拥抱爱好与新鲜事物，勇敢去做自己喜欢的事。我坚信，每个人都有闪光点，只要不懈地努力，就能发出耀眼的光芒。

在参加竞赛的过程中，我对三维建模的兴趣更加浓厚，因此在按要求学习机械类建模的同时，我还自学了一些DCC（数字内容创作）建模软件，如Blender、ZBrush等。由于不玩王者荣耀之类的竞技游戏，在舍友打游戏时，我便学习建模，一学就是十几个小时。大二暑假，我鼓起勇气向父母申请资金参加了建模培训班，非常感谢父母能支持我的爱好。之后，我逐渐觉得自己的建模水平已经可以创造价值了，却不知道如何将能力变现。

直到大三寒假，我终于得到了作为建模师的第一桶金！经过四天紧锣密鼓的工作，我获取了一万元的报酬。前期所付出的努力、对建模能力的自信、足够的技术水平、反复私信才结交的搭线人，以及在我最无助时熬夜帮我纠错的培训班老师，就像一块块拼图，共同促成了我的第一次成功！如果这些拼图少了任何一块，都可能导致这一次的失败，并彻底打击我的自信心。这次成功让我找到了方向，之后陆续接了很多模型外包工作，还参加了线上实习，短短三个月便攒了几万元，从大三到毕业实现了经济独立。

选择深造，为自己的长期发展投入更多努力

临近毕业，我不可避免地也面临择业和考研的选择。一开始因为害怕吃考研的苦，我优先选择了择业，之所以做这样的选择，也和自己的兴趣有关。当时，我痴迷于二次元游戏，加之自己赚到了一些"外快"，因此很有自信，更希望能成为游戏行业的建模师。

当我真正踏入求职圈，接触到许多有同样志向的同龄求职者之后，我便意识到自己的建模水平还很低，所付出的努力和投资都还远远不够，仅凭爱好就进大厂或者找到好工作的想法几乎是天方夜谭。求职圈的环境非常高压，每天都有人收到去大厂测试或面试几轮后被刷掉的消息。为我审批简历的从业前辈非常严格，曾因简历上一个色块跨页显示而将我痛批一顿，但我非常感谢他们，是他们让我第一次见识到了社会竞争的残酷。

快到暑假时，我意识到了更为严重的问题：一是我选择的就业方向对学历要求较低，这意味着我将面对更大的竞争压力和更低的起步薪资；二是当时的游戏行业就业环境非常一般。于是，在思考了一夜之后，我放弃了进入游戏行业的梦想，甚至没有等到招聘旺季，就在暑假来临之际全身心投入到考研中。事实证明，我的选择是正确的。薪资起点低或许不该成为逐梦的阻力，但到现在为止，我几乎对所有游戏都失去了兴趣，我根本不是那种天生对游戏有狂热爱好的人，当时所谓的梦想，也许只是一时头脑发热的幻想罢了。

至于考研的日子，用两个字就可以总结：枯燥。我们这一届的考研经历可能是最特别的，长期的封闭管控和频繁的核酸检测恰好在考研到来之际戛然而止。我在第一天考完当晚因感染新冠病毒而高烧不退，好在第二天考数学和专业课时，虽然因为咳嗽一宿没睡好，但心态上并没有受到太大影响。我坚信，作为理工科学生，逻辑思维不会这么容易被影响。在体温 38.5 摄氏度

的情况下，我坚持完成了第二天的考试。我所在的考场差不多每场都人数减半，最后一场只剩下八个人。我庆幸自己坚持到了最后一刻。

最后，我想对学弟学妹们说："一定要珍惜美好的大学生活，发掘自己的爱好，认识到自己与众不同的一面，结识志同道合的朋友。大学是人生中最适合在某些技能上深造的阶段，如果有想法，就主动出击，抓住机会！"

朱 源

学生工作岗位锻炼，
让我面对未来的挑战更加从容

朱源，西安电子科技大学计算机科学与技术学院软件工程专业
2020级本科生，毕业后在北京某互联网公司任职。

担任辅导员助理：在一次次解决问题中成长、成熟

本科四年，我担任了两年辅导员助理。这个岗位并不轻松，不仅需要认
真记录每位同学的需求和建议，及时与辅导员沟通，还要参与多项事务，比
如班级管理、协助辅导员组织班会等。在初期，面对琐碎繁杂的工作，我时
常感到疲惫和烦躁，尤其在处理一些需要多方沟通解决的问题时，我不仅要
与同学们耐心沟通，还要与辅导员紧密协作，更要联系各部门的老师，以确
保问题得到妥善解决。这种压力让我一度怀疑自己的能力和价值。然而，随
着时间的推移，我逐渐认识到这些工作的重要性。每当我帮助同学们解决了
一个问题，看到他们满意的笑容，听到他们的感谢时，我的心中便涌起一股
强烈的成就感。我觉得自己的付出是有意义的，我的工作是有价值的，我也
是能胜任这个岗位的。

除了日常的助理工作，我还积极策划并组织了各种团体活动。在这些活
动的筹备和执行过程中，我遇到了不少困难与挑战。例如，趣味运动会中团
体比赛的组织过程就充满了考验。从项目的选择、团队的组建、训练时间的
选择，到训练计划的制订和现场的组织协调，每一步都需要我精心安排，并
得到同学们的支持。每一次训练结束后，我都会组织大家围坐在一起，分享

活动过程中的感受和体会，分析团队协作的优点与不足。这些交流和反思不仅让同学们更加深入地了解彼此，更在无形中提升了大家的凝聚力和团队协作能力。在运动会的正式比赛中，同学们互相鼓励、互相支持，共同为班级的荣誉而拼搏。最终，我们在趣味运动会中取得了优异的成绩，这也成了我们共同的美好回忆。

两年的辅导员助理经历让我不仅学到了许多管理知识和组织技巧，更收获了宝贵的友情和人生经验。我时刻保持一颗服务同学的心，用自己的实际行动去影响和感染身边的每一个人。

担任网格员：跳出自我关注，以新的视角担起新的责任

从大三开始，我肩负起了一个全新的责任——学生社区网格化管理员。这个角色让我不仅认识了更多的同学，更重要的是，让我从以前只关注自己的生活，转变为开始有意识地关注整个宿舍的卫生、安全以及周围同学的需求。

以前，我更多的是沉浸在自己的学习和生活中，对宿舍的卫生和安全并没有太多关注，甚至秉承着"各人自扫门前雪"的想法。成为网格化管理员之后，我意识到自己的职责是确保每一位同学都能在一个安全、舒适的环境中学习和生活。因此，我开始细心地观察，与同学们进行交流，了解他们的需求和想法。在这个过程中，我学会了倾听。通过与同学们闲谈，我能够更深入地了解他们的学习和生活状态，及时发现问题并给予帮助。同时，我注重收集同学们的意见和建议，并反馈给学生社区与学校，以改善同学们的生活环境。

在保障宿舍安全方面，我意识到自己的责任重大。我定期参与宿舍安全隐患排查，确保每一层楼的安全设施都完好无损。我还积极参加了心肺复苏培训和火灾疏散逃生演习，在提高自己应急处理能力的同时，还向同学们普及了相关知识，增强了大家的安全意识。

后来，当我走在宿舍的走廊上，我会更加留意周围的环境和同学们的状

态。我会主动询问同学们是否需要帮助，关注他们的情绪变化，并为他们提供必要的支持。这种变化让我深刻地认识到，作为网格化管理员，我除了关心自己的学习生活，还要用心去关心和帮助每一位同学。

在这段工作经历中，我明白了一个人的力量虽然有限，但通过努力可以带给他人实实在在的帮助。我学会了如何与人沟通、如何解决问题、如何承担责任。担任网格化管理员的过程中，我也经历了许多挑战和困难，但正是这些经历让我变得成熟与坚韧，以更加积极、乐观的态度面对生活和工作中的挑战。这种心态的成熟让我在未来的生活中更加从容不迫。

回顾这四年的旅程，我为自己能够在各个岗位上发光发热，为学生社区和同学们做出贡献而感到自豪与骄傲。我也感谢学生社区和学校给我提供了这样宝贵的机会，让我能够锻炼自己。青春是一段短暂而美好的时光，我们应该珍惜它、把握它，为它而奋斗。我相信只要心怀梦想、勇往直前，就一定能够在青春的道路上留下最闪亮的印记。

王伟旭

听我说，越说越精彩

王伟旭，西安电子科技大学通信工程学院2020级本科生，竹园学生社区"听我说"朗诵团负责人，参与创排的作品曾获优秀新媒体作品奖。

在"听我说"朗诵团初露头角

我从小就是一个喜欢表达的人，善于用话语感染身边的人。进入大学以后，我也一直在寻找这样的机会。大一下学期，在学生社区成立的众多社团中，我听到了一句这样的宣传语——"说什么、怎么说都不重要，重要的是我们听你说。"我被这句口号深深打动，成为首批加入"听我说"朗诵团的成员。

团队成立以后的第一次见面会让我震撼不已，同学们个个身怀绝技：有的操着浑厚而充满磁性的播音腔朗读新闻；有的出口成章，在舞台上神采飞扬，侃侃而谈。而我只能羞涩紧张地站在台上，用不太标准的普通话做自我介绍和朗诵展示。在感到震撼、充满敬佩的同时，我也深刻认识到自己和大家的差距，我暗下决心，既然参加了，就一定要练好自己的表达能力。

于是，在大二上学期，我便开始了"让声音更有魅力"的学习之路。团队的指导老师为我们进行了专业细致的培训，从最基础的用声运气、吐字发音、绕口令基本功，到整段的新闻稿、主持稿朗诵，再到指定主题的即兴表达，我的表达能力通过长期积累得到了很大提升。

经过一个多学期的培训，我所学的知识终于有了用武之地。我试着将朗诵作品录制出来，发布在网络平台上，并积极参加校内外的各种比赛；跟随团队一起采访学院领导、科研巨匠；登上"慎学杯"辩论赛决赛的舞台；主持晚会和竞赛的颁奖典礼……随着受到的认可越来越多，我也在更多的实践机会中不断成长。

成为党史校史宣讲生力军

朗诵团成立这一年，恰逢中国共产党成立 100 周年和西电建校 90 周年庆典。指导老师建议我们发挥特长，用生动鲜活的方式把党史校史讲述给全学生社区乃至全校同学。在老师的鼓励和指导下，我参与了"与共和国同行——党史中的校史故事"系列视频的录制。经过剪辑制作，我录制的视频效果出奇得好，一经发布就赢得了大量的好评。后来，我们与学生社区"不秋草"文创团队合作，录制了"手绘校史——毛泽东与西电的故事"系列展播视频，用漫画辅以有声讲解的方式为大家讲述那段波澜壮阔的校史，再次成为"爆款"。这个"爆款"不仅在校内获得了强烈的反响，还入选了"百年珍贵记忆——全国高校庆祝中国共产党成立 100 周年原创精品档案"作品名单。

在这两次参与党史校史宣讲的过程中，我备受鼓舞，深刻感受到了党史校史宣讲的意义。这颗红色的种子，在我的心里生根发芽。在朗诵团的经历帮助我完成了从入党积极分子到预备党员，再到正式党员的成长。

从活动参与者到负责人的转变

大三上学期，学生社区安排我作为学生社区歌手大赛的学生负责人。当时，说不担心是假的，"说"才是我的强项，而我对活动组织策划其实是一头雾水。制订赛制、撰写文案、邀请评委……各项工作千头万绪，实际做起来远远不像想象中那么容易。我搜集了很多校园歌手大赛的策划案例，一边学一边做，遇到困难就请教有经验的老师和学长，工作在艰难的摸索中一步步推进。

一开始，同学们忙于学习，参与热情不高，我们就从零开始学习设计海报，制作推文，把前期的宣传工作尽可能做到位；赛制的长短和规则难以把控，我们就借鉴综艺节目和历届歌手大赛的成功经验，让歌手充分发挥实力，让观众看得精彩；舞台灯光做不出好的气氛，我们就联系老师请来了专业的灯光师为我们培训指导。终于，在大家的共同努力下，初出茅庐的我们策划的歌手大赛取得了圆满成功。

这次经历让我受益匪浅，我从中学到了很多未曾接触过的技能，提升了组织、协调、统筹的能力。此后，我们又相继承办了诗词大会等多项重大活动。我从一位只会"说"的朗诵选手，成长为能担大任的"全能选手"，我手里的"武器"也越来越丰富，越来越得心应手。

在西电的这四年，我收获的不只是表达能力的提升和综合素质的锻炼，还有对责任与价值的重新认识。大学里，我们不需要参与太多活动，但是只要选择了，就要专注去做，努力做到最好。因为任何一件事努力做到最好的过程，就是提升自我、成长进步的过程！

韩相宇

实践青春，未来可期

韩相宇，西安电子科技大学网络与信息安全学院 2020 级信息安全专业本科生；本科期间曾加入校团委宣传部、网信院院团委宣传部等学生组织，后被推免至西安电子科技大学网络与信息安全学院读研。

青春使命，志愿活动的实践与奉献

大学不仅是一所学术殿堂，更是一个培养社会责任感和实践能力的摇篮。在这段宝贵的时光里，我有幸参与了多项志愿活动和社团工作，这些经历不仅丰富了我的校园生活，更让我在服务中学习，在实践中成长。大二时，我报名参加了全国中学生网络安全竞赛的志愿服务，见证了青少年对网络安全知识的渴望和对相关技术的热情，并协助完成竞赛举办事宜。在赴蒲城县开展"科普进校园"的研学活动中，我负责向中小学生普及科学知识。在这个过程中，我意识到了科普的重要性，以及作为一名志愿者在传播知识与激发兴趣方面的作用。我也期待未来能有更多的机会，继续在科普的道路上前行，为点亮孩子们的未来贡献自己的一份力量。

学以致用，学习与竞赛的双重旅程

在大学的学习生涯中，参与学术竞赛不仅是一种挑战，也是一次宝贵的学习机会。我有幸参与了多项学科竞赛，这些经历极大地丰富了我的知识体系，锻炼了我的实践能力，同时也提升了我的团队协作和问题解决能力。通过竞赛，我得以将课堂上学到的理论知识应用到实践中，这种知识与实践的结合让我对所学内容有了更深刻的理解。竞赛往往需要团队合作，我与队友们一起讨论问题、分配任务、解决难题。在这个过程中，我学会了如何更有效地沟通、如何尊重他人的意见、如何协调团队内部的关系，这些团队协作的经验对我影响深远。未来，我将继续努力学习，不断提升自己，争取在更多的竞赛中取得优异的成绩，为个人的成长和学术的发展做出更大的贡献。

活力校园，运动挥洒青春热血

除了紧张的学术学习，体育活动同样占据着我生活中的重要位置。这些活动不仅丰富了我的校园生活，也极大地促进了我的身心健康和社交能力。大学期间，我参与了多场足球比赛，包括"新生杯""学生社区杯"，我还加入了网信院足球队，并代表网信院参加了"西军电杯"足球比赛。在紧张的学习之余，体育运动成为我释放压力、调整心态的有效方式，不仅让我拥有了强健的体魄，也塑造了我积极向上的人生态度。未来，我将继续坚持运动，让运动成为生活的一部分，让活力和健康伴随我走过人生的每一个阶段。

感谢学校和学院提供的平台与机会，感谢指导和帮助过我的老师们，你们的耐心、热情和专业精神，将永远激励我不断前行。另外，还要感谢大学期间认识的好友们，在自习室的学习、在实验室的探索、在体育场的欢笑，都因为有你们而变得意义非凡。在未来的道路上，我将带着这些宝贵的记忆和经验，继续探索、学习和成长，感谢这段旅程中的每一个人。

刘斯琪

"遥不可及"会在尝试和努力中"触手可及"

刘斯琪，西安电子科技大学光电工程学院 2020 级本科生，竹园 3 号书院"不秋草"文创社团成员。

刚进入文创社团时，我虽满怀对绘画的热情，却对创意和设计一窍不通。每当看到那些精美绝伦的文创产品，我总会感叹："什么时候我也能做出这样的作品呢？"等到大学毕业时，我发现曾经的"不敢想象"都在这四年一步步变为现实。

初生牛犊不怕虎，参与漫画绘制

记得"不秋草"团队成立初期，我们便接到了学生社区布置的一项重要任务：将学校迁址的这段历史绘制成漫画。面对这个挑战，我们心中既激动又带着一丝忐忑。我们对绘制漫画毫无头绪，但面对未知领域，我们并未退缩。

在绘画内容方面，我们积极寻找参考资料，去校史馆借阅书籍，深入研究书中的人物与历史背景，丰富我们的创作灵感；在绘画技巧方面，从基础的人物造型到复杂的场景构建，我们不断尝试，不断进步；在团队合作方面，我们充分发挥团队的力量，每个人根据自己的特长，承担了不同的任务，有人负责文本编写，有人负责线稿勾勒，有人负责上色。我们分工协作，各司其职，力求将每个环节都打磨得尽善尽美。每当遇到难题，我们会一起讨论，集思广益，寻找最佳的解决方案。经过反复打磨，我们的作品终于慢慢成形。当最终成品呈现在大家面前时，我既激动又紧张，生怕我们的作品会受到批评，毕竟我们是第一次尝试这样的创作。然而，出乎意料的是，大家纷纷给予了我们热烈的掌声和赞美。我们的作品得到了同学、老师、学校的认可和肯定。那一刻，我明白了一分耕耘一分收获，也认识到自己在绘画方面具有潜力和可塑性。我相信，只要继续努力学习，不断探索新的绘画技巧和方法，我一定能够在这个领域取得更大的进步。

关关难过关关过，不断挑战自我

在各种培训和活动中，我和小伙伴们一起探讨创意，互帮互学，共同进步。渐渐地，我掌握了设计的基本技巧，也慢慢找到了自己的设计风格和灵感来源。那种感觉就像是一个迷路的人终于找到了通往目的地的道路。

社团不仅为我提供了培训的平台，还为我提供了不断挑战自我的机会。我参与了各种设计任务，从宣传画到雨伞图案，再到书签、徽章和口罩的设计，甚至剧本杀人物设计，每一次新的挑战都如同一座新的山峰等待我去攀登。面对这些多样化的设计任务，我学会了保持积极乐观的心态，即使有时候初稿并不尽如人意，有时被他人指出作品中存在的问题，我也会耐心地修改、调整，直到达到满意的效果。正是这些批评和质疑，让我不断改进自己的作品，不断成长。

在"不秋草"团队的经历，不仅使我在设计上取得了进步，也让我在后续参加一些竞赛时，更能感受到挑战带来的乐趣和成就感。即使有时成绩并不理想，我也不会气馁。因为我知道，只有经历过失败，才能更好地总结经验教训，为下一次的挑战做好准备。我相信，在未来的生活和工作中，我会继续以积极的心态面对挑战，不断提升自己的能力与水平。我也深知，在文创这条路上，我还有很长的路要走。

当我回首过去的点点滴滴，发现自己已经走出了最初的迷茫，不再是当初那个对设计一窍不通的"小白"，而是慢慢成长为一个拥有自己作品并获得了大家认可的创作者。在成长的历程中，我收获的不仅仅是设计技能和创意，更是对人生的全新认知。我学会了与他人合作，学会了坚持梦想，学会了不断挑战自我。这些宝贵的经验不仅让我在绘画路上越走越远，也让我成长为一个更加自信、敢于拼搏的人。这种成就感让我更加坚定地相信，只要我们敢于做梦，并用行动一点一滴地去实现，任何看似遥不可及的目标都终将触手可及。

何丽君

稳住基本盘，然后不断试错

何丽君，西安电子科技大学网络与信息安全学院信息安全专业2017级本科生。

时光荏苒，转眼间大学毕业已三年了。回顾过往，大一停步在海棠公寓门口的景象仍历历在目，如果说大学四年最大的感触是什么，那便是不负自己，不负韶华。为了"不负"二字，四年里我不断探索自己真正想做的事，不断尝试多样的舞台和机会，甚至不断探索自己是谁。

稳住基本盘，才能更好地去试错

很多同学说，大学有无限可能等待我们去探索，所以不必在学业上费太多心思。起初，我听信了这句话。然而在大二时，由于课业压力急剧增加，兴趣爱好广泛的我开始无法协调好学业和课外活动，一度既没学好课程，也无法享受课余乐趣。这让我认识到，完成好学业是探索更多可能性的基础。无论是组队参加竞赛，还是升学就业，成绩都是硬指标。

于是，我痛定思痛，决定先把学业这个"基本盘"稳住，再安排其他事情。后来，无论课外活动有多忙，我都能做到满勤且按时完成作业。只有让学习稳定进步，才能在其他机会来临时拥有更多选择权。

此外，良好的生活习惯也让我有更稳定的能量。我有一个引以为豪的习惯——周内不睡懒觉。即使早上八点没有课，我也会按时起床、洗漱、吃早饭，并保持一定的运动量。这保证了我具有良好的身体状态，能够以足够的精力去面对压力，打理好自己的生活。因此，即使事务繁多，我也能坦然应对，游刃有余。

多尝试，多试错

高考填报志愿时的纠结已让我明白，我既不了解自己，更不清楚自己的未来规划。于是，刚上大学，我便开始在各个社团和比赛间游走，试图通过多尝试让自己明白究竟想要什么，想做什么，能做什么。我很庆幸自己有一个愿意为之坚持的爱好——舞蹈，这让我感到十分幸福。因此，我加入了大学生艺术团舞蹈团。运动会、五四青年节、陕西省春晚以及校内外的各种大型活动中，都有我的身影。在参加活动的过程中，我不仅收获了友情，增强了自信心，也锻炼了自己的组织策划能力和表现力。

另一段关于"尝试"的回忆，源于各种比赛和创新创业学院的活动。"互联网+"创新创业比赛、华为商业挑战赛、数模美赛……我尝试参与了大量的竞赛，甚至搭伙创办了一个"吃喝"公众号。其实在参加每个项目前，我心里都没底，只能走一步看一步，但不管遇到什么问题，都能和团队的伙伴们一起积极解决。

在大学，试错的代价和时间成本相对较低，因此拥有不断试错的勇气尤为重要。这迈出的一小步，或许会在未来的人生进程中发挥意想不到的作用，让我们鼓足勇气去面对不如意。学校里有很多机会都在等着大家走出宿舍去积极探索，这些机会不仅能丰富我们的大学生活，更会使我们在面临人生选择的时候，视野变得更加开阔。

在大学这段征程中，有迷茫、挫败，也有惊喜、欢笑。虽然难免出现波折，但是只要好好学习，勇于尝试，就一定会在大学期间有所收获。

曹竣皓

勤学苦读、社会历练，
在智能科学与技术学习中内外兼修

曹竣皓，西安电子科技大学人工智能学院智能科学与技术专业2021级本科生。

初入大学，理想与现实的碰撞

高中时期，我就对西安电子科技大学充满了憧憬与向往。经过深入了解和研究，得知西电在计算机技术领域拥有卓越的学科实力，这让我更加坚定了将西电作为高考目标的决心。无数次挑灯夜读，我终于收到了来自西电的录取通知书。2021年，我进入西电，这一年恰逢学校90周年校庆，录取通知书也是校庆特别版，显得格外珍贵。当我翻开这份特别的通知书，西电老校区主楼的立雕图案映入眼帘，那一刻，我对未来的大学生活充满了无限的期待。

然而，理想与现实之间总是存在差异，现实很快给我泼了一盆"冷水"。大一的课程学习内容与我心中的人工智能世界相差甚远，数学、物理等基础学科几乎占据了我整个学期的学习时间。我一度陷入自身发展的迷茫之中，但我没有选择放弃，而是积极加入了学校的各类学生组织，参加了辩论队、校团委以及各类志愿者活动。在协调部门工作的过程中以及辩论队激烈的辩论赛中，我感受到了成长的喜悦。这些活动不仅让我在学业和课余生活之间找到了平衡，也让我在迷茫中逐渐找到了方向。

学长建议，课内学习自我突破

在大一即将结束时，面对专业分流的重大抉择，我深感自己对各个专业方向的认知尚显浅薄。因此，我积极寻求学长们的指导，希望能够获取更多关于专业选择和学习策略的建议。学长们告诉我，大一阶段学习的基础课程，如同高楼大厦的稳固基石，没有这些坚实的基础，任何专业的学习都将难以深入。虽然眼下的学习内容看似与计算机技术相去甚远，但他们鼓励我坚持下去，因为随着学习的深入，我终会接触并理解这些知识的实际应用。学长们的耐心解答和建议，让我重新认识到这些基础课程的重要性，也点燃了我对专业学习的热情。经过多方考虑与深入研究，我选择了人工智能学院的智能科学与技术专业，并立志要在这个我热爱的领域取得优异的成绩。

然而，由于大一阶段的基础稍显薄弱，学习专业课程时，我时常感到力不从心。为了克服这一困难，我投入了大量的时间和精力。起初，我尝试独立学习，但效果并不显著。幸运的是，在一次晚点名中，我的辅导员丁老师强调了一个学习方法——学在平时，一定要把握住平时的课堂时间。我意识到忽视课堂学习正是我的瓶颈所在，于是开始调整学习策略。课上，我坐到教室的前三排，以便更好地听讲并与老师互动；课下，我充分利用网络资源，在 B 站上寻找相关的学习资料和讲解视频。大二上学期结束时，我的努力终于获得了回报，学习成绩有了明显的提升，这让我感到欣慰和自豪。

辅导员指引，课外活动拓宽视野

进入大二下学期，看着学长们通过考研、保研等方式升学，或者就业，我不禁对未来产生了迷茫和困惑——以后的规划是什么呢？思来想去，心中的疑惑仍然难以解开，直到与专业班辅导员雷老师交流沟通后，我才豁然开朗。雷老师建议我多参加实践活动，通过亲身体验明确自身发展方向，从而更好地规划未来。于是，在课余时间，我积极参加了多项活动，每一次活动都给我带来了全新的体验和感悟，让我更加清晰地认识到自己的兴趣与优势所在。

我参与了人工智能学院的"青马工程"活动，跟随团队前往武汉中原电子集团参观。公司有许多来自西电的优秀毕业生，他们为我们介绍了雷达工作原理、公司产品发展历程以及主营业务等。这次参观让我对企业工作有了全新的认识，也正是这次参观活动，促使我重新思考自己的职业规划。

2023年6月，我参与了人工智能学院"AI领航，七彩假期"云南支教活动。2023年7月，我代表西安电子科技大学人工智能学院参加了陕西师范大学、西安外国语大学、西安电子科技大学三校共同开展的白水支教活动——"携手田中，筑梦白水"。在两次乡村支教的过程中，我感受到山区学生教育的落后与欠缺，这让我更加珍惜现有的学习环境。同时，我也深刻认识到科技在改变乡村山区教育中的巨大作用。这次经历让我更加坚定了在智能教育方面深耕挖掘的志向，并树立了读研的目标。

通过一系列的社会实践活动，我的观念和想法发生了深刻转变。这些经历让我了解到企业需要什么样的人才，我想要钻研的领域相关工作岗位是什么类型，也让我清楚了本科就业与研究生就业的差别。在见识过企业的高科技产品，并与在企业工作的学长沟通过后，我更加坚定了攻读研究生的决心。

课外实践不仅让我有了更多的学习动力，还使我有了更多感兴趣的学习方向。在探索新知识的过程中，我不断巩固和深化课内所学的理论知识，使我的知识体系更加完整和扎实。在课内、课外的"双攻"下，大三时，我的均分从75.3分提升至78.1分，进入了专业前35%，并且获得了2022年、2023年、2024年"优秀共青团员"奖项以及学生社区"繁花奖"奖学金。

在师友引领和个人努力下，我对所学学科有了更加系统完整的认识，对自身未来的发展也有了更加清晰的规划。若不知人生启航于何方，我们应在没有寻找到灯塔前，潜下心去研究如何造一艘能经受住海浪飓风袭击的船，船的下海之日，正是我们做好充足准备、武装启航之时，人生的灯塔即我们心中的目标与理想。以小流渐聚成江河，以跬步渐积为千里，世间没有一步登上金字塔的传说，而登上金字塔的人将用其来时路上一串串脚印诉说沿途的风景。

杨义文

从学习者到助人者，我的青春因奉献而璀璨

杨义文，西安电子科技大学机电工程学院测控技术与仪器专业2020级本科生，后被保送至西安电子科技大学集成电路学部读研。

回望过去，大学生活如同一幅丰富多彩的画卷，而其中最令我难以忘怀的，便是那些帮助他人、与他人共同成长的日子。

初入大学，意外开启书本外的成长之旅

曾有人说："教育不仅仅是为了获取知识，更是为了培养一颗善良的心。"初入大学时，这句话如同一盏明灯，照亮了我前行的道路。那时，我怀揣着对知识的渴望和对未来的憧憬，刚刚踏入西安电子科技大学这所充满活力的学府。面对丰富多彩的社团活动，我选择加入学生会组织部。之所以做出这样的选择，更多的是出于一种对未知事物的探索，却没想到就此开启了我的另一条成长道路。

在学生会组织部的日子里，我经历了从懵懂到成熟的蜕变。起初，由于缺乏经验，我时常碰壁，但学长们的耐心指导与帮助，让我逐渐找到了前进的方向。他们教会我如何与人沟通、如何策划活动、如何处理各种突发情况……慢慢地，我也开始成为那个能够帮助他人、传递正能量的角色。

赠人玫瑰，携手室友共渡求职难关

在大四秋招季，我的室友小张正为找工作而焦头烂额。面对他的困境，尽

管我毕业设计的压力也很大，但还是毫不犹豫地伸出了援手。我们并肩作战，从项目经验、技能特长到性格优势，逐一挖掘他的闪光点与不足。"知己知彼，百战不殆"，我们深入分析市场需求，再结合小张的实际情况，对他的简历进行了精心打磨。同时，我们分工合作，搜集各类招聘信息，确保能够及时了解市场动态，把握每一个机会。

然而，求职之路并非一帆风顺。小张在初次面试中因紧张而表现平平，未能如愿获得offer。面对挫折，我深知"失败乃成功之母"的道理，鼓励他不要气馁。我们一同分析面试中的问题，探讨他存在的不足，并为他量身定制了模拟面试。每一次模拟面试后，我们都会认真分析问答，探讨如何在面试中表现得更好。经过数次模拟与调整，小张的面试技巧得到了显著提升。终于，在这样的共同努力下，小张找到了一份满意的工作。

帮助他人，成就更好的自己

在帮助小张的过程中，我不仅收获了宝贵的友谊与成长经验，更学会了如何在困境中坚持与奋斗。正如古诗所云："千磨万击还坚劲，任尔东西南北风。"我相信，每个人都有能力去帮助他人，传递正能量。当他人有需要时，我们积极给予帮助，不仅能让对方获得成功，也能让自己收获宝贵的经验和成长。

我的故事只是无数大学生成长故事中的一个片段。我们用努力书写着属于自己的篇章，用实际行动证明着年轻一代的力量。在未来的道路上，我将继续秉持"帮助他人，成长自己"的信念，不仅关注自己的成长和进步，还会积极帮助他人共同前行。因为我深信：在成长的道路上，我们既是彼此的支持者，也是彼此的见证者。

李 耀

参与学生组织和社团，不在"多"而在"专"

李耀，西安电子科技大学电子工程学院 2019 级本科生，后考研本校继续深造。

初入大学，我感觉自己进入了一个完全不同的环境，有了更多自由的时间，更加丰富的课余生活，接触了不同于以往的学习方式，也看到了生活的多种可能。

一入校便被吸引加入多个团体组织

记得刚入校时，宿舍楼下不同学院的团委、学生会、社团都在招新，学长们热情地向新生介绍情况。其实，那时的我根本不知道这些部门组织具体是做什么的，对很多社团也不太了解。从他们的分享中，我了解到参与之后会有迎新晚会、聚会等一系列热闹丰富的活动，这立刻引起了我对加入社团的向往，感觉这不仅能提升自己的能力，还能拓展自己的交际圈。于是，我立刻报名了六个与学生工作有关的团体，并顺利地被其中四个录取。

丰富又紧张的部门工作

我最先加入的是宣传部，虽然宣传部的工作并不是我想象中的以写作为主（后来我才知道那是编辑部的工作），但我并没有太过担忧。第一次见面会，我原以为会像高中开学那样树立规矩、布置任务，结果见面会上，学长不仅给我们准备了蛋糕，还设置了一些帮助我们互相认识的小活动，给了我们一些小礼品。我发现自己特别享受这种温馨、充满"家文化"的工作氛围，暗下决心要做好自己负责的工作。之后，部门又组织了宣传工作的相关培训，每一次培训对我都是一项新工作技能的培养。在开学的头两个月里，我感觉自己过得非常充实。

然而，事情不会总是一帆风顺，我切实地感觉到"能者多劳"并不只是一句玩笑话。能力的培养必然伴随着工作的压力，加之考试临近，学习的压力也与日俱增，我逐渐感觉力不从心，有了退出宣传部的念头。在跟负责的学长沟通过后，他们表示理解我的想法，但更希望我能再坚持一下。我也不甘心自己将近一年的工作就此放弃，于是坚持了下去。虽然这导致我学期末没有取得理想的成绩，但我仍然享受这段充实的时光。这次经历也让我认识到，要合理地安排自己的时间，避免贪多嚼不烂的情况出现。

精选一个组织继续参与，开始自我调整、转变角色

大二时，我根据自己的情况调整了工作，只担任一个部门的负责人，原本以为这样可以空出更多的时间和精力来高质量地完成工作，没想到困难接踵而来。虽然我已经熟练掌握了工作技能，但是与新加入的同学交流和协调工作成了新的难题。之前我的角色是执行工作的学生，只需要"落实"指令就可以，初次作为负责人分配工作，让我一时无所适从。在与上一届的学长交流以后，我明白了团队工作既要适配学生的能力，也要符合学生的兴趣。于是，我先对同学们进行了专业技能的培训，再让他们自由选择自己想参加的工作。在这样的安排下，同学们的工作热情和工作效率得到了大幅度提高，我们得以顺利完成了一年的工作。在此过程中，我的团队协作能力和组织能力得到了很好的锻炼和提升。

到了大三，我在团队中的角色再次发生了改变，我的任务也随之产生了变化，从原来只负责"一部分"工作变为要统筹、思考整个部门的任务。为了改变学生对公众号关注度不高的现状，我决定在模块上推陈出新，增加了如导师介绍、学业笔记等许多与同学们息息相关的板块，得到了热烈反响和

一致好评。

  在大学参与学生组织或者社团，会让大学生活丰富多彩，留下很多难忘的回忆。但是对刚入校的同学来说，不能因为好奇就加入太多部门，人的时间精力都是有限的，可以在了解之后"精挑细选"一两个并坚持下去，不能一味追求工作数量，平衡好时间和保证工作质量同样重要。同时，作为学生，我们更需要协调好学业和这些工作所占据的时间，在学有余力的情况下，再去参与学生工作和社团活动。

项虹桥

苔花如米小，也学牡丹开

项虹桥，西安电子科技大学经济与管理学院2019级本科生，后于中央财经大学攻读硕士研究生。

命运的选择，与西电不期而遇

高考结束后，我结合自己的高考分数选定了几所目标院校，西电就是其中之一。某天晚饭后，我在新闻联播中看到关于西电的新闻，了解到西电拥有雄厚的科研实力，这让我心中萌生了对西电的向往。最终，我如愿以偿来到了西电，成为经济与管理学院的一员。初入西电校园，最大的感受是校园的广阔、社区生活设施的齐全以及学习氛围的浓厚。

大学四年里，由于疫情的影响，我在求学过程中遇到了种种不便，错失了丰富的社团活动和外出旅行的机会，但学校在疫情期间付出了巨大努力，为保障学生的生活和学习，多次举办送温暖活动，密切关注学生的身心状况，为每个同学打造如家般的环境。

在项目中蜕变，于挑战中成长

我的本科生涯并非一帆风顺。由于专业课难度大，课外科研活动时间紧、任务重，且回报周期长，我时常感到焦虑和内耗。虽然在投递夏令营申请时屡屡被拒，很多联系导师的邮件也石沉大海，但我坚持认为每件事背后都有综合因素的影响，做事情不仅要付出脚踏实地的努力，还需要有坚韧的心态。

本科期间，我印象最深的是大一下学期，我作为首发成员参与了一个与脑科学和 VR 相关的项目。那时，项目尚未成型，成员们的工作量巨大，每周需召开两到四次线上会议，有时还需熬夜加班。我主要负责撰写商业计划书、进行答辩路演以及制作答辩 PPT。在整个项目推进过程中，我经历了技术不断迭代和文书材料的多次修改，项目团队也积极联系创业孵化基地，并办理创业相关合规文件。在竞赛中，尽管结果有好有坏，但我认为在项目孵化过程中，自己成长了很多，综合素质和能力都得到了极大提升。我非常感激母校的培养，最终将这个项目留在西电创新创业学院继续发展。

珍惜时光，青春在西电绽放

在寒暑假期间，我通过参与志愿公益服务实现了自己的人生价值，让我的青春更加丰盈。我参加了暑期支教活动，协助当地乡村小学的老师迎接小朋友，帮忙整理图书馆物资。在这个过程中，我感受到了师生们的热情，也看到了乡村小学的巨大变化。

此外，我连续多年加入"冬日暖阳"公益团队，参与助学扶贫志愿活动。在校期间，我加入了西安电子科技大学青年志愿者协会，积极参与爱心志愿活动，如慰问孤寡老人。我将继续发扬志愿者精神，不忘初心，用爱心温暖身边每一个需要帮助的人。

在这里，我想对学弟学妹们说："请一定珍惜大学时光，珍惜与身边人相处的日子。大学汇聚了来自五湖四海的人，你们会在这里结识各种各样的人，包括室友、同学、老师等，他们或许会成为你们一生的朋友和伙伴。所以，请珍惜与他们相处的时光，尊重他们的差异和个性，共同创造美好的回忆。大学四年是你们人生中最宝贵的阶段之一，希望你们能够珍惜这段岁月，勇敢地追求自己的梦想，让青春在大学校园里绽放出最耀眼的光芒！"

梁厚权

在实践中打破学校与社会的壁垒，坚定前进方向

梁厚权，西安电子科技大学机电工程学院工业设计专业2017级本科生，毕业后选择基层选调，现在广西柳州市融水苗族自治县杆洞乡尧告村担任村委会主任助理工作。

选择的起点：在社会实践中找到人生理想

大学生活有太多让我终生难忘的时刻，至今仍然记忆犹新的是学生会组织的一次社会实践活动。那次，我们前往偏远山区的一所小学，教那里的学生读书、识字。孩子们听课很认真，虽然条件艰苦，但我能从他们的眼神里看到对知识的渴望。经过一个月的教学实践，我慢慢明白，村前的大山虽然遮挡了孩子们远眺的视线，但教育会为他们的梦想插上翅膀，让他们有机会飞向山外。正是这次经历，让我看到了不一样的世界，萌生了"到基层去，到祖国最需要的地方去"的想法。尽管一个人的能力是有限的，但作为一名受过教育的大学生，我相信自己能用知识和行动，为更多的人带去希望与光明。

实践的进路：学会合作与决不放弃是攻坚克难的法宝

大学四年，我积极参与各种项目，其中让我收获颇丰的是一次创业实践。在项目的初期，我们遇到了很多困难，从市场调研到技术开发，每一步都充满了挑战。面对这些困难，我们团队精诚合作、全力以赴，不断地讨论和尝试，一起寻找解决问题的方法。在这个过程中，我深刻体会到了团队合

作的重要性：只有每个人都发挥自己的特长，团结一心，才能克服困难，取得成功。同时，我也学会了在困难面前要坚持不懈、决不放弃。

最终，我们成功开发了那款具有创新性的记账 APP，并受到了用户的好评。这段经历不仅让我收获了宝贵的创业实践经验，更让我明白：无论面对多大的挑战，只要持之以恒，就一定能克服困难，取得成功。

人生的岔路口：就业还是深造

在毕业季，我曾陷入就业还是深造的两难选择中。经过深思熟虑，我最终选择了就业。首先，我希望大家能明白，大学生可选的路不仅仅只有追求学业成功，也可以将所学知识应用于实践，为社会作贡献。所以，我结合本科四年的实践经验，不断追问自己：我到底要做什么？我想成为怎样的人？最后，我毅然决然地选择了就业，投身到基层选调的工作中。

无论选择就业还是深造，我们都需要慎重考虑，权衡利弊。更重要的是，我们要明确自己的目标和追求，找到适合自己的发展道路。只有想清楚自己所求为何，才能在未来的道路上走得坚定，行得更远，取得更大的成就。

最后，我想对学弟学妹们说：大学生活是人生中最宝贵的时光之一，一定要珍惜时间、珍惜机会，勇敢地迎接每一次挑战，不要畏惧困难、不要空耗光阴，在实践中反省自己、锤炼能力，最终勇往直前，收获属于自己的成功和精彩。

桑子林

青春在奉献中闪光——我的管理服务之路

桑子林，西安电子科技大学电子工程学院2022级本科生。

身为西电的一员，我深知这所学校不仅是我学术成长的摇篮，更是我锻炼能力、服务同学的广阔舞台。在这里，我身兼数职，不仅担任学生社区二级网格员和辅导员助理工作，还在多个班级和组织中贡献着自己的力量。在此，我想和大家分享自己在学习之余，如何主动承担起学生社区相关管理工作的经历，以及我在策划组织学生喜闻乐见的活动中的心得体会，特别是如何在学习与服务管理之间找到平衡。

初露锋芒：班级与科协的初步探索

记得刚踏入大学校园时，我就被这里浓厚的学术氛围和丰富的社团活动深深吸引。那时的我，怀揣着一颗热忱的心，决定不仅要在学业上有所建树，更要在服务同学、丰富校园文化生活方面留下自己的足迹。于是，我开始了"多面手"的生涯，尝试在不同的角色中挑战自己，寻找成长的机会。

大一的时候，我便竞选了班干部，在大家的支持下，我成为班级学习委员和科技委员。此外，我还加入了校科协赛事组织部和团工委科创部。作为学习委员和科技委员，我深知自己是同学们学习路上的伙伴。因此，一方面我刻苦钻研，积极参与比赛，力争综合测评成绩排名前列，以良好的精神状态和实际行动努力成为班级同学学习的榜样；另一方面，我履行科技委员职责，鼓励同学们积极参与科研比赛，如鼓励他们参加"星火杯"。"星火杯"

刚启动报名时，很多同学正处于迷茫状态，认为新生没有经验，无法参与这些项目，也没有任何创作思路。我便鼓励他们要敢于尝试，最终，很多同学都积极报名参加了比赛。之后，我与同学们一起讨论创作思路和学习方向。虽然我们抱着要获奖的想法，但在过程中，我们更多的是相互学习，不断提升搜集资料、动手实践、撰写报告等方面的能力。

同时，我积极参加了校科协工作，负责一些科创赛事的组织策划，如"星火杯""挑战杯"校赛等赛事。赛前，我与部门同学商讨确认比赛的场地安排、人员排布、评分准则、所需物品，以及比赛人员的信息整合等事项；赛中，负责场地秩序维护，与评委老师和参赛人员做好沟通联络，随时应对、处理突发事件；赛后，整合人员成绩，安排奖状发放工作，等等。这些看似简单的工作，实际上都需要认真细致才能做好。所以，在策划活动的过程中，我也曾遇到过挑战。比如，如何兼顾每一位同学的差异性，合理安排好不同的赛道？如何调动同学们的参与热情？如何在有限的预算内实现最好的宣传效果？面对这些问题，我和部门成员一起头脑风暴，不断修改方案，有时甚至为了一个细节而争论不休。但是，正是这些看似琐碎的细节，让我们的活动更加完善，更加贴近同学们的需求。也正是通过策划这些活动，我初次尝到管理服务的甜头，明白了一个良好的管理服务人员有多重要，也更加坚定了自己未来要在服务同学、丰富校园文化生活方面有所作为的决心。

责任与挑战：角色的转变与成长

转眼间，大二来临，我荣幸地担任了校科协赛事组织部副部长以及专业班的团支书，还成为辅导员助理和二级网格员。角色的转变意味着更多的责任与挑战。我开始主导策划"星火杯""挑战杯"等比赛。我深知，这些活动不仅是展示同学们才华的舞台，更是激发他们创新思维和实践能力的宝贵机会。因此，从活动主题的确定到每一个细节的落实，我都力求完美，希望能够为同学们打造一场真正属于他们的科技创新盛宴。

作为团支书，我深知自己肩负着重要的职责。我不仅是班级的核心组织者，更是同学们思想的引领者。我积极组织各类团日活动，带领同学们深入学习党的理论知识，增强大家的政治觉悟和思想认识，同时负责班内的入党推优，督促青年大学习等工作。

作为二级网格员，我负责协助辅导员管理海棠八号楼三楼的寝室，保障每一位同学的安全与健康。每天，我都会仔细统计寝室的晚归情况，关注同学们的动向。这项工作看似简单，却需要极大的耐心和责任心。有时候，遇到未填报的寝室，我会及时督促，确保每一位同学都能按时归寝。我还负责寝室的卫生管理和心理健康引导。我深知寝室卫生对同学们的健康至关重要，因此每周假期结束时，我都会检查每个寝室的卫生状况和归校情况，并且督促大家保持整洁。在一次查寝中，我发现一位同学手里拿着烟，就立刻上前制止，并向他讲解寝室吸烟的隐患。同时，我也发现有些寝室的同学在阳台和门口堆放纸壳等易燃物品，便及时提醒同学们进行清理，以消除安全隐患。在这个过程中，我也学会了如何更好地与同学们沟通交流，理解他们的需求和困扰，并尽力为他们提供帮助和支持。

作为辅导员助理，我是辅导员得力的助手。我负责打扫海棠七号楼526活动室的卫生，确保同学们有一个干净、整洁的学习环境。每当看到活动室变得焕然一新时，我都感到无比的满足和自豪。在日常生活中，我也会协助辅导员完成各种任务，无论是整理文件、传达通知还是协助处理学生事务，我都尽心尽力。

平衡与收获：学习与服务的双赢

在承担这些管理服务工作的过程中，我遇到了不少困难和挑战。有时候，面对烦琐的统计工作或是突发的紧急情况，我也会感到压力巨大。但是，每当我想到自己的付出能够得到大家的认可，会产生很好的结果时，就觉得一切都是值得的。这种责任感和成就感让我更加坚定地走在管理服务这条路上。

同时，我也一直在努力平衡学习与服务管理之间的关系。我深知，作为一名学生，学习始终是我的首要任务。因此，我始终保持着良好的学习习惯和高效的学习方法。我会合理安排时间，将每次活动时间确认后，确保有足够的时间用于学习，同时充分利用课余时间完成服务管理工作。当学习和服务管理时间冲突时，我会优先处理最紧急的事务，同时确保学业不受影响。若实在难以协调，我也会与服务管理的团队成员沟通，合理安排工作进度，确保各项任务能够按时完成。

青春的真谛：勇于担当与不懈追求

回顾这一路走来的历程，我深感自己收获颇丰。我不仅锻炼了自己的组织能力和协调沟通能力，还学会了如何在压力下保持冷静和高效解决问题。更重要的是，我深刻体会到了服务同学、奉献校园的快乐和成就感。每当看到同学们在我的帮助下解决了问题或是参与到我策划的活动中时，我都感到无比的欣慰和自豪。同时，我也更加明白了青春的真谛——在于勇于担当、在于不懈追求、在于用实际行动为校园和同学们贡献自己的力量。

逯恒睿

善用排除法做选择
——从打地铺找工作到选择读博

逯恒睿，西安电子科技大学网络与信息安全学院网络空间安全专业2017级本科生，现于西安电子科技大学网络与信息安全学院攻读网络空间安全专业博士学位。

作为一个求知若渴、始终保持好奇心的人，我总是喜欢探索未知、体验新奇。也正是出于这个原因，我选择前往广研院度过硕士生涯。虽然广研院同属西电，但异地研究院和本部的生活还是有诸多不同。得益于其地理位置的优势，广研院的物质生活条件要优于地处西安郊区的南校区。但另一方面，因为招生规模较小，加之不少学生选择返回本部，广研院的交际圈子难免受到限制，生活也有些单调。尽管如此，我依然十分珍惜在广研院的学习和生活经历，正是在这里，我开阔了眼界，结识了来自五湖四海的朋友，发出了自己的第一篇文章。

我常常觉得，在人生的大部分时间里，自己都像一艘小小的纸船，随波逐流，顺着命运的指引前行，并没有面临太多需要抉择的关口。但这种状态，也只持续了一段时间。当第一次真正面对就业选择时，我才发现，选择的艰难和纠结远比想象中来得更早，更猝不及防。彼时的我，进行了两手准备——考公务员和校招。这并非出于对前途的忧虑，也不是所谓的双重保险，而是源于一个很现实的原因——我当时确实不知道自己想要什么。环顾四周，朋友们似乎都很早就规划好了职业道路：有的立志要去某个城市闯荡，有的对心仪的企业志在必得，还有的为了稳定选择考公务员。反观自己，对未来却是一片茫然，没有明确的目标和方向。一时间，对未来的恐惧和不确定，几乎占据了我的全部思绪。

"不知道自己想要什么。"这是我向亲密的朋友倾诉心声时的原话，也是我当时内心的真实写照。面对这样的困境，我唯一能做的，就是让自己忙起来，用行动来寻找答案。为此，我从广州飞回了线下招聘会更多的西安，在朋友家中打地铺度过了两个月的时光。白天，我奔走于各个招聘会场，投递简历，参加面试；晚上，我埋头刷着行测和申论，为公务员考试做准备。当我拿到一些 offer 时，一个朦胧的想法才逐渐在脑海中成型："我虽然不知道自己想要什么，但是我知道自己不想要这些。"出于如此朴素的想法，我选择了另一条路——读博。

时间的流逝远比我们想象的要快。当我们习惯于把人生的重要决定一拖再拖，把选择的权利交给未来的自己时，我们也要认真考虑背后的风险和代价。趁着大好年华，时间还算充裕，一定要勇于尝试，大胆探索，用行动去检验自己的想法和选择。只有不断实践，我们才能真正了解自己的内心所想，找到人生的方向和归属。当实在无法确定自己想要什么时，不妨换个角度，先排除那些不想要的，或许剩下的那个选项，就是你真正需要和渴望的。

窦佳玥

在助人中助己，于奉献中成长

窦佳玥，西安电子科技大学空间科学与技术学院 2022 级本科生。

大二下学期初，学院考虑到有些同学学习基础薄弱、动力不足、自觉性不高的现状，提出学业帮扶规划。作为预备党员和班干部，我提交了报名申请，但同时也带着几分忐忑——我能不能在维持现有学习节奏的基础上再去帮助其他同学提升成绩？应该如何做才能切实提高被帮扶同学的学习积极性，从而引导他们主动学习呢？最终，在学校"学风作风建设之年"的号召和学院统筹规划下，学院成立了学生学业发展中心。老师们具体详细的计划和平台给予的资源支持，让我放下心中的疑问，决心配合学院和老师们的安排，参与到学院"朋辈互助课堂"中，发挥自己的绵薄之力。

初登讲台，惊喜与挑战

第一期"朋辈互助课堂"安排在期中考试前，要在完成自己复习计划的同时准备讲解内容，对我而言是一个不小的挑战。在课程内容上，我选择了《信号与系统》前两章的内容，计划采用先串讲知识点，再辅以典型习题讲解。在准备课程内容时，为了方便同学们系统理解和笔记摘录，我将课程重点知识重新梳理出来，以提纲形式呈现，同时对照典型例题，以便同学们掌握运用。

第一次独立站上讲台，以一个"小老师"的身份面对同龄人，我的内心非常不自信，担心自己的水平无法解决同学们的问题。同时，我也有被台下一双双眼睛盯着的紧张感——如果我讲不好，就成了"笑话"。于是，我深呼吸后，暗自给自己打气："怕什么，我所备的课是我最熟悉的，怎么可能讲不好？不要妄求什么，娓娓道来，按自己的思路讲下来就好。"这股子"打气"，起到了很好的效果。当我走上讲台，把准备的内容按计划完整地有条有理地讲出来时，我看到同学们都在认认真真地听讲，而不是在看笑话。我发现自己克服了紧张与恐惧，并感受到了一种惊喜和成就感，也更理解老师从准备到完整呈现每堂课背后的付出。

课后复盘，沉淀与鼓励

第一期"朋辈互助课堂"结束后，我复盘了从备课到完成辅导的整个过程，发现了一些问题。在备课梳理知识点的过程中，我发现自己在基础知识上也有欠缺或遗忘的内容；当我站上讲台后，把题目讲出来的过程和自己仅仅下笔解出答案的感觉完全不同；面对同龄的同学们，要用最浅显易懂的方式清晰地表达出自己的思路更需要不断地训练。

记得学院党委书记朱伟老师在肯定学业帮扶成果的同时，引用"是故学然后知不足，教然后知困。知不足，然后能自反也；知困，然后能自强也。故曰，教学相长也"来鼓励大家。"教学相长"的意思是教与学互相增长，指通过教授、学习，不仅能使学生得到进步，而且教师本身的水准也可借此提高，表示教与学相互促进。我们在帮助其他同学的同时，也进一步加深了对知识的理解，锻炼了自己的语言表达能力。因这一段站上讲台当"小老师"的经历，我开始变得有目标，生活变得更加充实，也更加自信。我渐渐明白，励学小导师、朋辈益友等形式，真的是渡人渡己，让别人进步，也让自己成长。

脚踏实地，责任与成长

经过一学期的调整优化，"朋辈互助课堂"从线下课程变成线上线下同步直播，覆盖范围也从面向学院变成面向全校，"朋辈小老师"的团队也不断壮大。作为第一批成员，我不仅切身融入，更有幸见证了"朋辈导学"和学生学业发展中心的成长历程。

观照当下，在学习、生活和班级工作中脚踏实地，是未来仰望星空的底气和前提。比起"一心只读圣贤书"的平淡叙事，我更想让自己的大学生活如一场五彩斑斓的旅程：在"瑞金之星"合唱节上，唱响表现盛世中国、海晏河清的《如愿》；在"五四红旗团支部标兵"评选中，为支部实现"卫冕"；在军训文工团里发挥特长，参与"下连队"演出；在实验室中与队友协调配合，攻坚克难；在博物馆讲解、回访母校宣讲等实践活动中锻炼能力，实现个人价值……我辗转于精彩的旅程，收获了满满的成就和成长的喜悦，体会到了面对挑战时应有的责任，担起了很多担子，我稚嫩的肩膀因此变得坚实有力。我相信，凭借着这股子干劲，我会更加从容地应对接下来的大学生活，书写属于我们的青春故事，传递青春正能量！

徐潜宇

热心管理工作，成就自我价值

徐潜宇，西安电子科技大学通信工程学院 2023 级本科生。

　　我来自四川泸州山区的一个小镇，父母都是小学教师。我是一个热心肠的人，很乐意担任班级职务为同学们服务，并且认为这是实现自我价值的最好方式。从小学到高中，我都担任着班上或大或小的职务，比如班长、学习委员等，这些经历让我获得了很多班级管理经验。来到大学，我也想继续为同学们服务，我认为，既然自己有班级管理经验和能力，为什么不向同学和老师展示一下呢，而且也可以为同学们的学习和生活提供便利。

　　抱着这样的心态，我主动请缨担任班长一职。出乎意料的是，辅导员和同学们给予了我高度的肯定与信任，于是我顺利当上了班长。在担任 230007 班班长的时间里，有挑战，也有成长。在我看来，要当好班长，起码要做好这几件事：管理班级、服务同学、营造浓厚学风，而我这一年也确实在努力做到这几点。

一

　　"在吗？班上有个任务，咱们一起做呗？"

　　这是我给我们班委发送频率比较高的信息之一。在管理班级方面，我十分重视与其他班委紧密协作，统筹协调管理班级事务。比如，统计某份作业的上交情况，我会与学习委员协调；组织主题团日活动，我会和团支书一起商量。当然，有一些工作我独自就能完成，但我还是会分配给相应的班委一些任务，让他们和我一起做，因为班级事务的参与感是每个班委不可少的，而且工作圆满完成后的成就感也是无可替代的。工作学习之余，我还会组织召开例会，评估班委的工作情况，表扬先进，改正错误，也会和同学们聊聊平时的趣事。在同学们的共同努力下，班级诸事井井有条。

二

"班长，晚点名请假。""班长，学生证丢了在哪儿补办？"

这些是我经常收到的消息。在服务同学方面，对于班级同学们的需求，我总是积极回应。有一点我十分自豪，就是同学们微信询问我问题，我从来不会超过 60 秒不回复。我不是事事皆通，但不管我是否知道问题的答案，我都会第一时间回应，让同学们知道我一直都在。对同学们的请假、评优等问题，我都会第一时间回答或者马上询问相关老师，让同学们得到最快的回复，绝不让他们感到被冷落。

用填写综合测评那段时间来举例。临近填报截止时间，来询问各种加分标准的同学骤然增多。从早上 8 点到晚上 12 点，基本上消息不断，问的问题也无非是"能不能加分""加多少分"这种在加分细则里面就能查到的。其实我自己也十分惊讶，作为一个怕麻烦的人，竟然能够做到不厌其烦地为同学们挨个解答，或许这就是担任班长带给我的成长吧。

有一次晚上 12 点，我帮一位同学查完细则正准备睡觉时，手机又响了起来。"班长，这个能不能加分？"定睛一看，这一项在加分细则里的表述有点模糊，我也无法确定。于是，我先给同学回复了信息，接着又找学生手册，再找之前综合测评的例子，大费周章并多次确认，最终确定了该项的加分情况，马上发给了同学。看到"谢谢班长"这四个字，我心里暖暖的，一看时间，已经凌晨 1 点了。由于截止日期临近，询问问题的同学只增不减，见此情况，我决定暂时不去图书馆自习，待在宿舍继续为同学们答疑，因为这样可以同时用手机和电脑回复同学们的问题，实现双线操作，提高效率。在截止日期的前一天晚上，我更是守在电脑前，对着系统的名单挨个儿提醒，终于在12点之前让所有同学都上传了综合测评表单。在为同学们服务，给他们提供便利的同时，我获得了宝贵的"被需要"的感觉，提升了自信心，锻炼了人际交往能力。

三

"辅导员您好！班上有位同学……"

这是我向辅导员发送最多的消息。作为师生沟通的桥梁，我与辅导员保持密切联系，同学们向我咨询而我无法解答的问题，我都会第一时间询问辅导员。辅导员也会尽职尽责，耐心解答我的每一个疑问，我再转达给相应的同学。值得一提的是，本学期我们班有一位同学意外受伤，在国际医学中心住院。我当时就向辅导员申请前去探视，并组织班委们轮流看望这位同学。我认为自己很好地担任了师生桥梁这一角色，发挥了暖人心的作用。另外，书院发布的消息我也会第一时间同步到班级群，不让同学们有信息差。在班级荣誉方面，我所在的230007班同学们积极参加各类文体、学习活动，不少人获得个人或团体奖项。只要看到获奖名单上有我们班同学的名字，我就由衷地为他们感到高兴。

除了班长，我还担任了丁香12号楼2区601宿舍长一职。作为宿舍长，我想为同学们营造一个既能愉快休息又能舒适学习的环境。如何做到呢？首先，狠抓宿舍卫生。每天，我们按照值日安排表打扫宿舍，周三再进行一次大扫除，我会亲自督促并检查，确保宿舍环境干净、整洁，利于学习。其次，提高宿舍凝聚力，打造宿舍文化。我会不定期组织宿舍团建，同舍友们一起外出吃喝、游玩，一来可以增进了解，二来可以深化友谊，让舍友成为挚友。我深知在大学走班制度下，同班同学的接触本就不多，所以宿舍内部就更要增进彼此的交流，不能大学四年过去了，连隔壁床铺的舍友都不熟悉。这是我最不愿看到的。

正如我开头所说的，我是个热心肠。作为班级管理人员之一，我的初心始终是为同学们服务，宁肯牺牲自己的时间，也要让同学们的学习生活更顺畅。有人会说这是浪费时间，吃力不讨好。确实，在这一年的工作中，我经历过不少挫折，听到过同学们各种各样的评价，脑海中也闪现过放弃的念头。但我最终还是坚持下来了，毕竟谁能拒绝那一句真挚的"谢谢班长"呢？哪怕只有一句谢谢，也足以让我觉得所有的努力都值得。